État, entreprises et entrepreneurs économiques au Cameroun

Archéologie des liens entre le pouvoir politico-administratif et le milieu des affaires de la période coloniale au XXIe siècle

Collection « Études africaines »
dirigée par Denis Pryen et son équipe

Forte de plus de mille titres publiés à ce jour, la collection « Études africaines » fait peau neuve. Elle présentera toujours les essais généraux qui ont fait son succès, mais se déclinera désormais également par séries thématiques : droit, économie, politique, sociologie, etc.

Dernières parutions

Jean-Louis ATANGANA AMOUGOU (dir.), *La Constitution de la République du Cameroun. Commentaire article par article,* 2025.
Paulin MUNGONGO MAYAMA, *Conflits homme-faune sauvage en Afrique, Typologie, animaux emblématiques, acteurs impliqués et stratégies d'atténuation de l'impact*, 2025.
Jean Francis GABANA, *La carte nationale d'identité et l'identification des citoyens. Cameroun : une pratique administrative mal en point (1960-2024)*, 2024.
Gabriel FOUMENA BELINGA, *Équilibre régional et nation multiculturelle au Cameroun. Contribution à la régulation équitable des différences,* 2024.
Lionel Pierre GUÉSSÉLÉ ISSÉMÉ (dir.), *Covid 19 et droit public en Afrique. L'influence du virus sur l'application des normes*, 2024.
Sylvain SHOMBA KINYAMBA, *La tropicalisation de la ville et de l'université de Kinshasa. Le décryptage des réponses populaires*, 2024.
Benoît TINE, *Les drogues au Sénégal. Fléau social et défis contemporains*, 2024.
Stéven Modeste YOMBI (dir.), *Nouveaux horizons du constitutionnalisme en Afrique noire francophone*, 2024.
Auguste ILOKI, Valencia ENGAMBA ILOKI, Raïssa Kartelle ILOKI, *La justice au Congo : bilan statutaire soixantenaire. L'autorité judiciaire. Le service public de la justice. Le pouvoir judiciaire,* 2024.
Charles ZAGOH, *Le franc CFA : une monnaie en débat,* 2024.

Michel Fabrice Akono Abina

État, entreprises et entrepreneurs économiques au Cameroun

Archéologie des liens entre le pouvoir politico-administratif et le milieu des affaires de la période coloniale au XXIe siècle

Préface de Raphaël Batenguéné Assil
Postface d'Aimé Norbert Melingui Ayissi

L'Harmattan

5-7, rue de l'École-Polytechnique ; 75005 Paris

http://www.editions-harmattan.fr/

ISBN : 978-2-336-49546-0
EAN : 9782336495460

Pour Kris et Pris.

Sommaire

Remerciements

J'ai une forte pensée pour les historiens camerounais Jean Koufan Menkene et Ebale Raymond, pour leurs orientations et leur vigilance dans la rédaction de ce livre. Un grand merci au professeur Raphaël Bantenguéné pour son esprit toujours aux aguets.

Il m'est également agréable de faire un clin d'œil amical et fraternel aux docteurs Bissomo Ottou, René Bidias, Nicolas Owona et Jean-Louis Ndo Abe pour toutes leurs remarques pertinentes.

Sigles, abréviations et acronymes

ANIF : Agence Nationale d'Investigation Financière
ANY : Archives Nationales de Yaoundé
APE : Accords de Partenariat Économique
API : Agence de Promotion des Investissements
ATCAM : Assemblée Territoriale du Cameroun
B2A : *Business to Administration*
B2B : *Business to Business*
B2C : *Business to Customers*
B2G : *Business to Government*
BAD : Banque Africaine de Développement
BEAC : Banque des États d'Afrique Centrale
BEDOC : Bureau des Études et de la Documentation
BIT : Bureau International du Travail
BTP : Bâtiment-Travaux-Publics
CACEPS : Société Camerounaise de Commercialisation et d'Exportation de Produits
CAMAIR : Cameroon Airlines
CAMSHIP : Cameroon Shipping Lines
CAMSUCO : Cameroon Sugar Compagny
CARPA : Conseil d'Appui à la Réalisation des Contrats de Partenariat
CBF : Cameroon Business Forum
CCC : Compagnie Commerciale Chypriote
CCC : Complexe Chimique Camerounais
CCFOM : Caisse Centrale de la France d'Outre-Mer
CCIM : Chambre de Commerce d'Industrie et des Mines
CDC : Cameroon Development Coorporation
CENER : Centre National des Études et des Recherches
CEPER : Centre d'Édition et de Production pour l'Enseignement et la Recherche
CFCE : Centres de Formalités de Création des Entreprises
CFI : Compagnie Financière Internationale
CIS : Compagnie Internationale de Service
CND : Centre National de la Documentation
COCAM : Contre plaqués du Cameroun
CONAC : Commission Nationale de Lutte contre la Corruption
CPC : Cameroon Packing Compagny
CPC : Congrès Panafricain du Cameroun

CSC : Cameroon Salt Compagny
CTRE : Comité Technique de Répartition
DIRDOC : Direction de la Documentation
ECAM : Entreprises du Cameroun
FMI : Fonds Monétaire International
GECAM : Groupement des Entreprises du Cameroun
GICAM : Groupement Inter patronal du Cameroun
GUCE : Guichet Unique des opérations du Commerce Extérieur
HEVECAM : Hévéa du Cameroun
JEUCAFRA : Jeunesse Camerounaise Française
MAISCAM : Maïserie du Cameroun
MINEPAT : Ministère de l'Économie, de la Planification et de l'Aménagement du Territoire
MINFI : Ministère des Finances
NOBRA : Nouvelles Brasseries Africaines
NOSUCA : Nouvelles Sucrières du Cameroun
OCB : Organisation Camerounaise de Banane
OIT : Organisation Internationale du Travail
ONG : Organisation Non Gouvernementale
PAS : Programme d'Ajustement Structurel
PCS : Politique Commerciale Stratégique
PILCAM : Les Piles du Cameroun
RDPC : Rassemblement Démocratique du Peuple camerounais
RSE : Responsabilité Sociale des Entreprises
SAFCA : Société Africaine de Fabrication des Cahiers
SAPLAIT : Société Africaine des Produits Laitiers
SCMC : Société Camerounaise des Moulins du Centre
SCTC : Société Camerounaise de Transformation des Céréales
SDECE : Service de Documentation Extérieur et de Contre-Espionnage
SDF : Social Democratic Front
SEDOC : Service des Études de la Documentation
SERRUCAM : Serrurerie du Cameroun
SITABAC : Société Industrielle des Tabacs au Cameroun
SMIC : Société Mobilière d'Investissements du Cameroun
SOACAM : Société Alimentaire du Cameroun
SOCARTO : Société Camerounaise de Cartonnage
SOCTOUR : Société Camerounaise de Tourisme,
SODECOTON : Société de Développement du Coton
SOFIBEL : Société Forestière et Industrielle de Belabo
SOTUC : Société des Transports Urbains du Cameroun

SPFS : Société des Palmeraies de la Ferme Suisse
SRC : Société de Recouvrement des Créances du Cameroun
UC : Union Camerounaise
UCB : Union Camerounaise des Brasseries
UCCAO : Union des Coopératives de Café de l'Ouest
UDC : Union Démocratique Camerounaise
UDEAC : Union Douanière des États d'Afrique Centrale
UE : Union Européenne
UFDC : Union des Forces Démocratiques du Cameroun
UNC : Union Nationale Camerounaise
UNDP : Union Nationale pour la Démocratie et le Progrès
UPC : Union des Populations du Cameroun

Préface

Voici un livre qui plonge le lecteur au cœur de l'histoire du Cameroun à travers ses dimensions politique, économique et institutionnelle. L'auteur de cet opus choisit de raconter le Cameroun par ses acteurs, notamment les entrepreneurs économiques à travers leurs interactions avec l'ordre gouvernant. Cette réflexion menée par Michel Fabrice Akono Abina est digne d'intérêt tant elle soulève plusieurs interrogations en rapport avec les questions d'épistémologie et de méthodologie en Histoire. Au plan épistémologique, le livre est une tentative de renouvellement des connaissances sur l'histoire politique et l'histoire économique du Cameroun dans une approche qui prône une mise en relation comme beaucoup d'historiens ne l'ont pas souvent envisagée. Il opère ainsi une rupture épistémologique sur la distinction entre l'histoire politique et l'histoire économique. Une distinction qui n'a pas toujours rendu service à l'historiographie camerounaise longtemps restée prisonnière du fétichisme de la terminologie et du cloisonnement souvent très réclamés par les historiens des deux courants. L'auteur essaie de mettre un terme à cette querelle épistémologique de « chapelles » dans la mesure où l'analyse faite tend à montrer l'étroitesse des frontières qui existe entre le fait politique et le fait économique dans la dynamique évolutive des États, singulièrement les postcolonies d'Afrique subsaharienne. D'un point de vue méthodologique, ce livre renseigne sur l'ingéniosité dont l'historien doit faire preuve dans la collecte des sources indispensables à l'élaboration de son récit. Comme l'a suggéré Lucien Febvre ; « L'histoire se fait avec des sources lorsqu'il y en a. Mais, elle peut et doit également se faire avec tout ce que l'ingéniosité de l'historien peut lui permettre d'utiliser ». En présentant les difficultés auxquelles il a été confronté dans la collecte de certaines sources, notamment les sources archivistiques et les données orales, Michel Fabrice Akono Abina nous édifie sur la capacité de l'historien à s'adapter, à contourner les obstacles afin de ne jamais faillir face à la responsabilité d'écrire l'histoire en dépit de l'absence, l'insuffisance ou l'indisponibilité des sources.

Malgré les écueils méthodologiques liés à l'indisponibilité de certaines sources et fort de son audace épistémologique, l'auteur parvient à livrer un récit historique de bonne facture. La politique et l'économie qui constituent les deux principales thématiques abordées dans ce livre permettent de comprendre le Cameroun partant du protectorat allemand jusqu'aux deux premières décennies qui suivent l'entame 21e millénaire. C'est un mélange de récits et d'analyses qui donne à découvrir le Cameroun dans sa configuration politico-institutionnelle et son profil économique. Entrepreneurs politiques et opérateurs économiques se sont côtoyés et parfois affrontés au regard des enjeux et des logiques d'acteurs qui ont gouverné et structuré les postulats des uns et des autres, en fonction des intérêts de chaque acteur d'une part, et compte tenu de l'intérêt national d'autre part. Comme la plupart des États d'Afrique subsaharienne, le Cameroun, au lendemain de son indépendance, est confronté au double défi de mise en place de son socle politico-institutionnel et de la formation de son tissu économique. Il s'agit en fait de bâtir et consolider l'État dont les prémisses ont été posées durant l'aventure coloniale. L'État a non seulement besoin d'opérateurs économiques capables de créer un certain équilibre du système social, mais est aussi conscient de la nécessité qu'un État fort est celui qui garde un certain contrôle sur les activités économiques surtout lorsque les enjeux débordent le cadre de simples investissements. La figure du « Prince » et du « Patron » utilisée dans ce livre illustre suffisamment la réalité selon laquelle aucun système politique ne peut se bâtir et assurer sa stabilité sans recourir à un patronat ou un groupe d'opérateurs économiques fort et qui lui est favorable.

Partant des trente années de la présence allemande jusqu'aux années 2000, l'État du Cameroun s'est bâti et consolidé par le mécanisme d'interactions entre les décideurs politiques et les opérateurs économiques. Si les premiers ont souvent aidé les seconds à performer dans leurs activités, les deux ont ensemble essayé de maintenir la stabilité politique et économique du Cameroun. Naviguant entre la chronologie et les aspects thématiques, ce livre est un pont qui se dresse pour faire traverser au lecteur le temps, les espaces, les fonctions et les représentations du politique et de l'économique dans un État entendu comme structure politique et agent économique. J'invite donc chacun à compulser ce livre afin de prendre connaissance d'un pan important de l'histoire du Cameroun, même si l'auteur n'a ni la prétention d'avoir épuisé le sujet, encore moins d'avoir écrit une histoire totale et complète. Ce livre reste avant tout un point de vue à partir d'un angle d'approche bien précis.

Raphaël Batenguéné Assil
Maître de Conférences en Histoire
Département d'Histoire
Université de Douala-Cameroun

Avant-propos

Le sentiment

Ce livre est la concrétisation d'un « vieux rêve » scientifique. L'idée de l'écrire découle de multiples lectures et de patientes observations sur l'évolution de l'écosystème entrepreneurial camerounais, tant dans nos travaux académiques qu'au cours des enseignements dispensés à l'université, mais surtout dans les instituts universitaires professionnels privés. Il tire certes ses racines des écrits et analyses des archives coloniales, mais il n'est pas moins d'actualité. Lorsque naissait le rêve de se pencher sur la question des rapports entre l'État et le milieu des affaires au Cameroun, nous étions loin d'imaginer qu'à l'entame de sa rédaction, l'actualité dans notre pays sera en grande partie consacrée à la vie et aux activités de certains hommes d'affaires jugés proches ou éloignés du régime au pouvoir.

Depuis le début de l'année 2015, la presse et surtout les médias sociaux sont devenus des « révélateurs » du mode de financement public de certains entrepreneurs économiques privés camerounais : ils s'en donnent à cœur joie ! Une flopée de nouveaux « lanceurs d'alerte » et/ou « influenceurs » se bornent à gaver le public d'informations, *intox* ou *infox*, relatives à ces relations, sans toujours présenter des sources fiables, mais avec des documents à l'allure authentique, très peu démentis par les pouvoirs publics ou les hommes d'affaires cités. Ils évoquent ainsi l'existence des budgets spéciaux logés au Ministère des Finances (MINFI) et au Ministère de l'Économie, de la Planification et de l'Aménagement du Territoire (MINEPAT). Avec eux, on apprend par exemple l'existence des lignes de financement 94, 65 et 57, desquelles découleraient des allocations financières publiques jugées fantaisistes parce qu'accordées au faciès, aux petits copains, aux frères ou encore aux membres d'un même cercle d'amis. Ces subventions qui se chiffreraient en milliards de francs CFA sont, toujours selon eux, accordées à certains hommes d'affaires plus qu'à d'autres, donnant ainsi l'impression d'une vraie relation de privilégiés où planeraient le clientélisme, le tribalisme, la suspicion, la concussion, bref une *mafia d'État*.

L'idée

Indubitablement, ce flux d'informations aiguise l'intérêt et la curiosité du chercheur, en dépit des contraintes de l'environnement national qui en font une thématique duelle. D'un côté, le sujet suscite une inhabituelle passion agrémentée par des commentaires tous azimuts dans les lieux les plus insoupçonnés comme les transports en commun, les bureaux, les buvettes, les chaumières ou les restaurants, et de l'autre, il devient un thème tabou tant du côté des hommes d'affaires que de celui des cadres des ministères techniques concernés (MINFI et MINEPAT). Si la justification du choix d'évoquer ce sujet en ce moment précis a été plusieurs fois requise lors des entretiens préliminaires menés avec diverses personnalités, elle est apparue, en fin de compte, comme une stratégie d'évitement de ces derniers.

La question « pourquoi évoquer ce sujet rien qu'en ce moment ? » nous a été posée au moins une centaine de fois par les experts auprès desquels nous avons sollicité des interviews et des documents écrits, administratifs ou personnels. Cette interrogation, plutôt gênante pour le chercheur, renvoyait à un refus pur et simple de répondre à nos questions. À défaut du mutisme, de nombreuses personnes susceptibles de nous fournir des renseignements se réfugiaient derrière une attitude teintée d'amorphisme et de crainte, normale, dirait-on, car ce travail parle également d'argent et de transactions financières, un sujet hautement *sensible*. Les rendez-vous non respectés, les demandes d'audience infructueuses, le rejet de certains questionnaires ou les multiples appels sans réponse sur plusieurs mois finissent par entamer l'engagement du chercheur. Sommes-nous alors dans un monde adepte du langage de l'*omerta* c'est-à-dire dans la loi du silence ? On voudrait, sans *a priori*, croire que non.

La réalité

À cela vient s'ajouter le sempiternel problème des archives au Cameroun. Fermé au public depuis plus de cinq ans, le principal centre d'archives nationales francophones du pays, les Archives Nationales de Yaoundé (ANY), n'ouvre plus ses portes aux chercheurs, officiellement pour cause de réfection : une interminable attente ! Cet état de choses, déplorable au plus haut point, nous a obligé à nous contenter dans plusieurs cas, des généralités ou des sources informelles. « Les miettes d'archives » que le lecteur trouvera dans ce livre ont été « ramassées » lors de nos premiers travaux universitaires traitant de l'histoire politique et économique aux Archives Nationales de Yaoundé, dans les centres d'archives régionaux et départementaux qui existent par endroit, ainsi qu'aux archives de la Chambre de Commerce et d'Industrie du Cameroun à Douala.

Toutefois, pour ne rien laisser tomber et surtout pour essayer de percer ce qui apparaît désormais comme un mystère, nous avons principalement opté - et c'est peu de le souligner - pour une exploitation des sources écrites particulièrement des publications scientifiques et journalistiques afin d'approfondir nos analyses et d'enrichir nos hypothèses.

Le vœu

Dès lors, cet ouvrage répond à la question : quels sont réellement les liens qui existent entre le pouvoir et le milieu des affaires au Cameroun ? Pour y parvenir, nous explorons les relations entretenues entre le « prince » et le « marché » dans ce pays, de la période coloniale jusqu'au 21e siècle. Nous ambitionnons d'examiner la nature des rapports qui existent entre deux entités essentielles pour le fonctionnement d'un État, d'un gouvernement ou d'une nation à travers les alliances, les pratiques et les réseaux formels ou informels entre le pouvoir politique et les milieux d'affaires en contexte de colonisation d'abord, puis au Cameroun indépendant. *A priori*, les interactions entre l'entreprise et le gouvernement marquent un lien réglementaire, légitime et déterminant pour le bon fonctionnement de la société, ce d'autant plus que c'est l'État qui, en tant que propriétaire de l'essentiel des moyens de production, organise l'économie d'un pays et promeut les mesures d'orientation de ses acteurs. Certes, ces relations sont normales, mais elles interrogent lorsqu'elles deviennent atypiques, ténébreuses, et donc questionnables. Elles attirent, comme c'est le cas au Cameroun, la curiosité du chercheur qui voudrait en sonder les contours et creuser les tréfonds. C'est ce qui explique que nous nous penchions sur cette question dans ce livre qui, on l'espère, sera à la hauteur des attentes du lecteur.

Le caractère exceptionnel de ces rapports est tout aussi historique que curieux. Curieux de par la qualité des acteurs qu'on y retrouve, que ce soit pendant ou après la période coloniale. Curieux également de par l'étendue parfois insoupçonnée des réseaux, officiels et officieux, qui s'y sont construits. Il est encore curieux et historique de par la longue durée et la capacité de transformation de ces liens. Curieux enfin de par les effets perceptibles et non perceptibles de ces relations dans la société.

Le fait

Le travail que nous menons dans cet ouvrage n'est pas celui d'un *Muckrager*, c'est-à-dire celui d'un écrivain ou d'un chercheur qui dénonce obstinément ou qui s'alarme sur un phénomène social et davantage récurrent en entreprise. Il n'est pas plus question de se lancer dans une critique inouïe, voire pressée, de ces relations que de faire un travail d'analyse profonde d'une réalité de l'environnement camerounais et d'esquisser des pistes de solutions aux problèmes identifiés. De la sorte, ce livre, même s'il s'inspire d'abord des faits historiques nés de la colonisation, est un ouvrage du siècle présent. Il s'adresse à tous les lecteurs et analystes qui s'intéressent à l'évolution et au système d'organisation et de fonctionnement des institutions du Cameroun. C'est la raison pour laquelle nous avons décidé de ne faire aucune économie sur les données relatives à l'histoire des institutions, à la vie des hommes, aux informations économiques, aux données sociologiques et même à l'examen des faits et des réalités politiques. Que le lecteur ne soit pas surpris de l'abondance, par endroit, des biographies, des récits de vie, des anecdotes inédites de certains témoins clés ou même de l'absence de certaines informations sur des données « délicates ».

Autrefois connu sous les dénominations de Cameroun français et anglais, l'entame des années d'indépendance en Afrique noire donne lieu à une transformation de la société et de ces territoires. La flambée de nouveaux acteurs socio-économiques et politiques plonge directement le chercheur ou l'observateur dans un « nouveau monde ». À la nouveauté des hommes, se greffent aussi la nouveauté du style issu du management politique avec, en toile de fond, l'invention d'un nouvel espace d'échange, d'une identité politique et des repères économiques.

Cela dit, il ne serait pas osé de signaler dès le départ que nous envisageons aussi de répondre à la préoccupation liée au véritable bénéficiaire de ces liens aujourd'hui centenaires. Avons-nous affaire à une relation dans laquelle celui qui tire les marrons du feu est l'homme politique ou alors l'acteur économique ? Est-ce un rapport gagnant-gagnant ou alors une relation née et bâtie pour l'intérêt du Cameroun tout entier ?

Nous insistons sur le fait que ce livre n'est pas destiné à créer le débat sur les liens entre le monde politique et le milieu des affaires au Cameroun, pour une raison évidente : le débat est déjà largement ouvert. Son objectif est d'apporter une participation à cette grand-messe des idées en s'appuyant d'abord sur des faits selon une approche historique.

En parcourant notre propos, le lecteur va notamment se familiariser avec les définitions de certains concepts importants dans l'ouvrage, de la place de choix que nous offrons aux colons français, aux hommes d'affaires de la Métropole, au pouvoir politique de Yaoundé, mais aussi aux grands barons des activités économiques camerounais qui sont principalement les Bamiléké de l'Ouest et les Haoussa du Grand Nord.

Enfin, ce livre propose une lecture novatrice sur la gouvernance au Cameroun à travers une immersion dans la vie politico-économique, le management des ressources de l'État et l'invention d'un système économique et d'échange dans le pays, sous l'angle des relations entre pouvoirs publics et entreprises économiques. Il appartiendra au lecteur de trancher si ce temps analytique était jugé opportun ou non, et à nous de le dépasser dans les travaux à venir.

Les hommes ont l'État qu'ils méritent. Dans un pays évolué, économiquement développé où « les citoyens, libérés de la peur et de la tyrannie » participent légalement et individuellement à leur destin collectif, l'État correspond à leur état, à leur degré d'évolution physique et mentale. C'est la suite des générations, avec leur histoire, leurs ambitions et leurs exigences ou leur lâcheté, leurs égoïsmes ou leurs vertus, leurs évolutions ou leurs réactions qui sont responsables de l'héritage institutionnel. L'État, en tant que tel n'est jamais responsable de l'organisation collective, de ses pouvoirs de gestion, ou de discipline, de ses moyens de contraintes ou de progrès, mais bien les hommes qui l'on conduit là où il en est, qui le fabriquent, le consolident ou l'affaiblissent, le supportent ou le condamnent. L'État vaut ce que valent les citoyens. Les réflexes et les ambitions de la puissance publique sont toujours le reflet de la nature des hommes qui en ont la charge, lesquels, sauf exception provisoire, sont l'émanation naturelle de la communauté nationale qui les délèguent à leur poste ou tout simplement qui les y maintient. À y regarder de près, il ne saurait donc exister de divorce prolongé entre le comportement et celui des citoyens qui le composent. Si l'État est apparemment amoral, voire immoral dans son action, c'est-à-dire dans ses lois, dans ses procédures et dans les fins qu'il poursuit, c'est que les hommes tour à tour responsables de ces lois, de ces procédures et de ces fins y ont projeté leur propre égoïsme, leur appétit de pouvoir et leurs propres carences.

Robert Catherine et Guy Thuillier,
D'une morale de l'État à la morale de l'Administrateur.

Introduction

Le lien entre politique et économie est généralement très étroit[1]. La frontière entre les deux réalités est souvent si étanche que l'on croirait même qu'un entrepreneur politique est automatiquement un promoteur économique, et vice versa. Qui fait de la politique fait également de l'économie, devrait-on y penser. Le « Prince » et le « Patron » ne cheminent-ils pas toujours ensemble, comme le soulignait si bien Jacques Austruy[2] ?

La paire

On a parfois tendance à penser, à tort ou à raison, que celui qui a le pouvoir de décision est aussi celui qui tient les commandes du secteur de la production, des échanges, de la consommation, bref du marché tout entier[3]. Puisque, en tant qu'incarnation de l'État ou de l'administration, il en édicte les lois, énonce les grandes orientations, définit les règles et les priorités fiscales, accompagne et soutient les entrepreneurs dynamiques, organise l'environnement des échanges, fixe le cap de la politique économique, etc.

De son côté, l'homme d'affaires[4] prend également plaisir à être dans les bonnes grâces de l'entrepreneur politique, de l'administration ou des pouvoirs publics. Il s'accommode bien souvent de la vision économique et doctrinale du pouvoir politique dominant en s'arrimant aux orientations fiscales de l'État, en créant ou en entretenant des circuits économiques rentables et productifs pour le compte des hommes du pouvoir, en faisant fructifier les emplois, parfois avec une bénédiction avouée de l'administration, en participant au financement des projets de l'État, en promouvant l'image du gouvernement autant à l'intérieur qu'à l'extérieur du pays, de la région ou du marché[5].

---

[1] Lire J. Autruy, *Le prince et le patron ou l'économie du pouvoir*, Paris, Cujas, 1972.

[2] *Ibid.*

[3] *Ibid.*

[4] Il s'agit, dans cet ouvrage, de mettre en avant ce mot en tant qu'expression standard pour désigner l'opérateur ou l'entrepreneur économique, le chef d'entreprise, l'industriel, l'exportateur ou le grand commerçant.

[5] Aux États-Unis, en particulier, il existe une classe d'hommes d'affaires extrêmement politisés qui défendent *mordicus* et ouvertement les programmes et les actions politiques de leurs candidats aux consultations électorales locales ou nationales. En cette année 2024, consacrée aux élections présidentielles, Elon Musk, un milliardaire (propriétaire des entreprises Space X, Neuralink, Twitter et Tesla) a par exemple versé près de 45 millions de dollars chaque mois à partir de juillet jusqu'à la tenue des

Ainsi, la collision entre *Politique* et *Économie* traverse le temps. Il ne serait pas prétentieux de reconnaître que le « politiquement parlant » semble souvent, à plus d'un titre, synonyme de l'« économiquement faisant »[6]. La relation intime ou tout au moins le rapport d'interdépendance entre ces deux entités a constamment été un pur truisme[7]. C'est ainsi que l'histoire nous apprend par exemple que le pouvoir a toujours inscrit l'économie dans son champ privilégié d'intérêts[8]. Nombreux sont ces rois qui ont senti le besoin d'entretenir des liens étroits avec de grands argentiers ou des collecteurs d'impôts, d'être proches d'éminents clercs du commerce, d'être appréciés des propriétaires de grandes plantations, d'être célébrés et soutenus par les concessionnaires influents ou alors de nouer des relations particulières avec la classe bourgeoise et la caste des riches[9].

En retour, plusieurs opérateurs économiques n'ont jamais boudé le plaisir et les privilèges qu'offrent les relations de proximité avec le roi ; ils s'affichent fièrement aux côtés des membres influents de sa cour[10]. Leur rapport au pouvoir n'est généralement marqué d'aucune virginité. Une certaine classe d'hommes d'affaires a toujours été à l'aise de bénéficier du « parapluie » supposé ultra protecteur de l'élite politique dans le but d'accumuler le capital, d'explorer de nouveaux marchés, de se faire octroyer des permis d'exploitation ou dans le souci d'assurer la bonne santé et la continuité des affaires en cours.

L'alliance et l'alliage

élections de novembre, pour le financement de la campagne électorale du candidat républicain Donald Trump, homme d'affaires de renom et ancien président du pays qui est finalement réélu pour devenir dès le 20 janvier 2025, le 47e président des États-Unis. Elon Musk va plus loin et accorde même un espace préférentiel à la diffusion des messages de son candidat préféré sur son réseau social Twitter. En guise de remerciement, il intègre sans surprise la nouvelle Administration Trump dès le mois de janvier 2025.

6 Cf. Y-A Fauré & J. F Médard, *État et bourgeoisie en Côte d'Ivoire*, Paris, Karthala, 1982.

7 Se référer à Y-A Fauré (Dir.), *Entreprises et entrepreneurs africains*, Paris, Karthala, 1995.

8 *Ibid.*

9 Se pencher sur : B. Shally, *L'entrepreneurship en Afrique noire. Application aux entrepreneurs du secteur informel au Congo-Zaïre*, Paris, L'Harmattan, 1998.

10 A. Mbembe, « Pouvoir, violence et accumulation », *Politique Africaine*, n°39, Paris, 1990, p.21.

Cette proximité qui fédère deux univers en un, rend donc le duo Politique/Économie historique, fascinant, en même temps complexe et original, d'autant plus que des interrogations restent pendantes : qui façonne qui dans cette relation ? Qui influence qui ? Qui gagne quoi ? Qu'ont-ils de si précieux en commun ? Pourquoi une telle proximité ? Quels peuvent en être les effets ?

Les réponses à ces questions se trouvent certainement d'abord en Afrique, qui constitue un vaste champ privilégié d'études devant encore être exploré, conquis et mieux vulgarisé. En effet, l'Afrique est présentée comme « le continent de l'avenir[11] ». Mais, il n'y a pas un avenir qui existe ou qui prétendrait prendre corps sans un vrai passé. C'est pourquoi l'Afrique, dans sa globalité et singulièrement l'Afrique noire, peut être vue comme un continent d'échanges avec une longue expérience du marché, que ce soit dans l'Égypte antique, durant la période des grands royaumes et surtout pendant la traite négrière qui l'inscrivit définitivement dans les tourbillons du commerce international[12]. Il faut souligner que durant toutes ces périodes, les rapports entre les hommes de pouvoir et les hommes d'affaires ont toujours été symboliques, marqués et fidèles.

L'histoire-témoin

C'est davantage avec l'envahissement du continent par des hordes de capitalistes européens affamés de gloire et de richesse que ces rapports sont devenus plus déterminants, plus réguliers et plus questionnables. L'espace de rencontre colonial africain a donné lieu à des relations exceptionnelles entre l'administration et le monde du marché, sur fond d'intérêts adossés sur une idéologie impérialiste fondée elle-même sur l'inégalité, la violence, le racisme et l'orgueil de l'homme blanc dès le 17e siècle[13]. La colonisation occidentale en

---

[11] Cela fait référence aux énormes potentialités dont regorge l'Afrique au plan minier, agricole, écologique et surtout démographique avec aujourd'hui plus de 75% des jeunes de moins de 40 ans dans sa population selon les statistiques de la Banque Mondiale. En effet, les travaux de plusieurs économistes mettent en avant le fait que le continent noir vit une véritable transition démographique qui fera passer sa population de 1,3 milliard en 2020 à près de 2,5 milliards d'ici 2050. La démographie symbolisant à la fois la jeunesse, le dynamisme et l'innovation, propulserait donc l'Afrique au rang de continent émergent dans quelques décennies.

[12] Les détails sont à travers chez : F. Cooper, *L'Afrique depuis 1940*, Paris, Payot, 2008.

[13] M'bokolo Elikia, *L'Afrique au XXe siècle, le continent convoité*, Paris, Seuil, 1985, pp. 233-240.

Afrique est, aussi et certainement d'abord, une affaire de soumission des peuples, de recherche de la gloire, de pillage des biens des colonisés, d'enrichissement illicite et d'écoulement des produits de la Métropole[14]. De ce fait, celle-ci a produit des relations particulières entre les administrateurs et le monde des échanges qui ont contaminé tout le secteur socio-culturel et même l'avenir des futurs territoires indépendants[15].

Pour autant, le système et l'organisation politico-administrative des territoires africains mis sur pied par les différents régimes coloniaux ont plus que jamais favorisé la relation entre l'administration coloniale et les entrepreneurs économiques. Il hissa ce lien d'intérêt au frontispice de tous les autres rapports entretenus entre les forces vives en colonie[16].

Cette idée d'une Afrique définie comme un espace d'exploitation économique et marchand permet alors de mieux apprécier l'existence et l'évolution des liens spéciaux qui se nouent entre l'administrateur colonial et les acteurs économiques français, espagnol, anglais, allemand, espagnol, belge ou portugais. On remarque très vite que durant les 18e et 19e siècles, le colon précède souvent le négociant, et parfois, c'est le commerçant qui vient juste avant l'administrateur colonial[17]. Ces protagonistes savent si bien se séduire, se suivre, s'entretenir, s'apprécier et parfois s'opposer et s'affronter[18].

Avec la fin de la colonisation, les liens entre les nouvelles élites politiques africaines et les acteurs économiques vont davantage se nouer, se transformer et se remodeler au gré des nouvelles orientations politiques mises en place par les jeunes États et leurs nouveaux dirigeants ainsi qu'en fonction des intérêts financiers et des enjeux stratégiques. L'instauration dans les années 1960 des partis politiques uniques, l'éclatement des crises économiques internationales telles que les chocs pétroliers des années 1970, la chute des prix des matières premières à l'orée de la décennie 1980 ou encore l'application des politiques économiques libérales et néolibérales et le retour de la

---

[14] À ce niveau, il serait intéressant de voir : J. L. Miège*, Expansion européenne et décolonisation de 1870 à nos jours*, Paris, PUF, 1986.

[15] Lire, à cet effet, S. Amin, *Impérialisme et sous-développement en Afrique,* Paris, Anthropos, 1988.

[16] On en parle notamment dans : J. Ki Zerbo, *Histoire de l'Afrique noire d'hier à demain*, Paris, Hatier, 1978.

[17] *Ibid.*

[18] Voir : Y. A. Fauré, « Les politiciens dans les entreprises en Côte d'Ivoire : investisseurs ou courtiers ? », *Politique Africaine*, n°56, Paris, 1994.

démocratie après la chute du Mur de Berlin, permettent par exemple d'assister à un renouvellement de la classe politique et économique en Afrique subsaharienne. Celle-ci en profite pour renforcer des attaches avec les patrons de l'économie, particulièrement les chefs d'entreprises, les industriels et même des commerçants de renom, locaux ou étrangers.

Le *Camaroes* transformé

En ce qui concerne le Cameroun, les rapports entre les décideurs et les acteurs du marché ont été encore plus remarquables, notamment à cause d'une histoire marquée par la présence de trois types de systèmes coloniaux, chacun avec un espace de vie et un mode d'exploitation différent, mais spécifique. L'Allemagne, avec son protectorat[19], s'installe la première aux portes de Douala dès la seconde moitié des années 1800 et profite à loisir de l'activisme des grandes firmes commerciales de Hambourg, de Brême et de Berlin pour accélérer la pénétration vers l'hinterland camerounais « en tenant la main » des explorateurs et futurs administrateurs qui signent des accords d'échanges avec les chefs locaux sur un vaste territoire composé du « *Neu Kamerun* »[20]. Puis, arrivent les acolytes coloniaux français et anglais qui dirigent le Cameroun sous le mandat de la Société des Nations (SDN), ensuite sous la tutelle des Nations Unies avec le statut de Territoire International entre 1919 et le début des années 1960, et surtout avec la mission de garantir au territoire un développement politique, économique et commercial, le tout sous l'égide des différents administrateurs soutenus par des firmes commerciales métropolitaines[21].

L'accession à la magistrature suprême d'Ahmadou Ahidjo favorise l'instauration du parti unique et la nationalisation de l'économie, tout en privilégiant une politique économique baptisée sur le « libéralisme planifié »[22], ponctuée par une série de plans quinquennaux avec des programmes spéciaux réservés au secteur commercial et aux entrepreneurs économiques nationaux[23]. Dès le début des années 1980,

---

[19] Officiellement, c'est en juillet 1884 qu'est signé le protectorat allemand avec les chefs douala sur la côte camerounaise. Jusqu'en 1916, le Kamerun est une possession du Reich avant l'arrivée des colons français et anglais. Consulter, sur ce sujet, E. Mveng, *Histoire du Cameroun*, T1, Yaoundé, CEPER, 1984,

[20] *Ibid.* pp.87-90.

[21] *Ibid.*

[22] Lire : J. Aerts & al., *L'économie camerounaise*, Paris, Karthala, 2000.

[23] *Ibid.*

son successeur, Paul Biya, opte pour une politique économique dite de « libéralisme communautaire »[24]. Celle-ci coïncide avec le retour au multipartisme des années 1990 et avec la politique néolibérale qui, à son tour, permet de découvrir la nouvelle face des relations entre le politique et l'homme d'affaires dans un pays qui est passé par les Programmes d'Ajustement Structurel (PAS) dès 1986, la dévaluation du franc CFA en 1994, la crise de la dette, la privatisation des entreprises publiques et parapubliques, l'atteinte du Point d'Achèvement de l'initiative Pays Pauvre Très Endetté (PPTE) en 2006, avant de procéder au lancement des projets dits structurants pour une émergence annoncée[25].

Dès cet instant, il se pose plusieurs questions : quelle est la nature exacte des rapports entre l'État et le milieu des affaires au Cameroun depuis la colonisation ? Comment s'organisent-ils ? Sont-ce des rapports d'autorité ou de subordination ? Quelle est la logique exacte qui régit ces relations dans un monde où on remarque une proximité parfois très poussée entre l'administration et l'écosystème économique ? Qui sont les acteurs les plus en vue ? Comment ces liens évoluent-ils ? Quelles conséquences ces attaches profondes engendrent-elles dans le fonctionnement et le développement du pays ?

L'horizon

Cet ouvrage a plusieurs desseins. Son premier objectif se consacre à analyser la nature des rapports qui existent entre l'État colonial et les entreprises au Cameroun ainsi que leur influence dès la fin du 19e siècle. Il s'agit d'essayer de comprendre l'architecture de ces liens en mettant en lumière les approches de coopération, d'intelligence, de friction ou de rivalité entre deux entités majeures de l'environnement socio-économique depuis l'installation des Allemands en 1884. L'étude et l'interrogation des pratiques politiques, des technologies de fonctionnement, des logiques économiques, du rôle et de l'organisation des réseaux d'influence commerciaux et administratifs sont prioritairement convoqués dans le présent ouvrage.

Nous nous proposons également de pénétrer cette relation historique entre pouvoir et entrepreneurs économiques dans le but de cerner le jeu des alliances, de présenter l'univers des compétitions, de porter un regard sur le choix des uns plutôt que celui des autres, d'analyser la vie

[24] Cf. Touna Mama, *L'économie camerounaise*, Yaoundé, Afrique Éditions, 2008.
[25] *Ibid.*

et l'émergence des hommes d'affaires « *Made in State* » ou des hommes politiques « *Made in Business* », mais aussi de sonder les implications de ces rapports sur le plan de l'environnement social et culturel dans le pays. Notre propos va par exemple s'appesantir sur des clichés des entrepreneurs ou des hommes politiques prétendus « fabriqués », « téléguidés » ou « positionnés » au sein de l'échiquier politico-économique du Cameroun par des lobbies ou des groupes d'influence.

Enfin, la présente étude s'attellera à mettre en avant, autant que faire se peut, le profil et le pedigree des hommes influents dans l'animation des réseaux d'amitié ou des cercles de concurrence entre le monde politique et l'espace économique en particulier sous le règne des deux premiers présidents du Cameroun. L'objet ici étant, *in fine,* d'évaluer l'influence de ces liens en montrant que les pratiques commerciales, l'environnement des affaires et surtout les avancées démocratiques et le développement économique sont aussi très habituellement façonnés par la qualité des rapports qui se nouent entre l'homme politique, le commerçant ou l'entrepreneur économique, qu'il soit d'origine camerounaise ou étrangère. Plusieurs phénomènes, liés au développement de l'écosystème économique, politique et même culturel du Cameroun, pourraient aussi s'expliquer, se comprendre ou être lus au travers des rapports entre le pouvoir politique et l'élite économique pendant et après l'ère coloniale.

Le matériau

S'appuyant sur une documentation primaire (archives et relevés de presse), sur des sources orales, des recueils de discours officiels, des ouvrages spécifiques et sur des publications scientifiques, la première partie du livre fait un état des lieux des liens de proximité et de confiance entre l'administration et l'opérateur économique durant la période coloniale. Ces rapports sont analysés sur la base de l'orientation de la politique coloniale allemande au Cameroun qui met d'abord l'accent sur le marchand et le rôle des grandes firmes commerciales dans l'instauration du système germanique sur le territoire. Cette partie va également mettre en avant l'existence de ces relations sous l'ère coloniale française à travers l'étude du style et des réalités propres à la période de mandat et celle de tutelle. Elles sont appréciées à partir des politiques d'administration directe mise sur pied par l'État impérialiste français.

La deuxième partie se penche sur l'inventaire et les métamorphoses opérés dans ces relations avec pour principal cadre d'émergence l'État postcolonial à la tête duquel trônent de nouveaux hommes dans un environnement économique tout aussi atypique de par ses enjeux et ses nouvelles réalités.

La troisième partie offre l'occasion de s'interroger sur le sens de ces relations dans un contexte de crise économique, de succession politique, de privatisation des entreprises d'État à l'ère de l'implémentation de la démocratie, de la libéralisation du marché et de la diversification des partenaires économiques du Cameroun au 21e siècle.

PARTIE I :
Des liens d'acier scellés par le « pacte colonial » (1884-1959)

La période coloniale, avec son lot d'intérêts, ses multiples enjeux de domination et sa politique mercantiliste, offre l'occasion d'analyser les relations entre l'État impérialiste et le monde des échanges au Cameroun. L'horloge coloniale a toujours su indiquer le temps des liens entre le colon et les représentants du secteur économique. Il apparaît évident dès le départ que le commerçant et l'administrateur colonial sont des siamois liés par un cordon ombilical qui paraît invisible certes, mais dont la vitalité et la force demeurent inusables.

Le statut de mandat et de tutelle détenu par la France et l'Angleterre au Cameroun a permis d'identifier une multitude d'acteurs économiques évoluant dans un environnement différent, mais pas totalement nouveau en comparaison à celui en vigueur avant la Première Guerre mondiale ou dans les autres colonies du continent. On entre en réalité au sein d'un champ relationnel particulier, soutenu par des programmes d'exploitation économiques et commerciaux de ce que Sarraut avait malicieusement baptisé *La mise en valeur des colonies*[26].

Le premier à nouer ces liens au Cameroun est le colon allemand. Il a même assis une grande partie de sa politique coloniale sur le dos des acteurs du négoce et des firmes commerciales. Il va léguer ce don aux nouveaux colons entrants français et anglais qui surgissent sur le territoire avant la fin de la Grande-Guerre.

---

[26] On peut consulter : A., Sarraut, *La mise en valeur des colonies,* Paris, Payot, 1923 et A. Sarraut, *Grandeurs et servitudes coloniales*, Paris, Édition du Stagiaire, 1931.

CHAPITRE 1 :

Ententes et complémentarité

Le protectorat allemand au Cameroun inaugure cette première partie consacrée à l'étude des rapports entre les institutions coloniales et les hommes d'affaires dès la fin du 19e siècle. Il ne fait l'ombre d'aucun doute que la qualité des rapports entre les décideurs politiques ou administratifs et les entrepreneurs au Cameroun a toujours porté une forte empreinte coloniale. Nul besoin de répéter ici que la colonisation occidentale en Afrique du 17e au 20e siècle est aussi, et peut-être même d'abord, d'inspiration commerciale et donc inaugurée et perpétuée par des marchands et des hommes d'affaires, détenteurs d'assez de moyens financiers et économiques pour se lancer dans l'aventure coloniale. Les premiers à annoncer les couleurs de ces liens sont les Allemands à travers la signature du protectorat du Kamerun en juillet 1884.

La malédiction coloniale de l'Allemagne

Les Allemands arrivent sur le marché de la colonisation en Afrique en retard, par manque de chance ou alors par un simple défaut congénital d'expansion outre-Europe du Reich. Toujours est-il que les Germaniques sont distancés par leurs éternels rivaux français et anglais qui ont mis pied sur le sol africain en tant que puissances impérialistes près d'un siècle plus tôt[27]. Visiblement, la colonisation n'est pas à la mode en Allemagne en ces années qui succèdent la période de réunification[28]. À la fin du 18e siècle, l'ancienne Prusse, encore encline à cimenter une unification toute fraîche, est certes une puissance régionale importante, mais c'est une nation qui doit encore faire ses preuves sur l'échiquier international. L'un des facteurs de cette puissance recherchée demeure la possession d'un empire outre-mer. Pour « faire comme » son ennemi héréditaire la France et son authentique rivale anglaise, l'Allemagne engage un marathon colonial l'obligeant à se diriger prioritairement vers l'Afrique dès le milieu des années 1870[29]. En effet, le pays de Guillaume II et d'Otto Von

---

[27] Plusieurs informations sont à retrouver chez : A. Chéradame, *La colonisation et les colonies allemandes*, Paris, Plon-Nourrit et Cie, 1905.

[28] *Ibid.*

[29] On apprend plus en lisant J. Bouchaud, *La côte camerounaise dans l'histoire de la cartographie des origines à l'annexion allemande,* Parie, Mémoire de l'IFAN, 1952 ; H. Brunschwig, *L'expansion allemande outre-mer du XVIe siècle à nos jours*, Paris, Presses Universitaires d'Allemagne, 1957.

Bismarck a solidement besoin des morceaux de territoire sur un continent africain où la « petite » Belgique, le « lilliputien » Portugal, l'Espagne et surtout les sempiternels concurrents britanniques et français ont déjà accaparé une bonne portion du gâteau territorial continental.

Mais, en cette deuxième partie du 19e siècle, le débat sur une Allemagne coloniale divise ; il ne déchaîne pas particulièrement les passions. Une grande partie de l'opinion publique y est encore réticente[30]. L'Allemagne reste bien fière et particulièrement jalouse de son unité nouvellement acquise. Pour le moment, c'est l'Europe qui est au centre des préoccupations du Reich. L'aventure ultramarine n'est encore vraiment qu'une « simple péripétie » aux yeux de plusieurs sujets du roi Guillaume II. À cet effet, Bismarck tient, dès le départ, à rassurer tout le monde allemand en dévoilant que : « Tant que je serai chancelier du Reich, nous ne mènerons pas de politique coloniale. Nous avons une flotte qui n'est pas en mesure de naviguer et nous ne pouvons pas prendre le risque d'exposer des points vulnérables dans des continents lointains dont les Français s'empareraient à la première occasion »[31].

Pourtant, l'Allemagne doit exister en dehors du continent. Le royaume unifié de Guillaume II doit rayonner sur la scène mondiale. Pour ce faire, trois types de pressions, classées par ordre d'importance, retiennent notre attention ici pour expliquer l'engagement colonial de l'Allemagne au 19e siècle.

La première vient d'une certaine presse nationale qui lance des campagnes de propagande coloniale en faveur de la présence de l'Allemagne hors du continent européen. Certains médias de l'époque se lancent dans un plaidoyer et dans des actions de lobbying qui contribuent fort opportunément à sensibiliser l'opinion publique et à nourrir le débat sur l'impérialisme allemand dans l'espace public. Bientôt, la colonisation s'invite plus que par le passé dans les échanges au sein des cercles de réflexion, dans les ménages, à l'université, dans les salons politiques à Berlin et dans les autres grandes villes du royaume[32].

---

[30] Nobert, Wagner (Éd.), Archiv des Deutschen Kolonialrechts (2. Berichtigte Aufl.), Brühl/Wesseling Juni, 2008, p.19.

[31] *Ibid.*p.20.

[32] Cf. M. Townsend, *The rise and fall of Germany's colonial empire (1884-1914),* New York, Howard Fest, 1996.

La deuxième pression, d'ordre intellectuel, et postérieure à la première et à la troisième, est basée sur des théories géopolitiques. La meilleure référence est certainement la théorie proposée par Friedrich Ratzel, le père de la *Geopolitik* allemande, initiateur de l'École de Berlin dès 1886. En effet, Ratzel dans ses analyses pense que l'État est semblable à un être vivant qui naît, grandit, atteint son apogée, se dégrade et se meurt. Mais pour survivre, un État fort devrait s'étendre et fortifier son espace d'existence en créant un empire constitué d'espaces nourriciers ou « d'espace de vie [33]». Autrement dit, Ratzel invite l'Allemagne à accroître sa puissance en créant un empire colonial, car selon lui, ce sont les démembrements coloniaux de l'Allemagne qui vont nourrir et alimenter la Métropole pour que celle-ci puisse se pérenniser *ad vitam aeternam.*

La troisième pression, la plus déterminante, est celle des hommes d'affaires et des grandes firmes commerciales. Elle a finalement pris le dessus sur toutes les autres formes de pression pour engager l'Allemagne en quête du statut de puissance d'outre-mer vers la construction d'un empire colonial. En fait, l'Allemagne vient enfin de comprendre cette citation d'Ernest Renan qui ne laisse pas d'ambigüité sur les enjeux de la colonisation :

> *La colonisation est une nécessité politique tout à fait de premier ordre. Une nation qui ne colonise pas est irrévocablement vouée au socialisme, à la guerre du riche et du pauvre. La conquête d'un pays de race inférieure par une race supérieure, qui s'y établit pour le gouverner, n'a rien de choquant[34].*

Parmi les plus grands défenseurs du mouvement colonial allemand qui s'activent à concrétiser cette approche ultra colonialiste et raciste de E. Renan, on remarque avec un intérêt particulier le rôle joué par l'Association Coloniale allemande (Deutscher Kolonialverein) fondée en 1882[35]. Puis, arrivent l'appui et la pression farouche des grandes firmes commerciales telles que le *Zentralverein für handelsgeographie und Förderung deutscher interessen im Ausland Berlin* et le *Westdeutscher Verein für Kolonisation und Export Düsseldorf* qui se donnent pour mission la garantie des intérêts financiers et économiques de l'Allemagne et des Allemands à l'étranger. Ce sont elles qui

---

[33] Sa vision est exposée dans : F. Ratzel, *Géographie politique,* Lausanne, Éditions régionales européennes et Economica, 1988.

[34] E. Renan, *La réforme intellectuelle et morale de la France*, Paris, La librairie Nouvelle, 1872, p.23.

[35]A.P. Temgoua, *Le Cameroun à l'époque des Allemands (1984-1916),* Paris, L'Harmattan, 2014, pp.18-20.

poussent Bismarck à revoir ses positions sur l'engagement colonial du Reich et à reconsidérer la politique expansionniste du royaume en Afrique et au Kamerun[36]. Sur ce point, l'historien camerounais Albert Pascal Temgoua revient sur quelques points saillants de cette histoire avec plus de détails :

> *Le revirement du chancelier Bismarck fut l'œuvre de conseillers hardis, subissant pour la plupart l'impulsion de grosses firmes commerciales aux destinées desquelles présidaient Adolf Woermann à Hambourg et Luderitz à Brême. En effet, exploitant les hésitations du gouvernement britannique d'étendre sa souveraineté sur les territoires côtiers, les commerçants allemands installés ici depuis 1868 avaient commencé à nourrir des ambitions, songeant à gagner de l'Allemagne impériale ces riches contrées. Secrètement, ils s'étaient mis à examiner comment ils pourraient agir pour empêcher l'Angleterre d'annexer le Cameroun. Le 6 juillet 1883, la chambre de commerce de Hambourg présidée par le célèbre Adolf Woermann produisit sur les intérêts de l'Allemagne en Afrique un mémoire qui trouva écho favorable en Allemagne. Ce mémoire, après avoir détaillé les freins au développement commercial de l'Allemagne dans cette région et plus particulièrement au Cameroun, proposa toutes les mesures utiles et souhaitables en vue de trouver une solution à ce problème*[37].

Les gyrophares de l'impérialisme germanique

La politique coloniale du Reich est *ab ovo* partiellement confiée aux bons soins des compagnies commerciales privées. Ce sont ces compagnies qui ouvrent en quelque sorte la voie de la colonisation au gouvernement impérial germanique. Cela s'explique, comme on vient de le dire, par le fait qu'il existe encore en Allemagne une importante opinion publique réticente à l'idée d'une aventure coloniale et qui rechigne à encourager le financement des territoires d'outre-mer par des fonds publics. C'est pour cette raison que Bismarck, qui vient de faire volte-face, décide préalablement de confier la gestion économique et administrative de certaines colonies, notamment en Afrique aux sociétés commerciales coloniales. Il résume très bien cette stratégie politique par cet aphorisme « C'est le marchand qui précède le soldat [38]» en zone coloniale. En d'autres termes, l'Allemagne confie d'abord les clés de son empire colonial aux grandes firmes commerciales ainsi qu'aux importants consortiums économiques présents en Métropole ou sur les côtes des territoires sous protectorat.

---

[36] Une grande partie de la pensée géopolitique de ce géographe allemand est à retrouver dans : F. Ratzel, *Géographie politique...*, pp.45-51.

[37] Temgoua, *Le Cameroun à l'époque des Allemands…*, pp.17-18.

[38] Haase, L., *Durchs unbekannte Kamerun,* Berlin, Egon Fleischel, 1915.

Cela se vérifie très vite, car dès le 27 avril de l'année 1884, le premier protectorat d'empire en Afrique est accordé au célèbre entrepreneur économique de Brême M. Luderitz[39]. La même année, la Nouvelle Guinée et l'Archipel de Bismarck, le Kamerun et le Togo font leur entrée dans le giron allemand.

Sur la question relative au système d'administration des territoires sous domination germanique, Bismarck s'explique en tant qu'ordonnateur en chef de la politique coloniale du Reich. Il affirme à ce sujet qu':

Un système colonial analogue à celui actuel de l'Angleterre, c'est-à-dire avec des garnisons, des gouverneurs et des fonctionnaires de la mère-patrie ne nous est pas indiqué par des raisons qui tiennent à notre organisation et à notre situation intérieure ; mais je pense que l'Empire ne peut s'empêcher d'étendre sa protection autant que ses forces le permettent, sur toutes les entreprises commerciales des sujets allemands qui sont liées à des acquisitions territoriales[40].

En réalité, cette politique place les firmes commerciales coloniales germaniques ainsi que les individus qui les incarnent, sous la tutelle du roi impérial, tout en leur garantissant une certaine autonomie dans la gestion des territoires acquis au plan financier et administratif. C'est dans cette optique que le chancelier affirme clairement que :

L'intention conforme à celle de Sa majesté est de laisser à l'activité et à l'esprit d'entreprise de nos concitoyens, navigateurs et commerçants, la responsabilité entière de la fondation et du développement matériel de la colonie. Je ne me servirai pas de la forme de l'annexion des provinces maritimes à l'empire allemand, mais je délivrerai des lettres de franchises semblables aux Royal Charters anglaises[41].

À travers ces citations, Bismarck a planté le décor. Arrêtons-nous donc pour apprécier, comprendre et questionner les contours de cette vision coloniale allemande.

D'abord pour apprécier ce décor. Quoi qu'il en soit, cette vision de la politique coloniale encourage l'esprit d'entreprise du côté des Allemands. C'est une invite à l'ambition coloniale qui offre bien un cadre entrepreneurial propice à l'initiative économique et commerciale privée. Tout d'un coup, il se crée un esprit de conquête et même de

---

[39] Voir: L. Evans, *The German in Africa: Their aims on the Dark Continent and how their acquired their African colonies, London, Cassel and C°*, 1939.

[40] C. Metzer, « L'empire colonial allemand » in *Brève Histoire-Longue Mémoire, Société Française d'Histoire des Outres-mers*, Outres-mers, n°2017/1/394-395, pp.269-280. Consulté le 1er juin 2022.

[41] *Ibid.*

compétition au sein de toutes les maisons de commerce pro coloniales et dans l'esprit de tout commerçant.

Ensuite, pour comprendre la réalité de ce décor ou les grandes lignes de cette politique coloniale bismarckienne, disons sans ambages que la gestion des affaires coloniales incombe donc d'abord aux entrepreneurs commerciaux et économiques privés allemands qui ont pour mission première la rentabilité de leurs investissements : c'est la colonisation des affaires. La présence des gouverneurs et fonctionnaires coloniaux reste alors réduite ou symbolique par endroit. Cet état de choses se révèle singulièrement important, parce que les liens entre commerçants et pouvoir administratif vont davantage s'entremêler et se rapprocher en créant ainsi une profonde relation d'entente et de confiance entre ces deux pôles de pouvoir. Désormais, les grands commerçants, à défaut d'avoir un pouvoir de décision sur la politique du protectorat, détiennent au moins le pouvoir d'orientation des desseins commerciaux et économiques. Rien d'étonnant puisque, jusqu'en 1905, l'Allemagne n'avait pas mis sur pied un ministère en charge des colonies comme ce fut le cas en France ou en Angleterre[42]. L'épicentre des décisions se trouvait au sein des sièges des sociétés commerciales privées à Berlin ou à Brême et dans les succursales disséminées en colonies. Cette réalité reste particulièrement intéressante et bien curieuse étant donné que la politique coloniale chère à Bismarck permet de découvrir ce que nous pouvons appeler ici des « commerçants-colons », capables de s'ouvrir toutes les portes d'échange du territoire et agissant sous la tutelle de Berlin et de son représentant, le gouverneur.

Enfin, pour le questionner. En réalité, le choix de la politique coloniale en général et spécifiquement celle de l'Allemagne de s'appuyer sur les commerçants et les grandes compagnies commerciales était la preuve de deux choses au moins : le manque de moyens financiers de l'État colonial et la faiblesse de pouvoir administrer totalement un espace encore peu connu. Inévitablement, cette politique ne peut qu'engendrer des liens spéciaux entre les maisons commerciales et les institutions administratives. L'Allemagne a troqué sa « mission civilisatrice » coloniale en une mission commerciale, une mission d'affaires. À cause de cela, elle décide de faire confiance aux maisons de commerce à qui elle confie les clés de son outre-mer. Mais, l'Allemagne a-t-elle vraiment le choix ? Avant celle-ci, n'a-t-on pas déjà observé le rôle et l'émergence de leurs

---

[42] P. Decharme, *La colonisation allemande*, Paris, Plon, 1926, p.26.

consœurs et rivales française et anglaise telles que la Compagnie des Indes par exemple ?

La réponse à la première question est négative. Pour la simple raison que l'aventure coloniale européenne a, que ce soit avec les nations coloniales doyennes en Afrique noire qui sont le Portugal et l'Angleterre ou la France et la Belgique, été portée par un esprit mercantiliste. Les marchands ont ouvert et entretenu le bal de la colonisation mieux que quiconque.

Woermann et Cie : *Ich bin da !*

Comme tout retardataire conscient, l'Allemagne est un pays colonisateur pressé. C'est une jeune arrivée, affamée d'espace d'exploitation, de prestige et de sujets de soumission, qui hérite d'un territoire autrefois « boudé » par la couronne anglaise suite à une demande d'annexion rejetée, initiée par des chefs Douala avides de protecteurs blancs et de gloire commerciale[43].

En effet, le territoire du Kamerun apparaît très vite aux yeux des Allemands comme une petite cagnotte coloniale livrée aux hommes de Bismarck par des chefs Douala. Ayant succombé aux petits présents des compagnies commerciales impérialistes, ils s'offrent aux Allemands comme ils avaient aimé s'adonner aux Anglais[44]. Ils en gagneront les subsides y afférents[45]. Les termes du traité germano-douala du 12 juillet 1884 symbolisent à eux seuls, le berceau des relations de choix que dressent les commerçants allemands et les autorités politiques et traditionnelles Douala. En voici un extrait édifiant :

Nous soussignés rois et chefs du territoire nommé Cameroun [...] avons aujourd'hui, au cours d'une assemblée tenue en la factorerie allemande sur le rivage du roi d'Akwa, volontairement décidé que : nous abandonnons totalement aujourd'hui nos droits concernant la souveraineté, la législation et l'administration de notre territoire à M. Edouard Schmidt, agissant pour le compte de la firme

---

[43] L'ouvrage suivant propose une flopée d'informations sur ce sujet : A. Owona, *La naissance du Cameroun*, Paris, L'Harmattan, 1996.

[44] Cf. P. Guifford, & R. Louis, *Britain and Germany in Africa: imperial rivalry and colonial rule,* New Haven and London, Yale University Press, 1967.

[45] En réalité, les chefs douala avaient besoin que leurs intérêts commerciaux soient préservés. Face à la frénésie coloniale qui sévissait, ils avaient voulu anticiper en allant vers un protecteur avec lequel ils auraient négocié et sauvegardé leurs intérêts. Ils souhaitaient donc avoir une sorte de protecteur, qui, à défaut d'avoir été anglais comme ils l'auraient voulu dès le départ, s'avéra être allemand. Voir sur cet aspect : Temgoua, *Le Cameroun à l'époque des Allemands...*

Woermann et Johannes Woss agissant pour le compte de la firme Jantzen et Thormahlen, tous deux à Hambourg et commerçants[46].

Voilà donc des hommes, des chefs de communauté, des rois, apparemment intellectuellement et psychiquement bien constitués qui, ayant hérité leur pouvoir politique, religieux et spirituel de leurs ancêtres et portés par un peuple majoritairement soumis, constitué d'hommes et femmes intelligents, dynamiques et travailleurs, signent leurs propres actes de vente dans le but de porter l'étiquette de colonisé ou d'esclave.

Enivrés par des petits gains commerciaux et possédés par un esprit d'égoïsme certain, ces chefs douala qui avaient fait du commerce côtier leur principale activité rémunératrice (esclavage, échange des cultures de rente contre les produits importés, etc.) ne pouvaient que passer un tel marché avec les Allemands afin de faire fructifier leurs affaires. Dans un sens similaire, il est davantage question ici d'un accord commercial que de tout autre chose. Le fameux protectorat du 12 juillet 1884 était donc d'abord un lien commercial et bénéfique pour les seuls chefs-commerçants-douala et leurs cosignataires allemands.

Et pour couronner cet exploit, ils se livrent ainsi à une compagnie de commerce qui se fait, elle-même, représenter par des émissaires en lieu et place des plus hautes autorités politiques du Reich qui, en pareille circonstance historique, vitale et décisive pour l'avenir et la destinée des peuples et d'un territoire en cours de soumission, devraient au moins être « célébrés » en présence du chancelier en personne, voire du roi Guillaume II. Mais, ne nous attardons pas longuement sur ces détails protocolaires et sur cette volonté d'assujettissement originale caractéristique d'un certain esprit qui hante souvent les descendants d'esclaves depuis des siècles et dont firent brillamment preuve les chefs Douala en ces temps-là.

Ceci étant, lorsque le Dr Nachtigal, l'émissaire officiel du Reich, signe promptement un traité avec les peuples côtiers camerounais, la pression est forte et le prestige retentissant du côté allemand. Le pays a juré de se bâtir un outre-mer à l'image de sa puissance continentale. Elle confie d'abord la feuille de route de son aventure coloniale au Kamerun aux compagnies commerciales qui n'en finissent pas de monter dans l'estime de Berlin qui leur propose les clés des portes neuves de ce protectorat *kamerunais*. Depuis cette période, les maisons

---

[46] J-P. Nyoumae-Libam, *Le traité duala-allemand du 12 juillet 1884 (historique, texte, exposé, critique)*, Paris, CNRS, 1970, pp.25-26.

de commerce allemandes sont au-devant de la scène coloniale. Le tapis rouge leur est déroulé à partir de Berlin. Elles ne pouvaient pas rêver mieux, car elles ont de l'ambition.

Pour des raisons de santé, le commissaire impérial allemand au Cameroun laisse le pouvoir à son adjoint, Max Bucher, en avril 1885[47]. Il lui donne des directives limpides et précises sur sa future charge en lui indiquant notamment qu' : « Outre l'administration et la justice, vous voudriez aussi prêter attention en particulier à deux objectifs : l'extension territoriale de la colonie du Kamerun et l'ouverture de l'arrière-pays au commerce européen direct [48]».

Le moteur colonial allemand était ainsi mis en branle en Afrique subsaharienne. C'est la compagnie Woermann de Hambourg qui tire le premier ticket gagnant de cette cagnotte coloniale qu'est le Kamerun, situé à cheval entre l'Afrique de l'Ouest et le centre du continent noir[49]. Son premier comptoir sur la côte doualaise est installé dès 1868[50]. Elle prend vite ses quartiers dans la ville-portuaire de Douala, suite à la signature du traité germano Douala cité plus haut[51]. Mais, Woermann n'est pas un simple industriel. C'est un « animal commercial » qui est nommé commissaire impérial pour la côte occidentale africaine par Bismarck depuis le mois de mars 1884, avec pour mission la défense des intérêts commerciaux allemands dans la région tout en y établissant des protectorats : une autre preuve du lien étroit entre le commerce et l'administration. C'est ainsi que le profil de Woermann qui occupe les fonctions de consul pour le compte du Reich devient captivant à plus d'un titre, car ce plénipotentiaire de l'État allemand en terres africaines est d'abord un consul marchand. Véritable fer de lance économique de la colonisation allemande au Kamerun, Woermman, autant que Thoermahlen qui s'établit au Kamerun à partir de 1874, reçoit un soutien enflammé du gouvernement de Berlin. On remarque vite des accointances et les faveurs que l'administration coloniale offre à cette société sur la côte camerounaise. En peu de temps, Woermann

---

[47]Temgoua, *Le Cameroun à l'époque des Allemands…*, p.18.

[48] B. Nobert, Wagner (Ed.), Archiv des Deutschen Kolonialrechts (2. Berichtigte Aufl.), Brühl/Wesseling Juni 2008, p.15.

[49] R. Cornevin, *La colonisation et les colonies allemandes*, Paris, Collection « Que sais-je », n°1331, PUF, 1969, pp.23-25.

[50] Temgoua, *Le Cameroun à l'époque des Allemands…*, p.141.

[51] Plus largement, on peut se référer à : V.J. Ngoh, *Cameroun 1884-1984 : cent ans d'histoire*, Yaoundé, CEPER, 1990 ou à Kum'a Ndumbe III (Dir.), *L'Afrique et l'Allemagne : de la colonisation à la coopération, 1884-1986 : le cas du Cameroun*, Douala, Africavenir, 1986.

symbolise les intérêts de l'Allemagne au moins à Douala, sinon sur l'ensemble du territoire sous protectorat kamerunais. Les Compagnies commerciales Woermann, Jantzen und Thoermahlen, les compagnies concessionnaires Sudkamerun Gesselschaht, Nord-Westkamerun Gesselschaht sont par conséquent mises au service de la cause coloniale allemande.

En somme, et après analyse, le système de définition des relations entre pouvoir colonial et hommes d'affaires mis en place par les Allemands offre déjà une première grille de lecture sur la proximité, voire sur la complémentarité entre l'administration et les entrepreneurs commerciaux à cette époque. On fait face à un système d'entente qui n'est certainement pas inédit, mais qui semble particulier à plusieurs égards. Certes, il ne s'agit pas encore à ce moment-là des relations susceptibles d'influencer la formation d'un tissu entrepreneurial efficace au Cameroun, car ces liens sont encore un peu trop protocolaires et ont pour base déterminante le commerce. La singularité de ces accointances réside plutôt sur le fait que le commerçant est utilisé ici comme un guide, un prophète qui, suite à une entente tacite ou officielle pilotée depuis Berlin, représente l'« ouvreur » de la possession coloniale. Les rapports qu'il tisse avec les populations locales suite aux multiples échanges de marchandises, permettent au colon de mieux pénétrer le territoire et de s'asseoir aux côtés des peuples dominés pour discuter, spolier ou imposer le système allemand au Cameroun.

Concluons ce chapitre en deux paragraphes, les relations entre le pouvoir politico-administratif et le monde commercial au Cameroun portent une forte empreinte allemande. Berlin et surtout Bismarck ne sont pas étrangers à cette relation qui a vite pris des proportions importantes avec l'accord sur le protectorat en juillet 1884.

L'un des acteurs privilégiés de cette relation d'entente entre le pouvoir et le milieu des affaires se nomme certainement Woermann, qui a profité de sa position sur la côte d'Afrique occidentale pour étendre ses tentacules commerciaux et opérer des rapprochements significatifs avec Berlin et les autorités administratives allemandes au Kamerun.

CHAPITRE 2 :
Faveurs et favoritisme

L'ère coloniale française et anglaise au Cameroun fut la période de domination la plus longue qu'a jamais connue ce pays. Elle a duré près d'un demi-siècle[52] et a apporté sa série de changements. Au cours de ces décennies d'oppression et d'exploitation, des mutations importantes ont été opérées dans l'organisation et le fonctionnement du système politico-économique et singulièrement dans les rapports entre le marché et le gouvernement colonial. Promoteurs du *Direct Rule* et de l'*Indirect Rule*, les États coloniaux français et anglais ont instauré un système nouveau dans le domaine administratif et dans la sphère socio-économique, comparable à un laboratoire d'expérimentation des liens entre l'administrateur colonial et l'entrepreneur économique à partir de 1919, date de la signature des accords de Versailles[53]. Avec le temps, l'on assiste à la naissance et à la transformation progressive d'une vaste architecture de ces relations multiformes qui s'inscrivent tantôt dans un registre de liens de travail et de coexistence pacifique, tantôt dans celui des relations de faveur, d'entente, sur fond de politique d'exploitation de l'espace économique tant durant la période de mandat de la SDN (1919-1945), que durant l'ère de la tutelle de l'ONU (1945-1960).

Ce chapitre concerne l'examen des relations entre l'État colonial et les entrepreneurs présents au Cameroun, particulièrement dans la partie française du territoire. Ces entrepreneurs, composés d'hommes d'affaires locaux et étrangers, sont regroupés ici en plusieurs catégories : les firmes internationales, les entreprises d'exploitation, les grands commerçants ou les petits négociants, principalement de race blanche et jaune.

En principe, les relations économiques et commerciales sont régies par les accords de mandat puis de tutelle qui mettent en avant l'égalité pour le commerce et les échanges pour tous les acteurs du secteur

---

[52] En effet, les Français et les Britanniques s'emparent du Kamerun après le départ des Allemands. Ils réalisent la division en deux parties de ce territoire en 1916 à travers un acté baptisé Condominium franco-britannique. Officiellement donc, ils ont passé plus de 45 ans à exploiter leur colonie du Cameroun, car les premiers départs, celui des Français, notamment, se situe dès 1960 avec l'indépendance du Cameroun sous tutelle française. Pour plus d'informations, consulter les classiques suivants : Mveng, *Histoire du Cameroun*... ou Ngoh, *Cameroun, 1884-1985*...

[53] F. Eyelom, *L'impact de la Première Guerre mondiale sur le Cameroun,* Paris, L'Harmattan, 2007, pp.26-27.

économique au Cameroun sous domination française[54]. Mais, tel n'est pas toujours le cas, comme on va le voir dans les développements suivants.

Le Cameroun, la Gaule noire

La première mesure de faveur que les administrations mandataires, singulièrement la France, accordent aux entreprises et aux entrepreneurs métropolitains au Cameroun fut la facilité d'installation des firmes commerciales et des hommes d'affaires français sur les marchés de cette ancienne possession du *Reich*.

En effet, après 1914 au Cameroun, les relations entre le monde administratif et la sphère économique sont scellées. Les troupes du Reich qui viennent de quitter le *Kamerun* en fuyant par Fernando Pô en Guinée espagnole ont laissé une colonie en pleine transformation, mais il y a encore beaucoup ou presque tout à faire. En 30 ans de protectorat, l'Allemagne a orienté l'essentiel de son système d'exploitation économique sur les échanges, le transport, la création puis l'exploitation de vastes plantations des cultures de rente[55]. L'administrateur français ne s'y prend pas différemment. C'est un excellent sosie du colon allemand qui conjugue bien, comme ses prédécesseurs, avec les commerçants et les opérateurs économiques. D'ailleurs, le domaine colonial est rapidement truffé d'administrateurs français et d'opérateurs économiques blancs. Le Cameroun sous mandat est plus ouvert que l'ancien *Kamerun*. Cela ne peut être qu'une évidence, car, il s'agit d'un territoire –partie française et anglaise- doté d'un statut dit international[56]. Les réalités de ce système sont brièvement résumées dans cette citation :

> *De par son statut, le Territoire du Cameroun tient une place à part dans les territoires d'Outre-mer français. L'attention toute spéciale dont il est l'objet de la part des instances internationales fait un devoir à la Métropole en se bornant au plan purement économique, de laisser subsister le régime de la porte ouverte vis-à-vis du reste du monde. Pour certains Territoires, cette obligation aurait pu constituer une*

---

[54] Il s'agit surtout des résolutions du Traité de Saint-Germain signé entre les Alliés et l'Autriche en 1919 en France. Une de ces conventions précisait également les dispositions statutaires des anciennes colonies allemandes d'Afrique.

[55] Les analyses et les données sur ce point peuvent être présentées dans : M-Z. Njeuma, *Histoire du Cameroun (XIXe siècle et début XXe siècle),* Paris, L'Harmattan, 1989.

[56] J.P. Guiffo, *Le statut international du Cameroun 1921-1961*, Yaoundé, Essoah, 2007, p.32.

entrave sérieuse au développement économique ; il n'en a pas été ainsi pour le Cameroun qui depuis quelques années a subi avec succès les confrontations diverses avec la conjoncture mondiale[57].

Pour démontrer que le Cameroun français est aussi le Cameroun des entreprises françaises, il faut nécessairement se focaliser sur certaines données chiffrées. Le tableau n°1 fait un récapitulatif de l'essentiel des nationalités et des professions de la communauté non africaine dans cette colonie durant la seconde moitié des années 1920.

Tableau n°1 : Principales nationalités et professions du colonat et assimilé au Cameroun français en 1926

Pays **Professions**	**France**	**USA**	**Angleterre**	**Grèce**	**Syrie**	**Suisse**	**Divers**	**Total**
Fonctionnaire	420	/						
Militaire	390	/						
Commerçant	370	/	68	25	27	31	64	577
Industriel et Colon	146	/	1	/	/	4	16	167
Missionnaire	63	79	3	/	/	18	8	162
Total	**989**	**79**	**72**	**25**	**27**	**53**	**81**	**1.326**
Total général : 1.570								

Source : ARMINADT, Rapport annuel du Cameroun, 1946, statistiques démographiques, p.4.

Le Cameroun français est une colonie encombrée de commerçants métropolitains. Le tableau n°1 fait remarquer que le colonat est déjà bien fourni en cette année 1926. On compte pas moins de 744 commerçants, industriels et colons. La catégorie dominante est, sans surprise, pilotée par les commerçants avec 577 personnes. Les Français sont vraiment chez eux avec un contingent de près de 1000 individus dominé par 420 fonctionnaires et 516 industriels, entrepreneurs commerciaux et colons. Les Anglais occupent le second rang avec 68 commerçants, suivis par 27 marchands syriens et 25 négociants d'origine grecque.

Si l'on voulait se faire une idée plus exhaustive sur les professions des migrants occidentaux au Cameroun, il faudrait tenir compte des indications du tableau n°2. Cela permet au lecteur d'être fixé sur la prédominance des négociants et des hommes d'affaires au Cameroun français en temps de mandat comme en période de tutelle.

[57] ANY, 1AC, 161, Cameroun, économies régionales, 1951, p.2.

Tableau n°2 : Population et activité des non Africains au Cameroun entre 1938 et 1955

Activité	1938		1951		1953		1954		1955	
	Arrivée	%	Arrivée	%	Arrivée	%	Arrivée	%	Arrivée	%
Administration	358	19	1.342	22	132	29	228	36	433	35
Missions	192	10	373	6	30	6	26	4	37	3
Armée	288	15	550	9	23	5	16	2	68	5
Services publics	-	-	77	1	5	1	12	2	34	3
Secteur privé										
Plantation, élevage et pêche	{264	14	284	4	16	3	16	2	35	3
Forêts et industries dérivées			337	6	25	5	24	4	24	2
Mines exploitation recherche	73	4	82	1	3	1	3	-	15	1
Industrie	131	7	314	6	32	7	10	2	57	5
Bâtiments et travaux publics	23	1	1.104	19	32	7	64	10 1	18	10
Commerce et Auxiliaires	456	24	1.322	21	122	27	168	26	313	25
Transport et transit	106	6	380	6	43	9	75	12	96	8

Source : ANY, 2AC, 9380, Rapport économique du Cameroun, 1951-1955.

Ce tableau est plus complet que le précédent sur les activités des migrants occidentaux. La variété de ses informations et les chiffres fournis démontrent que le Cameroun est une terre d'asile et d'espoir pour plusieurs commerçants, industriels, exploitants et hommes d'affaires occidentaux. L'eldorado que représente ce territoire dans les années 1950 aux yeux des entrepreneurs économiques et commerciaux n'est plus à établir. Certes, la ruée des entrepreneurs du secteur économique n'est pas nouvelle, elle devient cependant plus importante et plus habituelle sous la tutelle. L'un des éléments du tableau nous manque, à savoir la nationalité des populations européennes actives qui, seule, nous proposerait une idée approximative de l'évolution de ces migrants entre 1938 et 1953, 1954 et 1955. Mais, la suite des analyses nous fournira des indications plus circonstanciées sur cette question.

Toutefois, avant d'arriver là, soyons plus clair : l'installation des commerçants et opérateurs économiques au Cameroun fait partie des choix de la politique d'immigration et d'exploitation de ce territoire. L'instauration d'un tel régime de faveurs –ne serait-ce qu'en ce qui concerne l'établissement et la circulation des hommes-, a sans le moindre doute amené les opérateurs économiques occidentaux à se bousculer aux portes des services de la Chambre de Commerce et d'Industrie du Cameroun. Ne nous posons plus la question relative aux causes de cette affluence, car on sait que le Cameroun est une colonie d'exploitation pour la France, mais c'est l'inévitable rapport entre l'administration et ces nombreux hommes d'affaires qui est au cœur des débats[58].

Le triomphe des « petits Napoléon »

Les privilèges et avantages qu'offre l'administration coloniale française aux hommes d'affaires de la Métropole sont inestimables. Nous en retiendrons juste quelques-uns pour illustrer notre argumentation. Dès son installation, la France remplit le territoire de commerçants et d'entreprises métropolitaines[59]. Ce ne sont pas les préséances qui manquent pour faire régner la coterie française au sein de la colonie. D'ailleurs, où peuvent-ils mieux se sentir à l'aise si ce n'est dans la distribution des marchés et la signature des permis d'exploitation des richesses du sol et du sous-sol camerounais ?

Tableau n°3 : Quelques entreprises et succursales des firmes commerciales françaises à Douala après la guerre

Établissements	**Spécialisation et adresses**
Aéronautique (UAT)	Transport aérien, Rue Kitchener.
Aubéry (Établissement Roger)	Représentation industrielle-Automobile, (Fourniture)-Matériel industriel et minier, Rue Lapérouse.
Banque Nationale pour le Commerce et l'Industrie	Rue Kitchener.
Brossette (Société des Établissements)	Matériel industriel, fourniture pour bâtiment, les travaux publics et l'industrie, Avenue du Général de Gaulle.
CEAC (Compagnie d'Exploitation Automobile du Cameroun)	Agence Renault, automobiles, transports, voyageurs et marchandises, Rue Serpents.

[58] Lire, entre autres ; B. Lembezat, *Le Cameroun*, Paris, Éditions Maritimes et Coloniales, 1954 ; F. E., Etoga, *Sur les chemins du développement : essai d'histoire des faits économiques du Cameroun*, Yaoundé, CEPMAE, 1971.

[59] ANY, 1AC, 340, Cameroun, industries, liste des firmes étrangères ayant des immeubles immatriculés au Grundbuch, 1929.

CFDPC (Compagnie Française de Dépôts Pétroliers au Cameroun)	Stockage des produits pétroliers, Bassa.
CFOA (Crédits Foncier de l'Ouest Africain)	Banque, Avenue du Général de Gaulle.
CITEC, (Compagnie de l'Industrie Textile Cotonnière)	Confection, Avenue Poincaré.
COAF (La Commerciale de l'Afrique Française)	Automobile, import-export, représentation industrielle, fourniture pour travaux publics, Avenue Poincaré. Rue Joff.
Compagnie Delmas-Vieljeux	Représentation industrielle, Rue Kitchener.
Compagnie de Navigation Cyprien Fabre	Transport maritime, Rue Lamotte-Piquet.
Compagnie Française de l'Afrique Occidentale (CFAO)	Transit, transport urbain… Avenue du Général Leclerc.
Compagnie Pastorale et Commerciale Africaine	Vente et exportation de bétail, élevage, Rue Ivy.
Compagnie Soudanaise	Import-export, produits coloniaux, Rue du 27 août 1940.
Société Africaine Forestière Agricole	Exportation de caoutchouc, exploitation forestière, exportation de bois, scierie, Bvd. du Général Leclerc.
Société Commerciale de l'Ouest Africain (SCOA)	Commerce général, import-export, représentation commerciale et industrielle, Avenue du Général Leclerc.
Société Commerciale, Industrielle et Agricole du Haut Ogooué	Commerce général, import-export, représentation commerciale et industrielle,
Société Commerciale des Ports de l'Afrique Occidentale (SOCOPAO)	Aconage, consignation aérienne et des navires, manutention, transports aériens, fluviaux et maritimes, Rue Lapérouse,
Société des Liants Pouzzolaniques et Béton Manufacturé (SOLIBEMA)	Vente de ciment et produits préfabriqués, usine et bureaux à Bassa.

Source : ANY, 2AC, 9867, Liste alphabétique des commerçants et industriels à Douala, 1955.

Avant de commenter ce tableau, mentionnons d'abord qu'entre 1948 et 1949, les conclusions sur les attributions de marchés entre l'administration coloniale et les maisons françaises sont officialisées par l'Assemblée Représentative du Cameroun (ARCAM). Lors de la 3e séance plénière de cette assemblée, tous les marchés publics ouverts sur le territoire furent, à l'unanimité des membres de cette chambre, approuvés et attribués aux seules sociétés et compagnies françaises. L'extrait suivant n'a certainement pas manqué de faire des jaloux au sein des autres cercles économiques du territoire :

> *Le projet de marché avec la SCOA pour l'achat de deux groupes électrogènes destinés aux ponts roulants des parcs à bois du port de Douala. Le projet de marché 84/L avec Trac-Afric pour la fourniture de six camions-bennes Diésel 7 tonnes. Le projet de marché avec la Société des Batignolles pour la fourniture de planches métalliques. Le Projet d'avenants aux marchés avec la SETEC pour la formation sanitaire de Bertoua-Bétaré-Oya-Nanga-Eboko. Le projet de marché avec la SCOA pour la fourniture de 502 tonnes de fer profilé. Le projet de marché avec M. Emeriau pour la fourniture de 193 tonnes de bois débité. Le projet d'avenant n°2 au marché de la société « SOLIDITIT » pour l'entretien de la route Loum-Nkongsamba. La prorogation de la convention avec la SAFA pour l'entretien de la route Douala-Edéa. Le projet de marché avec la maison L. David pour la réfection des ponts du Ndé et de la Mifi*[60].

Disons modestement que les colons français se montrent généreux avec les leurs. Les entreprises métropolitaines n'éprouvent, selon toute vraisemblance, aucune difficulté à s'arroger les grands projets économiques du territoire : honneur aux Français ! Contrairement à la politique de camerounisation qui plaide ouvertement pour la mise en avant des intérêts des entrepreneurs économiques nationaux et que nous allons analyser dans la partie suivante, aucun texte officiel ne stipule, durant la période coloniale, que l'on devrait d'abord prioriser les prestataires originaires de la France, mais les faits quant à eux plaident largement pour cette thèse : c'est la France d'abord, et le reste après.

Venons-en au tableau n°3. Il est la preuve de l'installation tentaculaire des entreprises et firmes commerciales françaises au Cameroun. Rappelons qu'il ne s'agit que des services installés dans la principale agglomération du territoire qui est Douala et que ceux-ci représentent déjà plus de 90% des maisons de commerce, des banques, des succursales des firmes françaises dans cette ville qui a toujours représenté le poumon économique du Cameroun[61]. Le panorama proposé par ce tableau montre également que la galaxie des entreprises

---

[60] *Ibid.*

[61] L'histoire et les transformations de la ville sont par exemple à consulter dans : G. Mainet, *Douala, ville principale du Cameroun*, Yaoundé, Orstom/Minrex, 1981 et G. Mainet, *Douala, croissance et servitude*, Paris, L'Harmattan/Villes et Entreprises, 1985.

françaises est bien pleine. On y retrouve toutes les tendances du secteur commercial et économique. Les établissements bancaires comme la Banque Commerciale Africaine (BCA) ou le Crédit Foncier de l'Ouest Africain sont convenablement établis. Les sociétés de commerce général sont à la mode à cette époque. À leurs côtés, on note l'installation d'une série de sociétés de transport maritime et aérien, des sociétés de construction et des sociétés de vente et d'exportation du carburant.

La vitesse de croisière observée dans l'implémentation de ce train de mesures de faveurs accordées aux entrepreneurs français réside sans nul doute dans l'acquisition des permis d'exploitation du sous-sol et du sol camerounais. Le Cameroun est une réserve minière à exploiter pour l'administration coloniale et une terre à dévaliser pour les hommes d'affaires métropolitains. L'or, le rutile ou la cassitérite qui y sont exploités sont produits par les Français, suivis parfois par quelques substituts coloniaux d'origine grecque, suisse et syro-libanaise. Les autochtones ne font figure que de simples potiches, tel que l'on peut observer sur le tableau n°4.

Tableau n°4 : Permis d'exploitation minière en vigueur en 1953 et 1955 au Cameroun français

Catégorie d'exploitation	**Or**		**Rutile**		**Cassitérite**		**Divers**	
	1953	**1955**	**1953**	**1955**	**1953**	**1955**	**1953**	**1955**
Autochtones	-	-	-	-	-	-	1	-
Français - en vigueur - en activité	147 14	70 2	10 2	5 -	4 -	5 4	- -	- -
Suisses - en vigueur - en activité	5 -	- -	- -	- -	- -	- -	- -	- -
Grecs - en vigueur - en activité	- -	- -	12 2	8 1	- -	- -	- -	- -
Syriens - en vigueur - en activité	- -	- -	3 2	6 2	- -	- -	- -	- -
Total - en vigueur -en activité	152 14	70 2	25 5	19 3	4 -	5 4	1 -	1 -

Sources : D'après ANY, Cameroun, rapport annuel, 1953, p.356 et ANY, Cameroun, rapport annuel, 1955, p.321.

Toutes les « bonnes places » sont occupées par les Français. Ils dominent, comme on peut le voir, outrageusement le secteur de l'exploitation minière au Cameroun après 1945. Disons d'entrée de jeu que les exploitants français sont, selon le tableau ci-avant, actifs dans tous les secteurs. Ensuite, en prenant l'exemple du secteur de l'exploitation de l'or dans lequel ces derniers s'illustrent mieux que quiconque avec 147 permis en vigueur et 14 permis en activité, on note que la différence avec les autres exploitants de matières premières est, au mieux grossière, à la limite révoltante notamment dans le camp des Noirs qui ne s'en sortent qu'avec un seul permis d'exploitation de la cassitérite. À aucun moment, les Français n'ont eu à affronter la concurrence de leurs homologues blancs ou, dans une très restreinte mesure, des exploitants noirs. Les lettres de noblesse et d'établissement, à eux réservées, semblaient donc préalablement avoir été édictées, c'est la célébration de l'injustice économique coloniale.

Au regard de ce qui nous préoccupe dans le présent chapitre, à savoir l'instauration d'un régime de faveurs aux entrepreneurs économiques et la multiplication des liens de proximité sous fond de préférence d'une catégorie d'hommes d'affaires, on voit, au moins jusqu'ici, que le tapis rouge est déroulé aux Français. Détiennent-ils la meilleure culture d'exploitation sur le territoire ? Certainement non, ils ne sont pas dotés d'un don particulier. Dans ce cas, où sont passés les autres chefs d'entreprise occidentaux ? Que leur réserve cette administration « faiseuse de roi » dans le secteur économique ?

Des privilèges contagieux

En théorie, tous les ressortissants des pays membres de la SDN au Cameroun partent sur un pied d'égalité au niveau des avantages dans le secteur social et économique. C'est en tout cas ce que les clauses du mandat français sur le Cameroun avaient prévu dans leur article 6 en ces termes :

La puissance mandataire assurera à tous les ressortissants des États membres de la SDN les mêmes droits qu'à ses propres ressortissants, en ce qui concerne leur accès et leur établissement dans le territoire, la protection de leurs personnes et de leurs biens, l'acquisition des propriétés mobilières et immobilières, l'exercice de leur profession et de leur industrie, sous réserve des nécessités d'ordre public et de l'observation de la législation locale. La puissance mandataire pratiquera, en outre, à l'égard de tous les ressortissants des États membres de la SDN et dans les mêmes conditions qu'à l'égard de ses propres ressortissants, la liberté du transit et de navigation et une complète égalité économique, commerciale et industrielle, excepté pour les travaux et services publics essentiels qu'elle est libre d'organiser dans les termes et conditions qu'elle estime justes[62].

Les termes *puissance* et *mandataire* employés dans cette charte sont d'ailleurs révélateurs de la place éminente que devrait occuper la Métropole dans tous les secteurs d'activité du Cameroun occupé. La France colonisatrice ne va surtout pas hésiter à le mettre à l'exécution sur le champ économique et commercial. Malgré cela, elle ne compte pas se partager, seule, le gâteau camerounais. Elle sait aussi souvent distribuer quand cela s'avère nécessaire, même si cela ne se passe pas toujours dans le cadre d'une égalité de fait.

Très nombreux, les autres acteurs blancs arrivent d'horizon divers avec des parcours et des moyens tout aussi différents. Ils agissent tous comme des supplétifs de la colonisation économique française au Cameroun. On y rencontre surtout des Blancs et quelques Jaunes[63]. Ils forment un long rang composé en priorité d'opérateurs économiques anglais, grecs, syro-libanais, italiens, portugais, américains ou hollandais[64] qui se bousculent sans manière dans l'espace commercial et économique du territoire durant l'entre-deux-guerres[65]. Leur présence est visible dans les segments économiques comme le commerce, l'agriculture et l'industrie.

Pour le cas des Allemands qui sont absents sur cette liste, leur situation est particulièrement curieuse et spéciale. Anciens maîtres du territoire, les rares commerçants d'origine germanique qui sont présents au Cameroun, parmi lesquels Zenker, ne font pas toujours partie des

---

[62] Charte du Mandat français sur le Cameroun, p.4.

[63] ANY, 2AC, 9231, Cameroun, annuaire statistique, démographie, 1946-1956.

[64] ANY, 2AC, 11, Population, recensement, 1939-1953.

[65] ANY, 2AC, 9159, Immigration et émigration au Cameroun, 1940. En effet, les chiffres sur l'immigration occidentale au Cameroun vont très vite évoluer entre la période de mandat et l'ère de la tutelle. Ils s'envolent notamment après la Seconde Guerre mondiale. Entre 1954 et 1956, les sujets européens arrivés au Cameroun se comptent par milliers. Il s'agit d'un mouvement migratoire dominé par les Français qui, en trois années, ont dépassé la barre de 10.000 citoyens permanents ou saisonniers au Cameroun colonial. L'amorce des années 1950 permet aussi aux immigrés grecs de réaliser l'un des chiffres les plus importants de leur immigration au Cameroun français. Avec 448 entrées entre 1954 et 1956, les Grecs sont secondés par les 276 Italiens, 155 Britanniques et 110 individus d'origine suisse. Les détails sur tous ces chiffres figurent dans les documents d'archives suivants : ANY, 2AC, 9231, Cameroun, annuaire statistique, démographie, 1946-1956, p.24, ANY, 2AC, 11, Population, recensement, 1939-1953 ; ANY, 3AC, 8443, Population européenne au Cameroun, 1946 et 1957.

priorités des administrateurs coloniaux français[66]. La méfiance entre les frères ennemis européens reste bien perceptible en territoire africain, surtout durant les années 1920. Ce qui n'a pas empêché le couple administration/économie de rester inamovible. Il a évolué, mais est resté tout aussi fort que proche, car au-delà de la présence des uns et des autres dans la sphère économique, il faut relever que le système de traite, en vigueur en colonie émane d'une volonté manifeste de l'État colonial français à continuer à exploiter les ressources humaines et naturelles de sa colonie, débuté jadis par l'administration allemande. Dans ce système, l'opérateur économique français est de *facto* le patron et le protégé des gouvernants coloniaux. En témoigne la série de données suivantes :

Tableau n°5 : Exploitation de rutile au Cameroun (1940-1949)

Exploitants	**Nationalité**	**Période**	**Production totale**	
			Tonnage	**Valeur en CFA**
Corneillet	Française	1940-1945	900	6.480.000
Société Africaine des mines Nanga-Eboko	Française	1946	1.232	9.096.000
Société Dubreuil-Akonolinga	Française	1946	356.1	2.907.000
A. Batalla -Yaoundé	Française	1940	360	2.600.000
N. Contizas-Nanga-Eboko	Hellénique	1942	23.001	20.717.000
M. Nikitopoulos-Yaoundé	Hellénique	1940-1946	1.850	13.310.000
Marinos-Akonolinga	Hellénique	1940-1949	6.953	5.087.000

66 En effet, Zenker s'était installé dans la région de Lolodorf où, en1948, il possédait la Plantation Zenker s'étendant sur une superficie de 800 hectares de cacaoyers et de forêt. Concession allemande, Zenker employait également une trentaine de manœuvres pour une production annuelle de 50 tonnes de cacao qu'il avait introduit dans la région deux ans plutôt. Une étude plus détaillée sur ce point est à retrouver dans : ANY, 1AC, 268, Rapport Kribi-Mungo, 1946-1949. On peut également, dans cet ordre d'idées, lire : Ph. B., Essomba, *Le Cameroun : les rivalités d'intérêts franco-allemandes de 1919 à 1932*, Paris, PUS, 2004.

Noueheid-Nanga-Eboko	Syro-libanais	1940-1949	360.8	2786.000
Najib-El-Aridi Nanga-Eboko	Syro-libanais	1940	7.907	6.432.000
Total			**15.193**	**119.798.000**

Source : D'après : ANY, Cameroun, rapport annuel, 1950 p.354 et ANY, Rapport annuel, 1953, p. 357.

Le graphique suivant permet d'apprécier ces indications à leur juste valeur :

Graphique n°1 : Exploitation de rutile par les Occidentaux et assimilés au Cameroun en 1949

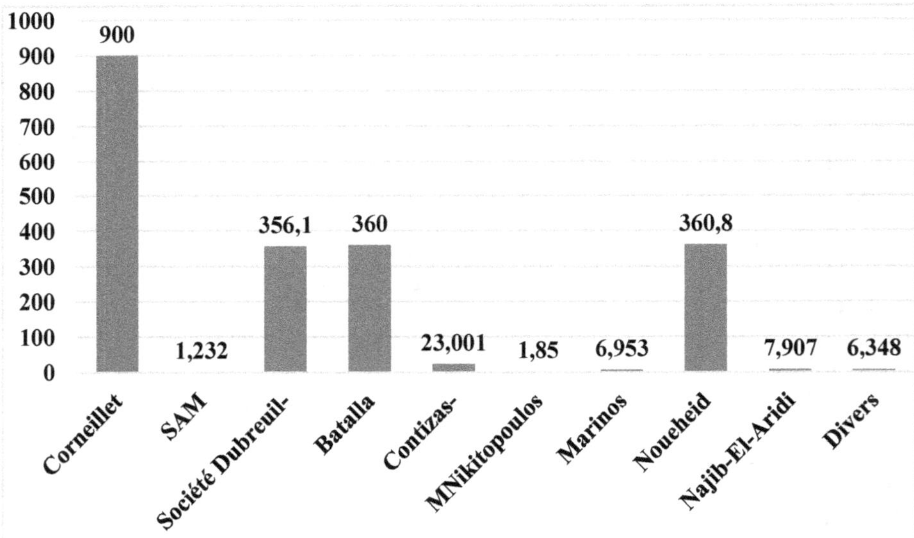

Source : tableau n°5.

Après 1949, penchons-nous un moment sur l'année 1953 à travers les informations ci-après :

Tableau n°6 : Entreprises autorisées à exploiter le rutile au Cameroun en 1953

Exploitation minière	**Production totale depuis le début de l'exploitation jusqu'à la fin 1953**	
	Tonnage (tonnes)	**Valeur en francs CFA**
Corneillet	1.020	34.170
SAM	1.298	43.470

Dubreuil	378	12.663
A. Batalla	360	13.072
N. Contizas	2.516	84.299
M. Nikitopoulos	1.850	61.975
Marinos	695	23.282
Noueheid	360	12.060
Najib-El-Aridi	731	24.474
Divers	6.873	230.260
Total	**16.111**	**539.725**

Source : ANY, Cameroun, rapport annuel, 1953, p. 357.

De ce tableau découle le graphique ci-après :

Graphique n°2 : Exploitation de rutile au Cameroun par les Occidentaux et assimilés en 1953

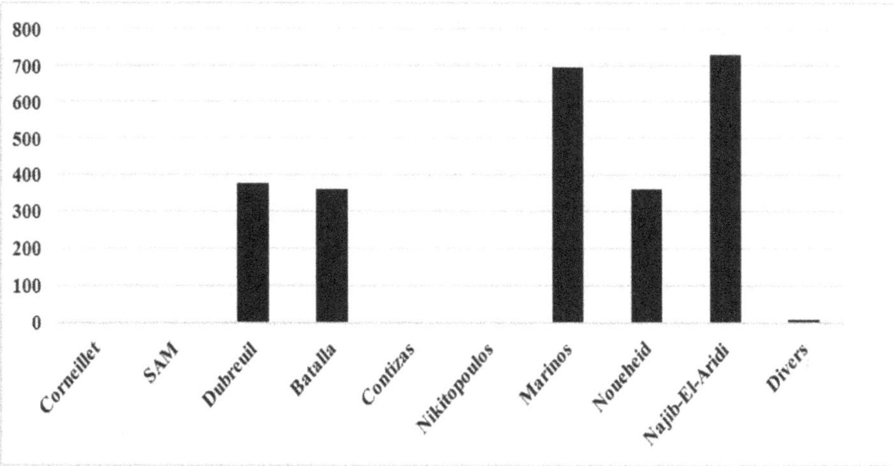

Source : tableau n°5.

Après une fine observation des données ci-dessus, peut-on dire, à proprement parler, que les Français et les firmes métropolitaines obtiennent tous ces marchés et tous ces permis d'exploitation du seul fait de leur supposée expertise et de la valeur de leur investissement ? Il n'y a certainement que les administrateurs coloniaux qui pourraient nous garantir une réponse définitive à cette interrogation.

Quoi qu'il en soit, les illustrations et les chiffres ci-dessus confirment la dissymétrie observée dans les tableaux 3 et 4 entre les exploitations françaises et celles des autres présences économiques au Cameroun colonial. Certes, les Grecs et les Syro-libanais ont, eu égard à ce que proposent ces données, bénéficié de la *magnanimité coloniale*, et l'on constate que le côté hellénique semble avoir été plus entreprenant, si on s'en tient à la percée opérée dans leurs exploitations de rutile, mais le tonnage réalisé par les exploitants français surclasse largement celui de leurs commensaux hellènes et orientaux. Les chiffres montrent que la France a fait de la production du rutile, autant que celle de l'or, une affaire juteuse pour les exploitants métropolitains ; ils restent les grands favoris dans la campagne d'exploitation de l'économie coloniale. En d'autres termes, l'administration est française et les passe-droits économiques sont métropolitains. Si nous voyons donc juste, on arriverait au constat que l'administration s'échine à positionner prioritairement les hommes d'affaires français, ce qui justifie l'usage de « *La Gaule noire* » précédemment utilisée.

D'ailleurs, arguer que les opérateurs économiques occidentaux sont les plus privilégiés au Cameroun colonial n'est qu'un truisme en phase avec la logique de l'impérialisme. La colonisation blanche sur le continent noir représente, au moins à cette époque, l'âge d'or des injustices en Afrique occupée. Il est donc « normal » que l'essentiel des prérogatives soit accordé à ces conquérants érigés en professionnels de l'exploitation et de la discrimination économique. Mais le plus frappant, c'est que même au sein du colonat, il existe des privilégiés absolus et des privilégiés de second rang. En tête des préférés des colonisateurs, on compte bien évidemment les opérateurs économiques d'origine française, ensuite suivent directement les *outsiders* anglais, et plus loin arrivent les comparses grecs, syro-libanais, hollandais, allemands ou encore les Italiens et les Espagnols qui occupent la queue de la file[67].

Relevons au passage qu'à première vue, l'on ne devrait pas être surpris par le raz de marée des hommes d'affaires et autres firmes commerciales françaises au Cameroun particulièrement après la Seconde Guerre mondiale. En fait, une brève lecture de l'histoire de l'investissement au Cameroun sous tutelle française fait noter que ce territoire est apparu comme une zone prioritaire d'investissements français durant la période de tutelle[68]. À travers trois principales sources de financement qu'étaient le Fonds d'Investissement Économique et Social (FIDES), le budget de l'État français et la Caisse Centrale de la

---

[67] Lire avec intérêt : J. Suret-Canale, *Afrique noire. L'ère coloniale : 1900-1945*, Paris, Terrains / Éditions Sociales, 1962.

[68] M. R. Atangana, « Les relations financières entre le Cameroun et la France et l'image de la France au Cameroun entre 1946 et 1956 », Thèse de Doctorat nouveau régime en Histoire, Université de Paris I, Panthéon Sorbonne, 1994.

France d'Outre-Mer (CCFOM), plus de 90% des investissements publics et privés du territoire avaient une origine française[69]. René Martin Atangana le mentionne d'ailleurs fort opportunément lorsqu'il écrit qu':

> *Il faut bien savoir que le rôle joué par les capitaux étrangers [au Cameroun français] a été extrêmement faible. Ces investissements étaient surtout l'œuvre des sociétés métropolitaines et de leur filiale au Cameroun, de la masse des entreprises locales dont la majorité était française, des six banques d'affaires dont cinq avaient leur siège à Paris et auxquelles il faut ajouter la CCFOM. Autant dire que parler de l'investissement privé tout court revient pratiquement à parler de l'investissement privé français*[70].

À travers cette citation, le lecteur peut certainement se demander quelle est la finalité de notre analyse. Nous allons droit au but pour relever que l'idée est de montrer que c'est celui qui investit le plus qui gagne le plus grand nombre de prérogatives, en tout cas, c'est ce qui semble faire l'esprit de la loi d'attribution des marchés au Cameroun colonial. Ce sont les Français qui sont maîtres de l'investissement public et privé, et ce sont eux qui sont également les plus grands bénéficiaires des avantages économiques dans le pays[71]. Profitons de ce

---

[69] Sur ce point, M. R. Atangana mentionne ceci : *« Les opérations de prêts étaient principalement le fait de la CCFOM qui agissait en qualité d'organisme bancaire public. L'État français concourait pour sa part au financement d'investissements soit par des dépenses directes, soit par des participations à des sociétés d'économie mixte, soit encore par des subventions d'équipement au budget local. Créé par l'article 3 de la loi du 30 avril 1946, le FIDES était l'organe de financement des plans de développement au Cameroun, comme dans les autres territoires au Cameroun sous domination française ».*

[70] *Ibid.* p.376.

[71] Dans la même veine, il semble important de signaler à ce niveau, ne serait-ce que de manière succincte que les Français et notamment les hommes d'affaires métropolitains enregistrent également une bonne percée dans le secteur de la communication plus exactement celui de la presse écrite et de l'imprimerie de presse. En effet, dans les années 1920, Le monde de la presse au Cameroun colonial voit arriver et éclore un certain nombre de noms issus du monde des affaires. C'est le cas en 1927 avec le journal *L'Éveil du Cameroun* qui naît à Yaoundé sous les bons auspices de Bernard Brun et repris quelques années plus tard par un entrepreneur économique français, le nommé Charles Lalanne, un homme d'affaires réputé pour être très proche des autorités coloniales avec de nombreux appuis à partir de Paris. Le sous-titre choisi pour ce journal est d'ailleurs révélateur des ambitions et du travail que lui adjoint son fondateur à savoir : « Économie coloniale, Informations, Publicité, Annonces Légales ». Dès mars 1955, *L'Éveil du Cameroun* devenu un journal d'envergure nationale, cesse de paraître sous son nom initial et devient *La presse du Cameroun* avec comme actionnaire principal le Groupe de Breteuil. Sur ce point, il

fait du tableau ci-dessous pour avoir un aperçu des investissements privés dans certains secteurs économiques clés sur le territoire après la guerre 1939-1945.

Tableau n°7 : Principaux investisseurs étrangers privés au Cameroun entre 1946 et 1959 (en millions de F CFA)

Secteurs	Provenance des capitaux	Évaluation	Total
Commerce	Français Grecs-Chypriotes Anglais	3.000 830 650	4.480
Agriculture	Français Libanais	5.000 100	5.100
Industrie	Français Grecs-Chypriotes	18.000 300	18.300
Totaux			**27. 880**

Source : D. Kom, *Le Cameroun,* Deuxième édition, Paris, L'Harmattan, 2001, p.153.

On peut aussi présenter les chiffres proposés au tableau n°7 en exploitant ce graphique :

Graphique n°3 : Évaluation des investissements privés extérieurs au Cameroun entre 1946 et 1959

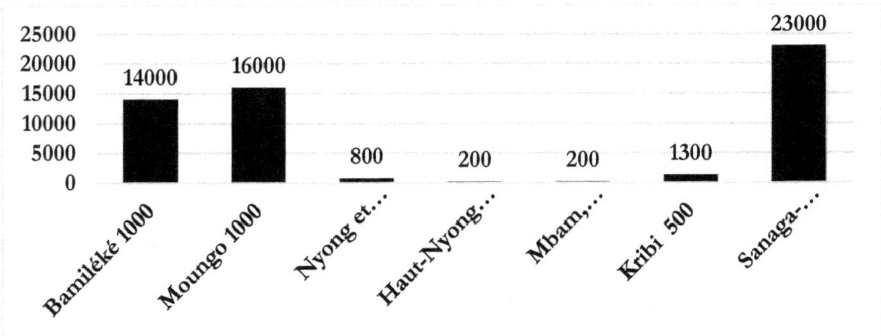

Source : Tableau n°7.

Revenons à la question de fond pour porter l'interrogation suivante : qu'apportent les commerçants blancs aux colons qui leur délivrent les autorisations d'exploitation et leur ouvrent les portes du marché

est recommandé de lire par exemple : L.I Sah, « L'Éveil du Cameroun », Mémoire de diplôme supérieur d'étude, Institut Français de Presse, 1974.

camerounais, vu que nous avons parlé d'une relation fusionnelle et complémentaire dès le départ ?

En réalité, les intérêts qui animent le tandem administration/entreprise sont bien spécifiés. L'analyse prouve que les administrations coloniales ont souvent considéré les compagnies commerciales et les hommes d'affaires comme des sous-entrepreneurs de l'impérialisme européen[72]. Ils représentent les piliers de la politique coloniale en ce sens qu'ils peuvent gérer et combler les absences des régimes coloniaux singulièrement en ce qui concerne l'organisation du marché, l'entretien ou la création des voies de communication et surtout la pénétration poussée des produits issus des manufactures métropolitaines. En plus, ces hommes d'affaires qui, bénéficiant des largesses administratives, excellent dans le marketing colonial visant à vendre l'image de la métropole partout où ils sont installés. Le marchand blanc qui sillonne les espaces d'échange en territoire occupé représente donc une sorte d'agent publicitaire de la colonisation. En plus de ses marchandises, il vend également l'idée d'un pouvoir colonial fort, défenseur des intérêts des colonisés.

Cela étant dit, il ne faut pas perdre de vue que l'administration est le principal maillon du système colonial. Cependant, pour former une chaîne complète et solide, il lui faut des attaches secondaires fortes et dynamiques au nombre desquelles les commerçants et des entreprises économiques coloniales en Afrique au 19e et 20e siècle qui s'investissent même dans les secteurs économiques les plus insoupçonnés[73].

Espace kémite, domination caucasienne

Avant de continuer, restons quelque peu sur le discours initial pour admettre qu'il est vrai que nous pouvons être interpellés sur le fait que les arguments qui expliquent le favoritisme et l'omniprésence française dans le secteur de l'exploitation des ressources minières soient les plus évoqués ici. À cet examen, nous répondrons sans détour que le sous-sol et le sol camerounais représentent de loin les plus grandes richesses naturelles de ce pays[74]. Celui qui en détient les clés, y récolte une grande

[72] L'un des ouvrages qui abordent mieux cet aspect de la question est certainement celui de Suret-Canale, *Afrique noire. L'ère coloniale...*

[73] *Ibid.*

[74] ANY, 1AC, 3823, Rapport général du développement économique et social du Cameroun, 1947.

satisfaction financière et stratégique dans l'organisation économique et sociale du territoire. Verrouiller la porte de l'exploitation des richesses minière et agricole du Cameroun, c'est posséder le Cameroun. C'est pour cette raison qu'il est important d'accorder de l'importance aux données suivantes :

Graphique n°4 : Répartition des terrains entre populations non africaines au Cameroun français en 1947

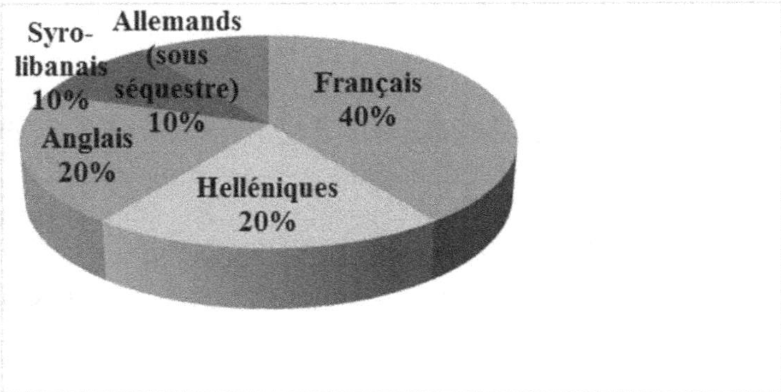

Source : ANY, rapport annuel, 1947, p.66.

Allons plus loin dans les détails en prenant deux exemples dans les régions du territoire. Les riches terres détenues par les Français et leurs homologues occidentaux en 1951 dans deux greniers agricoles du Sud-forestier camerounais qu'étaient la région du Nyong et Sanaga et la localité de Djoungolo donnent à penser, si ce n'est pas encore le cas que les terres au Cameroun étaient africaines, mais l'espace demeurait dominé par les opérateurs économiques européens.

Tableau n°8 : Superficie des terres agricoles à Mbalmayo en 1951 (en hectares)

Occupants	Terres arables et pâturage	Terres de culture des arbres et des plantes grimpantes	Bois ou forêt	Autres terres
Autochtones	5.000	13.000	20.000	95.000
Américains	/	/	/	10
Britanniques	/	/	/	10
Espagnols	83			10
Helléniques	/	284	/	/
Suisses	/	/	2.800	10

Gouverneme nt	/	/	1.400	5.000
Français	/	366	23.500	460
Mission religieuse	/	/	660	
Africains	/	/	100	/

Source : ANY, 1AC, 888, Rapport activités agricoles, Nyong et Sanaga, 1951.

Tableau n°9 : Terres accordées aux agriculteurs occidentaux à Djoungolo en 1951 (en hectares)

Occupants	**Terres arables et pâturage**	**Terres de culture des arbres et des plantes grimpantes**
Helléniques	125	125
Libanais	243	243
Suisses	72	72
Français	357	357
Mission religieuse	5	5

Source : ANY, 1AC, 888, Rapport activités agricoles, Nyong et Sanaga, 1951.

En observant la figure qui va suivre, on est plus que jamais convaincu de la prédominance de la France sur l'acquisition des concessions agricoles dans la région de Djoungolo :

Graphique n°5 : Terres agricoles occidentales à Djoungolo en 1951

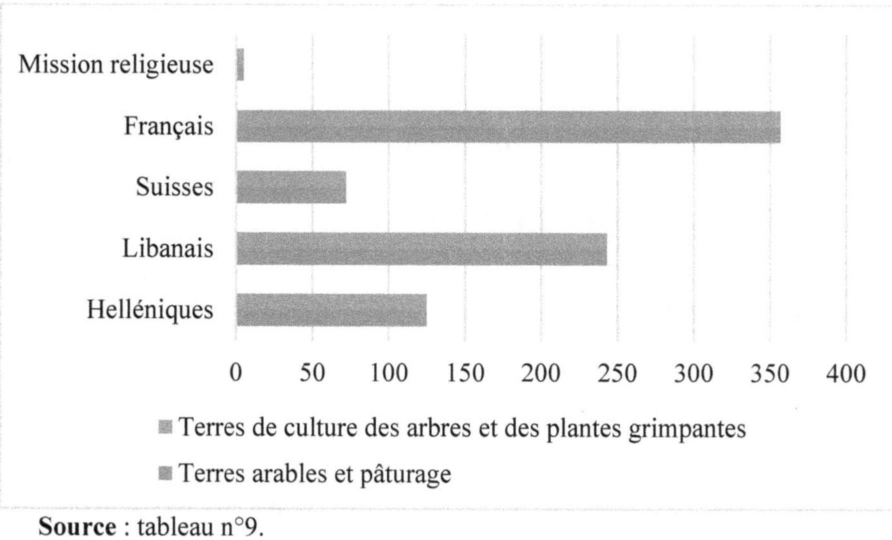

Source : tableau n°9.

À bien y regarder, les clauses des chartes de mandat et tutelle ne sont qu'un lointain souvenir dans l'esprit de l'administrateur colonial français au vu de la politique de distribution des terres entre Occidentaux au Cameroun. Vu qu'il y est clairement écrit que :

Les concessions pour le développement des ressources naturelles du territoire seront accordées par le Mandataire, sans distinction de nationalité entre les ressortissants des États membres de la SDN, mais de manière à maintenir intacte l'autorité du gouvernement local. Il ne sera pas accordé de concession ayant le caractère d'un monopole général, d'un caractère purement fiscal dans l'intérêt du territoire soumis au mandat et en vue de procurer au territoire les ressources fiscales paraissant le mieux s'adapter aux besoins locaux, ou, dans certains cas de développer les ressources naturelles, soit directement par l'État, soit par un organisme soumis à son contrôle sous réserve qu'il n'en résultera directement ou indirectement aucun monopole des ressources naturelles au bénéfice du Mandataire ou de ses ressortissants, ni aucun avantage préférentiel qui serait incompatible avec l'égalité économique, commerciale et industrielle[75].

On est obligé de s'accorder sur le fait que le flou sur ce que la SDN nomme « le maintien intact », bénéficie naturellement aux Français qui restent les maîtres du jeu dans la distribution des passe-droits dans l'espace économique du territoire camerounais. La vérité est que la France a tous les pouvoirs sur son mandat. Elle ne le partage avec personne. Les articles qui meublent la charte de la SDN ou de l'ONU ne sont que des écrits destinés à convaincre ceux qui veulent encore croire qu'on peut diriger une colonie d'exploitation en Afrique noire et appliquer des règles d'équité, de respect et de transparence surtout dans le secteur économique.

Mais, la domination de l'espace économique par les membres du colonat ne s'arrête pas là. Elle continue à se propager au niveau des instances économiques administratives à travers une occupation écrasante des postes de responsabilité au sein de la chambre camerounaise du commerce et de l'industrie.

Lumière noire, ombre blanche

Officiellement, la Chambre de Commerce et d'Industrie (CCI) est une institution camerounaise, créée pour promouvoir l'action des commerçants et des entrepreneurs exerçant sur le territoire comme prescrit par la SDN, puis par l'ONU[76]. Pourtant, on ne manque pas

---

[75] Charte du Mandat français sur le Cameroun, p.4.

[76] C'est par arrêté du 22 juillet 1921 que la Chambre de Commerce du Cameroun voit le jour. Divisée en deux sections (occidentale et africaine), elle représente les intérêts

d'observer que l'ombre des acteurs économiques occidentaux domine largement cette chambre consulaire, au moins depuis sa création, reléguant ainsi les hommes d'affaires locaux dans un rôle de simples figurants[77]. En fait, la CCI apparaît comme l'un des symboles de la prédominance des négociants et des industriels économiques blancs au Cameroun sous régime colonial[78]. En ne prenant que le cas des années 1950, on remarque que la France continue d'imposer sa domination au sein de cette institution à travers une présence imposante, et non moins stratégique, dans les sections industrielle et commerciale[79]. En témoigne l'origine et le faciès des membres de ladite chambre à un an seulement de l'octroi de l'indépendance du Cameroun sous tutelle française :

---

généraux des commerçants, des industriels et des agriculteurs du territoire. Elle est par ailleurs sollicitée pour toute opération qui concerne les taxes, les enquêtes économiques du territoire et les statistiques commerciales, industrielles et agricoles. La CCI doit également étudier les conditions de placement et d'exportation de tous les produits du Cameroun français. Fusionnée en une seule section au moment où le Cameroun accède à l'autonomie interne, la chambre consulaire assure aussi la bonne marche des relations entre le producteur et le consommateur. Pour une lecture plus approfondie sur ce sujet, on peut consulter : ANY, APA, 111000, Chambre de commerce, 1950.

[77] ANY, 1AC, 300, Chambre de commerce, activités, 1950-1952.

[78] On peut aussi approfondir ses lectures sur ce sujet en lisant : P. Kenmogni, « La Chambre de Commerce au Cameroun sous administration française de 1921 à 1955 », Mémoire de maîtrise en Histoire, Université de Yaoundé, 1989.

[79] ANY, APA, 10635/B, Élection, Chambre de commerce, 1950

Photographie n°1 : Visages des membres de la chambre de commerce et d'industrie du Cameroun en 1959

Source : Archives de la Chambre de commerce et d'industrie du Cameroun.

Sur les neuf membres que compte la chambre consulaire à la veille de l'indépendance du Cameroun français, on note la présence de trois noirs. Pourtant, bien que Bonfils Tina, Ntede Edongo et M. Takala occupent respectivement les postes de vice-président de la section commerciale, vice-président suppléant de la section industrielle et de secrétaire membre, l'essentiel des postes reste entre les mains des blancs, notamment des Français à travers la présidence de M. Guiol, et les vice-présidences de J. Peyret, J. Déporte, la suppléance de M. Meyer ou encore la trésorerie tenue par M. Navez.

Nous nous permettons, en guise de conclusion, de redéfinir la colonisation comme l'ère des rapports de proximité des intérêts, des prérogatives et des enjeux entre le décideur administratif et le commerçant généralement recouvert d'une peau blanche. Étant donné que la table du partage du gâteau colonial semblait avoir de nombreux sièges, il y eut aussi plusieurs appelés au repas, ce qui donna lieu à des types de rapports disproportionnés, conduits prioritairement par des hommes d'affaires issus de la Métropole, suivis d'un débordant catalogue de bénéficiaires d'entrepreneurs anglais, grecs, espagnols ou syro-libanais.

CHAPITRE 3 :
Couacs, incrédulité et tensions

Il n'y a pas de relations humaines ou institutionnelles sans heurts ou frictions. D'ailleurs, quelle période mieux que celle de la colonisation pourrait le mieux cristalliser l'injustice et la discrimination raciale, pour étayer cette affirmation ? Ce chapitre fait donc une intrusion dans les relations de tension qui ont prévalu entre les protagonistes du monde économique et les détenteurs du pouvoir administratif et politique au Cameroun. Il se borne à montrer, dans un souci d'équilibre, que les rapports entre l'administrateur colonial et l'homme d'affaires furent aussi entachés d'un certain nombre de problèmes et de collisions au plan économique et social.

Nous allons ainsi pénétrer dans les entrailles d'un monde multiforme à cheval entre l'appréhension et la suspicion qui frisent parfois l'escalade. Le point culminant est la relation de tension qui a meublé les rapports entre l'administration et l'entrepreneur camerounais, à travers une politique de discrimination économique entretenue dès les premières heures de l'installation du colon français sur ce territoire.

Méfiance et rébellion

Au-delà de leur proximité et de leur historique amitié, le système clientéliste, puisqu'il s'agit effectivement de cela, mis en avant à l'époque des colons a souvent laissé découvrir son revers. C'est une pièce à double face. Sa curiosité réside certainement dans le pedigree et la nationalité des entrepreneurs économiques qui ont maille à partir avec leurs traditionnels alliés de l'administration.

En 1947 par exemple, les services des impôts français recensent ce qu'ils avaient appelé les « délinquants fiscaux »[80]. Ceux-ci furent catalogués en fonction de leurs différentes régions et localités d'activité. Parmi eux figurait, en bonne place, un nombre de commerçants occidentaux, dont les opérateurs économiques français et grecs.

Dans son rapport annuel de 1947, le chef de la subdivision d'Ebolowa dans le Sud du territoire écrit que : « Les rapports entre l'administration et les commerçants européens sont bons. Les commerçants ont pris l'habitude de vendre aux prix officiels, d'afficher

[80] ANY, 1AC, 178, Wouri (Douala), rapports divers, 1946-1948.

les prix, d'ouvrir leurs boutiques »[81]. Pourtant à y regarder de plus près, ces relations n'étaient pas aussi excellentes qu'il le prétend, dans la mesure où c'est cette même administration coloniale qui, durant cette année 1947, dressa une liste de délinquants fiscaux reconnus coupables de dissimulation des produits de vente ou encore de hausses abusives et illicites des prix de marchandises importées dans la région du Sud-Cameroun.

Tableau n°10 : délinquants fiscaux occidentaux fichés dans la région du Ntem en janvier et février 1947 (chiffres en francs CFA)

Noms	**Nationalité**	**Amende à payer**
Perras Antoine	Hellénique	100.000
Perras Antoine	Hellénique	15.000
Demétriadès	Hellénique	15.000
Angelopoulos	Hellénique	80.000
Vincent Custja	Français	20.000
Lucien Blanchet	Français	3.500
Douofou André	Camerounais	3.000
Bakon Jacques	Camerounais	2.500
Moussala Lucas	Camerounais	2.500
Tchuanté Daniel	Camerounais	2.000
Simon Issaya	Camerounais	2.500
Total		**242.500**

Source : éléments tirés des documents des archives nationales de Yaoundé : ANY, 2AC, 9048, Rapport annuel, Ebolowa, 1947 et ANY, 1AC, 178, Wouri (Douala), rapports divers, 1946-1948.

L'image que ce tableau projette est celle d'une administration coloniale française qui se saisirait aussi bien et avec dextérité de la carotte que du bâton. Mais est-ce pour autant la fin de l'état de grâce pour certains commerçants occidentaux au Cameroun ? Quelles conséquences des amendes partielles pourraient-elles avoir dans une relation devenue fusionnelle au fil du temps ?

Une grande partie de la réponse à ces interrogations provient certainement de l'analyse des rapports entre le prince blanc et le patron noir.

[81] ANY, 2AC, 9048, Rapport annuel, Ebolowa, 1947.

Des prérogatives racistes

Dans nos développements précédents, nous avons succinctement évoqué la question de la qualité des rapports entre les entrepreneurs noirs et l'administration durant la période coloniale au Cameroun. Il est temps que nous nous y intéressions davantage. L'occasion qui se présente ici nous fait dire d'emblée que le cortège de privilèges que l'on accorde aux commerçants et entrepreneurs blancs et principalement français au Cameroun annonce déjà en quelque sorte le type de rapports qui peuvent prévaloir entre l'État colonial et le milieu des affaires noir. Certes, il s'agit d'un micro écosystème incomparable, sur plusieurs aspects, par rapport à celui mis sur pied par les concurrents blancs, mais il mérite qu'on s'y investisse.

Il est en effet une évidence que le système économique colonial n'est pas favorable au Noir. Il n'a pas été conçu pour lui. Que viendrait-il d'ailleurs faire dans une affaire des Blancs à moins d'être cultivateur, porteur, guide, interprète et, quand il a de la chance, client dans un magasin tenu par les Blancs et implanté sur les terres de ses ancêtres ?

Sans conteste donc, les relations entre le petit opérateur camerounais et le grand État colonial français prennent vite une couleur sombre, teintée de contestations et parfois de haine. Une fresque de ces rapports est présentée sous la plume de l'écrivain camerounais Enoh Meyomesse qui décrit la désapprobation de ce système à l'orée des années 1950 :

> *À cette haine accrue des Blancs [...] sont venues se greffer plusieurs récriminations latentes des Camerounais envers ceux-ci. Au nombre de ces récriminations : la chute des cours du cacao qui a exacerbé le mécontentement des populations du Ntem, du Dja-et-Lobo et du Nyong et Sanaga. Le mécontentement des fonctionnaires « indigènes » à cause de la ségrégation raciale dont ils sont victimes dans leurs activités, les Français, les Grecs et les Libanais les empêchant systématiquement d'évoluer. Le mécontentement également des commerçants camerounais désirant se lancer dans le transport, ce secteur étant occupé à presque 90% par les Grecs Ponias, Kritikos, Gazetas, Kristopoulos, Despotakis, etc. Le mécontentement, enfin, des commerçants camerounais envers les banques qui refusent de leur accorder des crédits, privilégiant plutôt les concurrents blancs, etc.*[82].

Ce système de discrimination économique est une évidence coloniale. On devrait même s'accorder sur le fait qu'il fallait, pour des raisons d'équilibre dans une relation, qu'il y ait des privilégiés d'un côté, et des bannis du système de l'autre. Malheureusement, c'est dans le camp des opérateurs économiques locaux que le revers de la médaille

[82] E. Meyomesse, *Le carnet politique de Ruben Um Nyobe (1952-1958)*, Yaoundé, Mpôdôl Éditions, 2015, pp.44-45.

avait choisi de briller. Par conséquent, le ton des plaintes ne cessa de monter à telle enseigne que certains entrepreneurs économiques blancs faisaient l'objet de plaintes spécifiques. C'est ce que le lecteur retient de la lettre envoyée par un groupe de négociants camerounais au Haut-Commissaire français en 1955 :

Nous avons le respectueux honneur d'exposer à votre haute bienveillance, certaines questions concernant les petits commerçants africains que nous sommes. Nous nous trouvons dans une situation qui ne nous permet pas de prospérer dans nos affaires, car nous sommes à la merci et à la dépendance des commerçants européens -grecs pour la plupart- lesquels sont plus avantagés que nous par les grandes firmes de la place. Ces maisons accordent plus facilement des crédits et des prix de gros très forts (sic) aux commerçants précités et ne les accordent que très rarement aux commerçants africains. En conséquence, le petit commerçant africain tend à être éliminé, et beaucoup ont déjà abandonné au profit des commerçants européens[83].

Et pour alourdir un peu plus cette atmosphère déjà pesante, la répartition disproportionnée des terres exploitables au Cameroun français au lendemain de la Seconde Guerre mondiale va encore exacerber ce sentiment de mécontentement et de tension entre une classe économique camerounaise, marginalisée et oubliée chez elle, au profit d'une élite économique occidentale capitaliste, venue d'Occident : c'est la loi du plus favorisé !

Tableau n°11 : Répartition des concessions par région au Cameroun français en 1947 (chiffres en hectares)

Régions	**Concessions des autochtones**	**Concessions des non africains**
Bamiléké	1.000	14.000
Moungo	1.000	16.000
Nyong et Sanaga	600	800
Haut-Nyong	100	200
Mbam, Loum et Kadeï	100	200
Kribi	500	1.300
Sanaga-Maritime	600	23.000
Ntem	500	1.300
Wouri	100	500
Nord-Cameroun	50	1.500
Total	**4.550**	**69.000**

Source : ANY, Cameroun, rapport annuel, 1947, p.66.

[83] ANY, 3AC, 6985, Petits commerçants africains, doléances, 1955.

Les données de ce tableau n°11 offrent l'opportunité de tracer les grandes lignes du graphique n°6 :

Graphique n°6 : concessions par région au Cameroun français en 1947

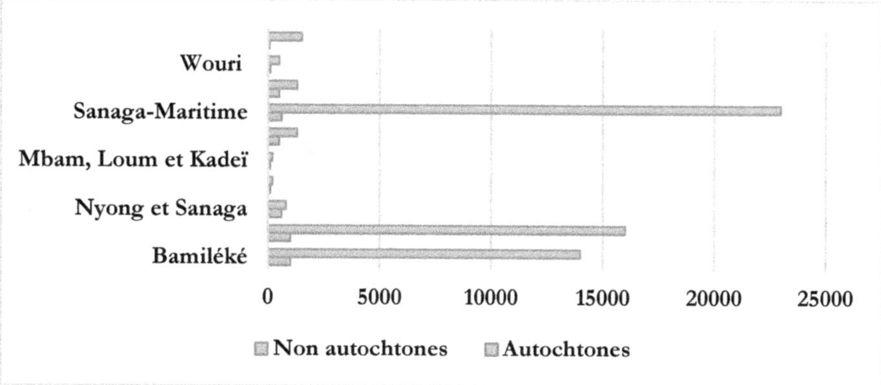

Source : tableau n°11.

Le tableau et le graphique subséquents suggèrent que les terres détenues par les ressortissants étrangers sont de très loin plus importantes que les concessions accordées aux autochtones, soit une différence de près de 65.000 hectares entre les deux groupes. La région la plus spoliée est celle de la Sanaga-Maritime avec 23.000 hectares de terres pour les non autochtones contre seulement 600 hectares pour les populations locales. Ces écarts, trop criards, sont aussi perceptibles dans les régions du Moungo, en pays bamiléké et dans le Nord-Cameroun.

La France ne doit donc pas être surprise que les laissés-pour-compte du système économique exclusif, en l'occurrence les Africains, qu'elle a décidé de méconnaître, d'éconduire et de déprécier ne réagissent qu'avec déception et violence. Dans un territoire où on a pourtant juré qu'on ferait du mandat un tremplin vers un régime de développement des peuples soumis en leur octroyant des outils d'évolution modernes singulièrement dans le secteur économique et commercial, on ne peut s'en prendre qu'à soi-même, c'est-à-dire aux administrateurs coloniaux envoyés par Paris, dans le cas où la situation semblerait dégénérer. L'échec annoncé de cette transition ne peut que présager dans l'analyse des rapports entre le commerçant africain placé en périphérie du marché et la politique de la France colonisatrice au Cameroun.

Le CFA des tensions et des incertitudes

Plusieurs tensions sont nées des relations entre les entrepreneurs camerounais et l'administration française à cause des interminables fluctuations de la monnaie coloniale, le franc des colonies françaises d'Afrique (CFA). Entre 1946 et 1956 par exemple, le franc CFA, en vigueur au Cameroun méridional, avait été dévalué plusieurs fois, notamment le 26 décembre 1945, le 26 janvier 1948, le 18 octobre 1948 et le 20 septembre 1949[84]. Ces dévaluations en cascades allaient susciter la colère des hommes d'affaires locaux et la psychose dans les marchés du territoire, ce que les Camerounais ne manquèrent pas de signifier à l'autorité coloniale en formulant des plaintes ouvertes au sein des milieux politiques[85].

En plus de cela, la parité sans cesse fluctuante entre le franc CFA et le franc métropolitain n'était pas de nature à rendre sereins les petits investisseurs camerounais. Elle ne fit qu'envenimer un sentiment de méfiance qui couvait déjà depuis plusieurs années. Les incertitudes de cette monnaie coloniale ne pouvaient qu'accroître la distance entre le Camerounais et l'administration installée par les envahisseurs français. Dans un rapport sur les politiques d'investissement au Cameroun et dans les autres territoires de l'empire colonial français en Afrique, on pouvait lire ceci en 1956 : « Se plaçant du point de vue de l'investisseur [camerounais], il faut reconnaître qu'il existe une crainte, celle que la parité entre le franc CFA et le franc métropolitain ne soit modifiée. L'existence d'un doute sur la pérennité du rapport entre le franc CFA et le franc métropolitain constitue, sans doute, un des freins les plus efficaces à l'investissement privé »[86].

Mais, ce que les conclusions de ce rapport, somme toute intéressant sur la situation financière en colonie, ne relèvent pas, c'est la conséquence que ces errements de la monnaie coloniale ont eue dans le type des rapports entre les entrepreneurs locaux et l'administration coloniale, vu que, et cela a été dit, ces fluctuations ont concouru à alimenter le climat de suspicion visible depuis plusieurs décennies au Cameroun. Les conséquences de cette politique de la porte fermée aux investisseurs locaux doivent faire l'objet d'une étude spécifique, car elles sont inestimables et certainement très dommageables, au moins à

---

84 ANY, NF., 426/2, Économie, 1952.

85 *Ibid.*

86 ANY, VT, 1/148, Économie, commission de coordination économique, 1959.

moyen terme pour l'émancipation d'une élite économique camerounaise durant une bonne partie du 20e siècle[87].

Comme on pouvait s'y attendre, cette réalité des choses a contribué à alimenter la rébellion nationaliste au Cameroun. En effet, l'Union des Populations du Cameroun (UPC), le parti nationaliste, avait dans une grande partie de son programme de libération exhorté les forces coloniales à mettre sur pied un cadre économique équitable et juste afin de permettre l'éclosion d'une réelle classe d'hommes d'affaires au Cameroun[88]. Consciente du climat des affaires qui régnait à cette époque, l'UPC n'eut aucun mal à encourager les commerçants et sous-entrepreneurs camerounais à prendre le chemin de la rébellion[89]. De Bafia à Mbalmayo, d'Edéa à Songmbenguè, de Douala à Nkongsamba ou de Baham à Dschang, les mouvements de contestation et de revendication économiques au Cameroun français se furent ressentir tant sur les places d'échange que dans les lieux de production et d'emplois des noirs[90].

Ceci est la preuve des conséquences politiques dans le cadre des relations entre le pouvoir et le monde des affaires tel que nous allons le voir dans les deux parties suivantes. Avant d'y arriver, rappelons que la liste des pommes de discorde entre les institutions coloniales et les commerçants camerounais n'est pas exhaustive.

La balance de la terreur

Voyons à présent ce qui se passa à l'intérieur des marchés. La réalité sur les places d'échange affichait aussi ses hauts et ses bas. Dans son célèbre roman *Ville cruelle*, l'écrivain camerounais Eza Boto (connu plus tard sous le pseudonyme de Mongo Béti) reprend à son compte les

---

[87] En plus de cette réalité, il faudrait mettre en avant la question de la fiscalité en colonie. En effet, que ce soit les clients ou les petits commerçants camerounais, tous ont eu maille à partir avec l'administration pour cause d'impôts. Le système d'indigénat représente, à n'en point douter, le summum de ces tensions qui ont eu des effets sur le marché en colonie. Le mode d'imposition qui l'accompagne n'est pas moins décrié. En réalité, le système fiscal colonial a été conçu comme un instrument d'assujettissement et de répression. Le plus dur a souvent été observé dans la politique de recouvrement jugée violente, discriminatrice et parfois à « tête chercheuse ». Des exposés sur ce sujet sont à retrouver dans : L. Kaptue, *Travail et main-d'œuvre au Cameroun sous régime français (1916-1952),* Paris, L'Harmattan, 1987.

[88] ANY, 1AC, 19/5, Activités de l'UPC, 1947-1957. Lire aussi : R. Joseph, *Le mouvement nationaliste au Cameroun*...

[89] ANY, 2AC, 79, UPC, Programme d'action, 1957.

[90] ANY, 1AC, 19/5, Activités de l'UPC, 1947-1957.

conséquences nées des balances commerciales truquées, favorables aux négociants blancs, notamment les Grecs lors de la vente du cacao dans une ville imaginaire baptisée *Tanga.* En lisant cet auteur qui a vécu les faits romanesques relatés durant son enfance, on ne peut ne pas évoquer les problèmes émaillés par les balances commerciales présumées manipulées par une autorité coloniale qui a pour seul réflexe l'envoi systématique de certains sacs de cacao ou de café des Africains « au feu », c'est-à-dire à la destruction à cause d'une qualité jugée unilatéralement défectueuse[91].

La réalité historique voudrait en fait que les balances utilisées sur les places d'échanges en vue de peser les sacs des produits de rente comme le cacao et le café lors des périodes de vente aient souvent entretenu, surtout dans la partie-Sud du territoire riche en fèves de cacao et dans la zone caféière de l'Ouest, des sources de discorde et d'opposition farouches entre les agriculteurs camerounais et les officiels blancs chargés de vérifier le bon état de ces produits. Le témoignage ci-dessous est une déclaration d'un survivant de cette époque :

Je peux aujourd'hui, après plus de 70 ans passés dans les marchés de la région du Moungo et de l'ancien Nyong et Sanaga, affirmer que les balances utilisées dans les marchés pour peser les sacs de cacao et de café étaient régulièrement truquées durant la période française. On nous prenait vraiment comme des sous-hommes. Plusieurs personnes, avant d'aller au marché, prenaient la peine de vérifier la qualité et de peser elles-mêmes leurs produits agricoles dans les champs ou à la maison avec des balances modernes pour l'époque. Vous pouviez être sûr d'avoir un cacao de haute qualité ou peser vos sacs à hauteur de 100 ou 200 kilogrammes chez vous, et une fois au marché, on vous expliquait que votre sac avait un poids de 60 ou 50 kilogrammes ou que votre café était de très mauvaise qualité et qu'il fallait immédiatement le passer au feu, c'est-à-dire le brûler de peur de le retrouver dans la contrebande ou d'empoisonner les consommateurs qui étaient tous des Européens, c'est-à-dire les colons. Cela a créé tellement de tensions que nous étions prêts à en venir aux mains, voire à manifester notre mécontentement en prenant les armes dans la plupart des cas. Avec cette situation, personne ne pouvait être riche. On a tué la bourgeoisie agricole africaine avec ce système de tricherie. On travaillait presque pour rien. Regardez-moi aujourd'hui, je devais être exportateur de cacao riche depuis au moins 1950. Je me souviens qu'il y a eu des émeutes et des morts dans la région de Penja et de Nkongsamba pour des raisons liées au trucage des balances commerciales après des manifestations sanglantes par les Camerounais. L'UPC a beaucoup œuvré pour que cette situation change. Je peux vous dire qu'il n'y avait pas que les Français et les Anglais qui le faisaient, ils étaient en complicité avec certains Camerounais, Nigérians et les originaires de la Somalie française (aujourd'hui

[91] Ses écrits sont à consulter dans : Eza Boto, *Ville cruelle,* Paris, Présence Africaine, 1971.

appelée le Mali) qui jouaient le rôle de vérificateur, de porteur c'est-à-dire d'auxiliaires de la colonisation[92].

Les suspicions, les querelles et les oppositions issues de ces scènes de vente ont donc, pendant plusieurs décennies, envenimé les relations entre le vendeur camerounais, le représentant du service du commerce et les acheteurs de cacao et de café grec, belge, hollandais ou français[93]. La tension qui régnait en ces temps-là ne pouvait alors qu'élargir le fossé de méfiance qui existait entre le monde économique noir et une administration coloniale convaincue d'être plus rusée et plus puissante.

Ainsi, si on pouvait parler d'une certaine harmonie dans le binôme administration/entrepreneur entre le colon français et les hommes d'affaires métropolitains, il est difficile de faire pareil dans les relations entre les négociants camerounais et les autorités coloniales. Les rapports entre ces deux entités étaient généralement émaillés de tension et de méfiance, de rigueur aveugle et d'incertitude, mais surtout de condescendance et de rébellion. Allons-y directement pour appréhender l'ampleur de ces rapports sous l'ère de l'État indépendant.

---

[92] Nana Elie Dydy, 90 ans environ, commerçant-planteur à Nkongsamba, à Douala et à Mbalmayo durant la colonisation française, Douala le 24 décembre 2022.

[93] Sur cette question, on peut consulter : J. Assoumou, *L'économie du cacao*, Paris, Delarge, 1977.

PARTIE II :

Jeux d'alliances sous le soleil des indépendances (1960-1982)

L'indépendance a eu pour effet immédiat d'imposer un changement d'échelle et de nature des rapports entre le pouvoir et les entrepreneurs au Cameroun. Toutefois, ces rapports paraissent de temps en temps plus intelligibles quand ils sont mis en relation ou comparés avec la réalité du système colonial. En effet, le débat sur les relations entre les pouvoirs publics et l'entrepreneur économique au Cameroun contemporain n'est pas tabou ou encore moins inédit. La question liée à la nature de ces liens a, au moins récemment, souvent été posée. Sauf qu'elle apparaît encore quelque peu impudique ou parfois traitée dans sa généralité[94].

Pour notre part, après avoir déjà balayé une bonne partie de la période coloniale, nous allons d'abord prendre pied avec ce sujet en proposant la réalité de ces relations sous le régime Ahidjo, le premier président du Cameroun entre 1960 et 1982. Avec l'octroi de l'indépendance du Cameroun français le 1er janvier 1960, l'État postcolonial prend rapidement le relais du régime tutélaire français et occupe une place croissante dans le contrôle du marché et de l'économie, ce qui lui permet de jouer un rôle déterminant dans les relations entre le pouvoir dominant et les entrepreneurs. Ainsi, l'évolution des relations entre l'État indépendant[95] et le milieu des affaires est caractérisée par des logiques politiques et économiques issues la plupart du temps de la colonisation, du moins dès le départ. Ces liens reposent sur un ensemble d'alliances, de chaînes, d'apparition de nouveaux acteurs, de connexions mêlées, parfois de favoritisme, de parrainage, de soutiens financiers, juridiques et administratifs qui se sont constitués dans un environnement en mutation perpétuelle et aux enjeux stratégico-politiques et socio-culturels multiples, le tout basé sur l'implémentation et la valorisation d'une politique inédite baptisée la « camerounisation ».

---

[94] Cf. *supra*, chapitres suivants.

[95] Le Cameroun français gagne son indépendance le 1er janvier 1960, tandis la partie anglophone le *Southern Cameroon* se libère du joug colonial anglais le 1er octobre 1961, ce qui fait du Cameroun réuni une République fédérale en 1961. Cette république est composée de deux États : le Cameroun occidental (ancien Cameroun anglais et le Cameroun oriental (ancien Cameroun français).

CHAPITRE 4 :
Ahidjo, l'État et le milieu des affaires

Disons, *in limine litis,* que la sphère entrepreneuriale au Cameroun indépendant laisse clairement entrevoir trois types d'entreprises : publique, parapublique et privée. Les deux premiers mentionnés font certes partie intégrante de ce microcosme, mais notre choix porte prioritairement sur l'examen des rapports entre l'État et les entreprises ou les commerces privés qui constituent le milieu des affaires dans le pays. Toutefois, quand cela s'avère nécessaire, le rôle et la place des entreprises publiques seront systématiquement épluchés et appréciés dans un souci d'explication et d'éclairage.

Avant cela, il faudrait intégrer le fait que la République du Cameroun indépendant est placée sous le régime d'un homme aux grands pouvoirs, le président Ahmadou Babatoura Ahidjo[96]. Il n'entend non pas simplement superviser la gestion des affaires de son jeune État, mais plutôt jouer un rôle central et déterminant dans son évolution politique à travers la recherche et la consolidation de ce qu'il nomme l'« unité nationale[97] ». Au plan économique, Ahidjo se présente comme l'architecte et l'orchestrateur de la politique de développement de son pays en s'appuyant sur trois programmes-piliers dès son accession à la magistrature suprême. Il s'agit de procéder à l'instauration de la politique de camerounisation (au niveau administratif et économique), de créer et de donner une orientation idéologique à l'Union Nationale Camerounaise (UNC), le parti unique fondé en 1966, et de réaliser des plans de développement quinquennaux à travers un programme économique aux relents capitalistes baptisé « libéralisme planifié »[98].

---

[96] Ahmadou Ahidjo est le premier président de la République du Cameroun, ancienne possession coloniale française. Originaire du Nord-Cameroun, il est né en 1924 et accède au pouvoir suprême du jeune État dès l'annonce de son indépendance le 1er janvier 1960, après avoir occupé le poste de Premier ministre pendant deux ans sous la bannière de l'Union Camerounaise (UC). Ancien pensionnaire de l'école publique supérieure de Yaoundé, il a d'abord travaillé comme agent des postes et télécommunications avant d'emprunter le chemin de la politique qui le mène au sommet de l'État à travers l'action de son parti politique l'UC.

[97] Ses desseins sont exposés dans : A. Ahidjo, *Contribution à la construction du Cameroun,* Paris, Présence Africaine, 1964.

[98] En effet, la politique dite de « libéralisme planifié » est une doctrine économique qui résume la vision du président Ahidjo. Elle tend à mettre en avant et à concilier le capitalisme et le socialisme. Elle est taxée de politique économique nationaliste au fort relent interventionniste. Dans ce système, c'est l'État qui définit les principaux

Ahidjo et son discours sur la camerounisation

S'il y est un homme politique qui a, pour ne prendre que le cas des années 1960 et 1970, multiplié les appels à l'investissement de ses compatriotes dans le monde des affaires, c'est bel et bien le président Ahidjo. Son rêve de voir de plus en plus d'entreprises privées aux mains des Camerounais inspire le ton enflammé de ses discours qui ne passent d'ailleurs jamais inaperçus, tant ils sont audibles et relayés par tous les journaux de l'époque.

Le règne d'Ahidjo marque en effet un tournant dans la vie politique et surtout économique du Cameroun. Selon ce président, le pays doit « se refaire » à travers la modernisation de son économie qui passe nécessairement par de nouvelles orientations, par des programmes économiques innovants, mais aussi par un cadre de coopération plus dynamique, mieux organisé et plus étroit entre le secteur public et privé. Dans une adresse prononcée à l'occasion de la rencontre entre le président Ahidjo et les hommes d'affaires du Cameroun à Douala le 2 février 1962, on découvre ce que l'on peut appeler ici l'officialisation de l'acte d'union entre l'État fédéral[99] du Cameroun et le milieu des affaires. L'allocution du chef de l'État présente d'abord sa vision économique avant de lancer une vibrante invitation à la mutualisation des énergies entre les patrons et le gouvernement :

On a souvent dit et répété que l'indépendance politique sans indépendance économique n'était qu'un leurre [...] Tout porte à croire que les efforts des hommes et des États et en particulier des États convergent actuellement vers l'indépendance économique ; car, en effet, l'indépendance économique c'est avant tout la recherche quotidienne des moyens et la pratique des grandes opérations économiques pour l'accroissement des productions nationales. C'est dire qu'en ce qui concerne le Cameroun, l'effort quotidien des citoyens pour le développement économique et social en vue de l'élévation du niveau de vie des populations constitue l'objectif principal d'une économie moderne. Or le Cameroun, dans cette nouvelle phase de ses

---

axes politiques et économiques prioritaires, détermine la politique d'investissement, régule le marché… Ici, l'État encourage sans faille toutes les initiatives du secteur de développement économique national : c'est le nationalisme économique. Lire, pour plus de détails, J.C. Willame, « Cameroun : les avatars du libéralisme planifié », *Politique Africaine,* n°18, Paris, 1985, ou encore, de manière plus large, A. Mahiou, *L'avènement du parti unique en Afrique noire*, Paris, Librairie générale de droit et de jurisprudence, 1969, p.12.

[99] On parle d'État fédéral ici parce que dès le 1er octobre 1961, *le Southern Cameroon,* autrefois placé sous la domination britannique, a gagné son indépendance et constitue désormais une fédération formée par deux États avec la République du Cameroun : le Cameroun occidental et le Cameroun oriental.

préoccupations, à savoir la promotion économique de la nation, devenue désormais le souci majeur du gouvernement, doit opérer une reconversion indispensable tant au niveau des principes qu'à celui des réalisations concrètes. Dans cette tâche, le rôle du secteur privé est indispensable. En effet, qu'il s'agisse de la production, des coopératives, de l'industrie ou du commerce, l'intervention de l'État n'est qu'un élément moteur qui, tout en assurant l'orientation et la coordination, ne fait qu'étendre de manière continue le champ du secteur privé. En somme, une collaboration étroite des secteurs publics et privés, par un apport permanent d'efforts communs, devrait se réaliser à tous les échelons au profit du principal bénéficiaire : la masse. Ceci pose le problème aigu de l'intégration des activités du secteur privé dans l'économie nationale. Nous estimons que cette intégration pour être efficace, ne saurait s'opérer en marge de la politique économique du gouvernement, dont la base à l'heure actuelle se retrouve dans le plan camerounais[100].

On peut déjà observer quelques points saillants de la politique économique du président de la République camerounaise présentés devant les hommes d'affaires opérant dans le pays. Il invite le secteur privé et le gouvernement à travailler en partenariat, à collaborer, voire à coaliser les efforts pour booster le développement du nouvel État. Pour lui, la modernité de l'économie du Cameroun passe aussi par la coopération entre les pouvoirs publics et le milieu des affaires. La suite du discours souligne donc naturellement le fait que :

... L'action des entreprises privées doit se recommander non des intérêts extérieurs, mais de l'intérêt national qui conditionne leur réussite ou leur échec. En revanche, les pouvoirs publics garantissent à la libre entreprise, dans le cadre de nos lois et règlements, un juste bénéfice de son effort [...] Le développement économique, quels que soient ses facteurs naturels favorables, exploités ou inexploités, ne saurait réussir sans que tous les éléments actifs et sains de la nation y participent journellement à des échelons divers. C'est dans cette optique que, Messieurs, je vous invite tous, commerçants, industriels, artisans, hommes de bonne volonté de tous les secteurs, à seconder activement le gouvernement fédéral dans sa tâche difficile de développement économique [...] Je vous demande à cet effet de mêler vos efforts à ceux de mes collaborateurs chargés des différentes et difficiles responsabilités économiques de la fédération. Autant que cela est possible, mes collaborateurs et moi-même ménagerons le plus souvent possible, tout au moins au niveau de vos représentants des chambres consulaires, les contacts opportuns nécessaires par la nature des problèmes en cause. J'ai parlé à la chambre de commerce de la reconversion, de l'intégration des activités du secteur privé dans l'économie nationale. Je fais appel à cet égard à toutes les bonnes volontés et, outre l'action de la masse camerounaise, à vous, représentants du commerce, de l'industrie et de l'artisanat[101].

---

[100] *République Unie du Cameroun, Recueil des discours présidentiels (1957-1968)*, p.312.
[101] *Ibid.* pp.312-313.

Il faut se garder de considérer que cet extrait de discours est une présentation complète de l'idée économique chez Ahidjo. Nous ne voulons rien suggérer de tel. L'intérêt que ce texte revêt par contre rentre dans le cadre des rapports et des discours entre le monde politico-administratif et le secteur de l'entreprise privée. En ce qui concerne la libre entreprise au Cameroun qui est relevée dans cette citation, nous y reviendrons plus loin dans nos développements à travers une série d'arguments et d'exemples.

Avant cela, accordons-nous sur le fait qu'à partir de l'extrait ci-dessus, Ahidjo va plus loin dans ses recommandations. À défaut d'inviter les opérateurs économiques et le gouvernement à fusionner leurs efforts, il les appelle officiellement à l'alliance des actions et des initiatives de développement. Il s'agit, ni plus ni moins, d'un appel solennel lancé à l'endroit des hommes d'affaires afin de booster l'investissement privé, singulièrement l'action des opérateurs économiques d'origine camerounaise.

Le lecteur se demande sans doute où nous voulons en venir. Toujours à l'idée d'une « union sacrée » et officielle entre l'entité gouvernementale et les princes du marché et de la production. L'erreur serait de croire que cette union a subi de grands changements par rapport à la période coloniale. Nous sommes, au moins pour le moment, dans le cadre d'une simple révolution discursive, étant donné que les enjeux et les acteurs demeurent, pour la plupart, identiques en ce début des années 1960. À preuve en 1968, le président revient à la charge. Il réitère sa vision politique avec des mots plus explicites et plus éloquents:

> *Nous disons donc tout haut, que les investissements privés, nationaux ou étrangers, seront toujours les bienvenus au Cameroun et trouverons la garantie de leur pleine rentabilité dans les dispositions de notre code des investissements précisément conçu dans l'esprit de notre option libérale [...] Je suis persuadé que nous le ferions mieux encore si les Camerounais investissaient davantage dans les branches-clés de l'économie. C'est le lieu de dire, et c'est une invite présente, que les Camerounais doivent se sentir davantage concernés par des problèmes économiques et participer avec le dynamisme qui les caractérise aux affaires à tous les niveaux. Certes, je sais, il faut s'en féliciter, que le Cameroun est déjà l'un des pays d'Afrique où les nationaux participent le plus à la vie économique de leur pays, mais cette participation doit s'élargir encore et ne peut pas ignorer les méthodes modernes de gestion des affaires pour qu'ils deviennent, progressivement, les véritables moteurs*

du développement national. Le gouvernement quant à lui est disposé à leur apporter, à cette fin, toute l'assistance nécessaire[102].

Première remarque : il ne faut pas perdre de vue qu'à cette époque au Cameroun, le président de la République est également le chef du gouvernement. C'est-à-dire qu'Ahidjo à partir du cumul de ses deux fonctions (président de la République et chef du gouvernement), peut préconiser des conseils ou formuler des appels en tant que principal représentant du pouvoir exécutif.

Par ailleurs, on convient avec Ahidjo qu'il n'est pas seulement question de participer à la promotion des affaires dans le pays à titre honorifique. Le vœu du président est de susciter un engouement général dans l'esprit des Camerounais afin d'intégrer le monde des affaires, tout en empruntant le chemin de la modernité. Il ferme ainsi la voie à tous les figurants, qui malheureusement, et comme on le verra dans les parties suivantes, vont inonder le monde des affaires au Cameroun. De ce fait, Ahidjo se positionne en principal chantre de la cause camerounaise une fois qu'il a l'occasion de prendre la parole comme c'est le cas dans le texte ci-dessous :

Donc, participation des nationaux aux investissements, participation de l'État à la vie des sociétés quand cela est nécessaire, mais aussi, nécessairement, participation des cadres camerounais à la gestion, à l'administration et à l'animation des entreprises. Il est en effet temps qu'à l'instar du secteur public, que le secteur privé s'engage résolument, sans complexe, sans réserve, dans la voie naturelle, parce qu'inéluctable, de la camerounisation de ses cadres. Non pas bien sûr, une camerounisation complaisante, effectuée sans discernement, mais une utilisation judicieuse des compétences de plus en plus disponibles des cadres dont la valeur technique est certaine. Nous sommes convaincus du reste que cette camerounisation des cadres du secteur privé, en fin de compte, est avantageuse pour toutes les parties en présence, c'est-à-dire les employeurs, les employés, et le pays tout entier, qui, en dernière analyse, tirera profit de l'effet multiplicateur de la promotion des individus. Elle doit, en outre, être considérée comme la contrepartie nécessaire de l'esprit de confiante coopération instauré et du libéralisme consciemment proclamé par le gouvernement[103].

Après ces incessants appels aux investisseurs étrangers et aux hommes d'affaires locaux, tâchons maintenant de savoir quels ont été les effets de la politique dite de camerounisation dans le monde entrepreneurial camerounais en cette première décennie des années d'indépendance.

---

[102] *République Unie du Cameroun, Recueil des discours présidentiels (1957-1968)*, pp.625-626.
[103] *Ibid.* p.626.

La camerounisation : l'hymne et ses refrains

La question de fond ici est celle de savoir si la camerounisation a, oui ou non, exclusivement constitué un régime de faveur pour les entrepreneurs locaux ou alors elle se présente comme une référence de développement économique global. Pour y répondre, il y a d'abord lieu de revenir sur les grands axes de cette politique de nationalisation afin de mieux apprécier, sur une longue durée, la qualité des relations qui vont prévaloir entre le pouvoir d'Ahmadou Ahidjo et la sphère entrepreneuriale au Cameroun.

En effet, si dans les années 1940 et 1950, les administrateurs coloniaux avaient beau jeu de penser que les avantages les plus prometteurs devaient être réservés aux seuls entrepreneurs français au Cameroun, force est de reconnaître que l'amorce des indépendances remet fortement en cause toute cette philosophie. Dès l'aube des années 1960, la camerounisation apparaît dans le langage politique de l'ancienne tutelle française. Comme on l'a vu, pour le président Ahidjo, camerouniser revient à nationaliser au maximum les postes importants de l'administration publique et à permettre aux Camerounais d'être les acteurs majeurs de l'entrepreneuriat économique privé de leur pays afin de rendre ces secteurs stratégiques indépendants et amorcer un développement effectif du jeune État qui rêve de bâtir et de consolider son unité nationale[104]. Le discours sur ce point était clair : « Toute personne ou groupe de personnes [pouvaient] prendre des décisions essentielles à condition qu'elles soient orientées vers le mieux-être général, soit à la faveur d'incitations dont les directives du gouvernement [étaient] assorties, soit par l'effet du sens civique[105] ».

Évidemment, la nationalisation n'est pas une politique inédite sur le continent. La plupart des pays indépendants en Afrique et de par le monde s'y sont essayés bien avant[106]. Le président égyptien Gamal

---

[104] On peut s'abreuver aux écrits ci-après : D. Kom, *Les perspectives de la colonisation*, Paris, L'Harmattan, 2004 et M. Woungly, *Où va le Cameroun*, Paris, L'Harmattan, 1984.

[105] *UNC, L'unité*, édition spéciale, XXe anniversaire de l'accession au pouvoir d'Ahmadou Ahidjo, Éditions Lamaro, 1978, p.23.

[106] Lire avec beaucoup d'intérêts : N. Métaxides & M. F. Akono Abina, «Confrontation et/ou coopération entre pratiques politiques et logiques économiques dans le processus de la création de l'imaginaire entrepreneurial en Afrique subsaharienne», *Second International Conference on Economic and Social History Markets and Politics Private Interests and Public, Authority (18 th-20th centuries)*, 10-12 February 2012, University of Thessaly, Volos, 2016.

Abdel Nasser avait, pour ne citer que celui-là, lancé une vaste opération de développement économique de son pays avec pour point d'ordre, la nationalisation du Canal de Suez[107]. Dans notre cas, contentons-nous de répondre aux préoccupations liées à la politique de nationalisation de l'économie camerounaise dans les années 1960, à ses effets sur le marché et à son impact sur la relation entre le décideur politique et l'entrepreneur économique.

C'est à Ahidjo que nous donnons d'abord la parole pour apporter les premiers éclaircissements sur ce point. Il fournit des explications sur les choix de cette politique de camerounisation à l'occasion de l'inauguration de la chambre fédérale du commerce, d'industrie et des mines du Cameroun devant un parterre d'hommes d'affaires et de membres de son gouvernement en février 1963, et en profite pour inviter la classe économique à accélérer le processus de professionnalisation et de responsabilisation des Camerounais au sein des sociétés du secteur privé :

> *Nous avons camerounisé notre administration à une époque où l'exercice des responsabilités administratives, des responsabilités territoriales en particulier présentait de très grandes difficultés et exigeait sang-froid, maîtrise et compétence. Les résultats ont, dans la majorité des cas, été nettement positifs. Les sociétés industrielles, commerciales et agricoles doivent tendre à la même politique. Elles peuvent la pratiquer dans un climat propice, car elles disposent du recul suffisant pour parvenir à une sélection aussi poussée que possible, qui sera garante de la réussite de l'opération. C'est l'intérêt des investisseurs de pouvoir disposer dans leurs équipes de direction, de Camerounais parfaitement au courant des habitudes nationales et de la psychologie du consommateur local*[108].

Le président exhorte donc une fois de plus les entreprises privées à camerouniser au même titre qu'il a fait au niveau de l'administration, au moins pour la garantie de leurs propres intérêts. Selon lui, la camerounisation des administrations des entreprises privées permettrait au patronat de disposer d'un atout de choix que sont les cadres locaux qui, du fait de leur connaissance du marché, garantissent un enracinement profond dans les différentes places d'échange du territoire national.

En fait, la politique de camerounisation de l'économie qui est surtout une politique protectionniste peut, pour le cas d'espèce, être mieux appréciée à deux niveaux : dans la mise en place des institutions

---

[107] J. Lacouture, *Nasser*, Paris, Seuil, 1971, pp.91-93.

[108] *République Unie du Cameroun, Recueil des discours présidentiels (1957-1968)*, p.378.

administratives d'accompagnement de l'entrepreneuriat privé et dans son mode de financement. Pour ce qui est des institutions, prenons le cas de quelques structures emblématiques de l'époque, créées pour accélérer le processus de création d'une économie entre les mains des hommes d'affaires locaux avec la naissance d'un ensemble d'organismes destinés au soutien administratif et au financement des opérations initiées par les opérateurs économiques camerounais. On peut, de manière discriminatoire certainement, citer la Banque Camerounaise de Développement (BCD) dont l'une des principales missions consistait à financer des opérations de développement initiées par les Camerounais[109]. Dans le même sens, nous pouvons mentionner la création durant les décennies « 70 » et « 80 » du Fonds de Garantie pour les Petites et les Moyennes Entreprises (FOGAPE) et du Fonds National pour le Développement Rural (FONADER) qui étaient des organismes publics et parapublics visant à faciliter l'insertion économique des Camerounais, avec pour objectif la garantie auprès des banques et des organes compétents des crédits, des emprunts et autres facilités à mettre à la disposition des Camerounais en vue de promouvoir l'éclosion économique des nationaux[110].

Pour ce qui est du FONADER, il faut préciser que cet organisme voit le jour en mai 1973 et est devenu en juillet 1977, un établissement de financement et de crédit. Le budget du FONADER n'a ainsi cessé d'évoluer de 3.870 millions de FCFA en 1974, il est passé à 11.699 millions de FCFA en 1979 et 1980[111].

Quant au FOGAPE qui naît dans les années 1980, son rôle consistait à apporter un concours financier et technique aux Petites et Moyennes Entreprises (PME) nationales. Il pouvait accorder sa garantie aux crédits et aux engagements consentis aux PME par les banques et établissements financiers, prendre des participations au capital des PME, consentir des prêts participatifs et des prêts directs pour l'acquisition des matériels et équipements, financer des besoins en fonds de roulement, etc. Le promoteur devait contribuer à 20% des besoins[112].

On peut, à cette liste, ajouter le rôle et la place de la Mission de Développement des Cultures Vivrières, Maraichères et Fruitières

---

[109] Une panoplie de données de trouvent dans : *L'Économie camerounaise*, 4e édition, Paris, Ediafric, 1981, pp.39-50.

[110] *Ibid.*

[111] *Ibid.*

[112] *Ibid.*

(MIDEVIV) autour des grands centres urbains au Cameroun. Sa mission consistait en :

- la mise en œuvre du programme « Ceintures vertes » autour des grandes agglomérations ;
- l'identification, l'étude et la mise en œuvre de tous les autres projets de développement des cultures vivrières, maraichères et fruitières en vue du ravitaillement des centres urbains ;
- la réalisation des plantations et cultures vivrières, maraichères et fruitières ;
- la commercialisation de ces produits[113].

Dans la même lancée, l'État a mis sur pied un organe d'accompagnement baptisé Office Commercial camerounais avec pour objet central l'achat, la vente et la distribution des marchandises de production locale ainsi qu'une action dans le commerce import/export en collaboration avec tous les investisseurs locaux et étrangers[114]. Cet office joue également un rôle consultatif en ce qui concerne la majorité des marchés de fourniture lancés par les sociétés publiques et parapubliques[115].

Sauf que les mesures d'accompagnement des hommes d'affaires que proposent le président Ahidjo et son gouvernement interpellent plus par leur quantité que par leur qualité. On implémente une politique commerciale stratégique (PCS) visant à favoriser les firmes nationales importantes, à guider l'homme d'affaires local afin qu'il accapare de plus grandes parts de marché en développant un secteur de l'économie, sans jamais vraiment se soucier des résultats au moins à moyen terme, voire à long terme. De nombreux « éléphants blancs » et autres opérateurs économiques fantaisistes vont ainsi envahir l'espace commercial et économique du pays au grand dam des transformations espérées par l'État et les populations camerounaises.

Concernant les avantages de la camerounisation dans la pratique commerciale, donnons d'abord la parole, avant d'avancer des chiffres,

---

113 IVe plan quinquennal de développement économique, social et culturel du Cameroun, 1970-1981, p.45. En effet, la MIDEVIV procédait à l'ouverture des magasins et des surfaces de vente dans les grandes villes du pays comme Douala, Yaoundé, Garoua, Bafoussam ou encore Nkongsamba. Entre 1974 et 1975 par exemple, la valeur des produits importés par l'État et les hommes d'affaires locaux avait atteint le chiffre de 126 milliards de francs CFA avec près de 22% destinés à la consommation des ménages.

114 *Ibid.*

115 *Ibid.*

à un témoin averti de cette époque, Constantin Antoniadès, commerçant grec établi au Cameroun depuis les années 1950. Il exprime sa surprise et son irritation sur cette politique qualifiée d'ultra protectionniste en ces termes :

Le favoritisme de l'État indépendant camerounais vis-à-vis des commerçants locaux a toujours été une réalité. Il se manifestait par l'octroi des privilèges fiscaux, le non-paiement des droits de douane, la rigueur dans le paiement des droits fiscaux imposée aux autres commerçants non camerounais et principalement européens ou l'octroi des crédits bancaires importants uniquement aux seuls opérateurs économiques d'origine camerounaise. Il était tout à fait naturel que les Camerounais entretiennent le rêve de dominer la scène commerciale nationale. C'était légitime. Le favoritisme dans un système économique est peut-être normal, mais il a, et c'est le cas avec le Cameroun, eu des conséquences sur l'activité économique de ce pays. Car cette pratique fut souvent considérée comme l'une des raisons du départ de plusieurs commerçants étrangers du Cameroun. Il y a eu l'histoire de la savonnerie Compagnie Commerciale Chypriote (CCC) dont mon père fut, avec l'action d'autres ressortissants chypriotes Katsaris et Talidis en l'occurrence, à l'origine, à travers son oncle Minkalides. Grâce aux milliards de son oncle à l'époque, ils ont monté la savonnerie CCC. Alors, le Président Ahidjo a demandé que l'on accorde 2% des actions de la CCC à M. Fadil, grand opérateur économique camerounais originaire de la partie nord du pays. Au fur et à mesure que les Chypriotes se retiraient, Fadil récupérait leurs actions. Progressivement, il finit par devenir l'actionnaire majoritaire de la CCC. Une fois la majorité absolue acquise, Fadil a décidé de changer le nom de la compagnie pour la rebaptiser (tout en gardant le logo), en Complexe Chimique Camerounais (CCC) qui était une marque déposée grecque[116].

Cette citation d'un commerçant blanc au Cameroun n'est ni plus ni moins qu'un cri du cœur ou alors l'aveu d'un sentiment de nostalgie de l'époque de domination de l'espace économique par les entrepreneurs occidentaux. D'ailleurs, toute proportion gardée, et dans un contexte différent, l'on est tout de même assez proche de la qualité des liens qu'on a déjà découverte durant l'ère coloniale. Ici aussi, les privilégiés ont un nom : les hommes d'affaires d'origine camerounaise. On peut donc également revenir, sans fanfaronnade cette fois, sur le slogan : Vive le Cameroun et Vive les Camerounais !

Mieux encore, la perche tendue par ce citoyen grec nous permet surtout d'aborder, au moins temporairement, la question de la présence des hommes d'affaires camerounais et l'injection des capitaux publics dans les entreprises agricoles et les industries privées. En réalité, et selon toute vraisemblance, Constantin Antoniadès semble n'avoir pas

---

[116] Antoniadès Constantin, 65 ans, homme d'affaires d'origine grecque, ancien consul honoraire de la République de Chypre au Cameroun, Yaoundé le 12 janvier 2012.

totalement tenu compte de la détermination du président Ahidjo dès le départ. En 1963, le chef de l'État rappelait, *urbi* et *orbi,* que :

S'agissant plus particulièrement de l'industrialisation et du développement agricole, il importe non seulement que le gouvernement oriente et suive les efforts individuels ou collectifs, mais également dans la mesure où l'intérêt national est en jeu, qu'il assure à l'État camerounais une participation au capital des entreprises nouvellement créées. Cette politique permet aux responsables des destinées du pays de pousser au maximum une coopération dont les avantages sont évidents, aussi bien pour les investisseurs, qui sont ainsi assurés du soutien bienveillant des pouvoirs publics dans les opérations présentant un intérêt pour le pays, que pour l'économie camerounaise qui se trouve de ce fait, parfaitement harmonisée [...] Tel le pèlerin qui sonde la rivière avec le bâton pour trouver le gué, nous cherchons pragmatiques et réalistes, la meilleure voie pour réaliser les aspirations économiques de notre patrie. Est bon ce qui contribue à l'amélioration des conditions de vie de nos concitoyens et au développement de leurs qualités morales et intellectuelles. Est mauvais, ce qui va à l'encontre de ces objectifs[117].

Personne ne peut nier au président Ahidjo son sens du pragmatisme. C'est un homme d'État qui fait généralement ce qu'il dit, du moins lorsqu'on fait référence à sa politique de responsabilisation de ses concitoyens au plan économique et administratif. Il allie ainsi développement des conditions de vie des populations de son pays et politique de camerounisation. De la sorte, on se serait attendu à ce que l'ensemble du patronat camerounais fasse siennes ces orientations du président Ahidjo, surtout que le discours auquel on fait allusion ici et dont nous avons fait mention précédemment, a été prononcé *urbi* et *orbi* lors de l'inauguration de la chambre consulaire fédérale du pays en 1963, devant tous les hommes d'affaires du Cameroun et leurs représentants. Cela signifie qu'il fallait s'y attendre ; la voie était déjà tracée pour l'implémentation d'une politique de camerounisation efficace, il ne restait plus qu'à la formaliser, et c'est ce qui fut fait.

Le monde entrepreneurial camerounais n'a alors pas d'autre choix que de coopérer avec les pouvoirs publics. Si plus haut, nous avons utilisé les termes *mutualisation* et *coalition* pour caractériser les relations entre les pouvoirs publics et les hommes d'affaires, il convient de souligner qu'à travers la citation ci-dessus, les deux entités devraient désormais, en plus de se tutoyer, se compléter de manière à ce que les entreprises privées soient capables de réserver un espace pour le capital public dans leur politique d'investissement. Ahidjo « le pèlerin » peut ainsi poursuivre sa mission sacerdotale de camerounisation pour

---

[117] *République Unie du Cameroun, Recueil des discours présidentiels (1957-1968),* p.379.

trouver le meilleur chemin du développement dans une Afrique noire encore plongée dans un océan de difficultés socio-politiques et financières en ces premières années postindépendances.

Des hommes d'affaires du « *Ngomna*[118]»

Notons pour être sur la même longueur d'onde de compréhension avec le lecteur que si durant l'ère coloniale on parlait de privilèges et d'avantages accordés par le régime impérial français aux commerçants blancs, on évoque beaucoup plus le terme d'appuis ou de mesures d'aide et d'accompagnement au sein de l'État indépendant. Il ne faut pas penser qu'il ne s'agit là que d'un simple jeu de mots, non. De manière effective, l'État camerounais postcolonial apporte des subventions conséquentes aux hommes d'affaires locaux sur le plan financier, juridique et même social de manière directe, en nature ou alors sous forme logistique.

Manifestement en proclamant la camerounisation de l'économie, Ahmadou Ahidjo énonce ce message : « *Cameroonians first*[119] » c'est-à-dire que la période de domination de l'économie de son pays par les étrangers est révolue ; le Cameroun économique appartient d'abord aux Camerounais ; le patriotisme économique est au cœur de son action politique. Les hommes d'affaires locaux sont dorénavant les premiers à « être servis » dans le monde de l'entreprise au sein de cette ancienne tutelle des Nations Unies. Pour réaliser ce rêve, Ahidjo s'appuie sur un certain nombre de collaborateurs de confiance à qui il confie la mission de créer, d'accompagner ou de transformer les petits commerçants locaux en hommes d'affaires, en industriels ou en grands magnats de l'import/export. Parmi ces collaborateurs, nous devons faire mention de l'action d'Augustin Fréderic Kodock. Jeune Docteur en Économie, il est de retour au Cameroun en 1961 après un long séjour académique en Europe et est nommé directeur du commerce extérieur à Douala une année plus tard[120]. La mission à lui confiée par le président Ahidjo est claire et sans interférence :

---

[118] « *Ngomna* » *est une* expression consacrée au Cameroun pour généralement désigner l'État, les pouvoirs publics et ses représentants.

[119] Phrase fétiche de l'ancien président américain Donald Trump qui avait pour slogan « *America First* ».

[120] J. Wouako Tchaleu, *Augustin Frédéric Kodock, l'homme politique camerounais (1933-2011)*, Paris, L'Harmattan, 2015, pp.11-12.

Promouvoir une élite d'hommes d'affaires capable de se substituer aux étrangers et de maîtriser le négoce international. Pour ce faire, il [Augustin Fréderic Kodock] procéda à la sélection d'un échantillon de négociants camerounais dont il proposa les noms au président Ahidjo. On pouvait citer entre autres : Victor Fotso, Kadji Defosso, Tidjani, Bassirou, Luc Monthé, Paul Monthé, etc. Pour soutenir son projet, Kodock proposa à Ahidjo un plan d'opération inédit. En fait, il proposa la nomination de ces hommes d'affaires par décret, ce qui provoqua la réticence d'Ahidjo. Pour lever cet obstacle, Kodock argua que la seule manière d'assurer le succès du processus de nationalisation du commerce extérieur, c'était de signer un décret. D'autant plus que les négociants étrangers exerçaient avec une surface financière que seul l'État pouvait accorder aux nationaux. Cet argument en béton battait ainsi en brèche la réticence d'Ahidjo[121].

On peut alors tenir pour acquis que, c'est la relation à l'État qui a effectivement enrichi ou au moins propulsé de nombreux négociants camerounais sur l'échiquier de l'import/export dès les premières années qui suivent l'indépendance, ce qui leur a permis de se positionner comme des acteurs accomplis dans les segments d'échange les plus importants au niveau national. Autrement dit, l'État a fabriqué des hommes d'affaires sur la base des *oukases* signés de la main du président de la République. Des entrepreneurs commerciaux étaient ainsi élevés au titre de grands clercs par nomination. La seule signature du président Ahidjo pouvait donc agir comme une baguette magique capable de procéder à de grandes transformations. On pouvait, sans coup férir, passer de simple marchand à grand importateur du jour au lendemain : c'est la magie du décret au Cameroun.

N'ayons par conséquent pas de retenue à parler ici des hommes d'affaires « *Made in State* » ou hommes d'affaires du « *Ngomna* » c'est-à-dire d'une classe économique camerounaise issue de la seule volonté du pouvoir à l'image d'autres pays africains récemment indépendants comme la Côte d'Ivoire d'Houphouët Boigny[122]. On est parti d'un lien de favoritisme et de complémentarité durant la colonisation à une filiation de subordination. L'entrepreneur est devenu fils du pouvoir. Il prend, de la sorte, certainement ses ordres chez son nouveau parent ou tout au moins les grandes orientations de son négoce. Cela a d'ailleurs permis au pouvoir d'Ahidjo de faire double coup : inventer et promouvoir une élite économique locale et dynamique, ensuite évincer ou tout au moins concurrencer de très près les entrepreneurs étrangers qui s'obstinaient à poursuivre leurs activités

[121] *Ibid.* p.28.

[122] Une bonne partie de cette thématique est abordée dans l'ouvrage collectif de : Y. A. Fauré et J-F. Médard, *État et bourgeoisie en Côte d'Ivoire*, Paris, Karthala, 1982.

dans les surfaces d'échange du jeune État, à coup d'investissements mirobolants et d'expérience reconnue[123].

« *Enrichissez-vous* ! »

C'est Ahidjo qui lança officiellement cet appel à ses compatriotes lors d'un congrès de son parti à Garoua en 1968 : « *Enrichissez-vous*[124] ! ». Comme pour dire que l'État providence du Cameroun ne s'arrête pas au niveau des premières mesures que nous venons de mettre en exergue.

Bien avant cette période, le président de la République avait tenu des discours visant à exhorter les Camerounais à s'investir de manière rapide et active dans le secteur de l'entrepreneuriat. On peut, dans ce cas précis, faire un morceau choisi sur l'appel lancé dans un meeting de l'UNC à Yaoundé en 1965. En effet, Ahidjo défend l'idée qu'en dehors de la participation active de l'État et de la mise sur pied des politiques de développement économique, « Les individus, les citoyens camerounais doivent eux aussi participer à la promotion économique, commerciale et industrielle de notre pays. L'État doit les encourager quand c'est nécessaire et possible. L'État doit aider les Camerounais qui en ont la vocation et les moyens à participer à cette promotion »[125].

Après les nominations des commerçants camerounais aux grades suprêmes d'hommes d'affaires et d'experts nouvellement « doués » dans l'import/export, le gouvernement franchissait un nouveau palier en accompagnant les importateurs locaux par une série de mesures qui concernaient généralement des opérations de financement considérables, l'allègement des impôts ou des facilités dans le

[123] On pense particulièrement ici aux entrepreneurs commerciaux grecs et libanais qui, malgré l'entrée dans l'ère des indépendances, continuent à animer les marchés urbains et périurbains au Cameroun avec de fortes parts de marché et une présence remarquable dans le secteur de l'import/export. À ce propos, on peut s'orienter sur la piste des analyses proposées par M. F. Akono Abina & N. Métaxides, « Greek and Cameroonian Trade Relations and the Origins of Cameroon's Economic Elites (1920-1980) », *International Journal of African Historical Studies*, Vol 50 (3), 2017.

[124] Cette expression a simplement été reprise par le président Ahidjo. À l'origine, elle fut prononcée par l'homme politique français François Guizot, un monarchiste constitutionnel, ancien ministre de l'intérieur et des affaires étrangères au 19e siècle dans son pays. Il adressa cet appel à l'enrichissement à la classe bourgeoise française dans le but de la booster et de l'amener à prendre ses responsabilités dans un environnement dominé par le capitalisme.

[125] *République Unie du Cameroun, Recueil des discours présidentiels (1957-1968)*, p.512.

dédouanement de certaines marchandises, exactement comme le décrivait le commerçant grec cité plus haut. Laissons le soin à Augustin Frédéric Kodock de poursuivre son témoignage sous la plume de J. Wouako Tchaleu :

Il y avait ce qu'on appelait le CTRE (Comité Technique de Répartition). C'était un comité pour répartir les devises à l'importation. Ce comité était dirigé par le directeur des affaires économiques. Mais dans la salle, il n'y avait aucun Camerounais. Quand je présidais le comité, il y avait des Libanais, des Grecs, des Hollandais. Il n'y avait aucun Camerounais. Cette situation ne me paraissait pas normale. Nous avons donc essayé de faire un effort pour savoir si dans la communauté d'hommes d'affaires, il ne pouvait pas y avoir des gens pour s'exercer dans l'import/export. Il y avait des gens qui étaient riches, qui avaient des moyens. Ce qu'il fallait, c'est qu'ils soient encadrés pour devenir importateurs. Nous avons donc saisi le président de la République par lettre, pour lui dire qu'à l'heure actuelle, aucun Camerounais n'est ni importateur, ni exportateur. Et le Cameroun est indépendant depuis un bon moment, nous n'allons pas attendre longtemps. Il fallait que les Camerounais soient aussi importateurs. C'était à l'époque une proposition osée[126].

Le même Augustin Frédéric Kodock nous apprend davantage en donnant des détails encore plus précis sur cette relation de même que sur les attentes, le soutien matériel et les dotations financières versées aux hommes d'affaires de son pays. Il ajoute ainsi que :

Nous avons sélectionné un certain nombre de Camerounais de tous les côtés. Il y avait les ressortissants du Nord et de l'Extrême-Nord, des ressortissants du Centre, des ressortissants de l'Ouest qui étaient à Douala. Et cela a fait un bon petit paquet de 15 ou 16 bonhommes qui ont été officiellement accrédités pour bénéficier de la répartition, parce que là on vous donnait des devises pour que vous importiez des marchandises. Par la suite, ayant des dotations de devises, on vous donnait l'entrepôt fictif comme un moyen pour vous permettre d'écouler vos marchandises et de payer les recettes douanières après. On comprend pourquoi c'est le gouvernement qui a fabriqué les hommes d'affaires. Il faut qu'on soit conscient de cela[127].

Est-ce cela le patriotisme économique ? Peut-être bien que oui. L'administration camerounaise semblait néanmoins prête à tout pour créer ou tout au moins promouvoir l'éclosion d'une dynamique et dominante élite économique nationale. Nous sommes là dans une approche plus dirigiste que partenariale dans les relations entre l'État et le patron, visant à inventer un nouveau monde de l'entreprise privée et une nouvelle disposition de l'écosystème commercial dans le pays. C'est alors qu'on pourrait même, au vu des propos ci-dessus, dire que le pouvoir de Yaoundé était engagé à « pousser du bout des bras » l'élite

---

[126] Wouako Tchaleu, *Augustin Frédéric Kodock...*, p.28.
[127] *Ibid.* p.29.

économique locale pour la rendre plus fonctionnelle, plus conquérante et davantage compétitive. On aurait dit un nouveau-né à qui l'on compte tout offrir pour lui permettre d'atteindre une croissance raisonnable et de profiter d'une saine éducation. Cela a au moins eu l'avantage de colorer le secteur de l'économie et plus exactement de l'import/export du Cameroun d'entrepreneurs locaux : le Cameroun aux Camerounais, le marché aux marchands locaux, enfin l'indépendance commerciale promise par Ahidjo, en théorie en tout cas.

La fabrique des Rockefeller

À présent, focalisons-nous sur les chiffres. Ils s'élèvent à plusieurs centaines de millions de francs CFA et confirment du même coup la thèse selon laquelle c'est l'État du Cameroun qui a imaginé, construit, orienté et donné vie aux opérateurs économiques camerounais à travers des subventions à répétition avec les fonds publics dont les plus petites dotations s'élèvent à 60 millions de francs CFA dans les années 1960.

> *Pendant la première livraison, Kadji a reçu pratiquement 200 millions de devises, Monthé Paul a reçu 250 millions de devises, Monthé Luc a reçu quelque chose comme 200 millions. C'est des chiffres que je [Kodock] ne peux pas oublier. Il y avait le propriétaire de l'Aurore [hôtel-restaurant] qui a reçu aussi une dotation de 60 millions. Il y avait d'autres, Bachirou, Nassirou, Tidjani, des ressortissants du Nord, chacun a eu une dotation de 150 millions [...] Je voudrais que le peuple camerounais sache que c'est le gouvernement qui a fabriqué ces hommes d'affaires. Il ne faut pas que quelqu'un dise qu'il s'est fabriqué lui-même, c'est une erreur*[128].

Cela fait de l'État camerounais le principal bailleur de fonds des activités économiques de plusieurs entrepreneurs exerçant dans le pays, donnant directement l'impression que ce n'est qu'au prix d'un secours financier des pouvoirs publics que les hommes d'affaires camerounais ont pu gagner une envergure commerciale. Il s'agit d'un État qui se pose en artisan de la prégnance d'une élite économique camerounaise, minimisant du même coup l'idée d'une armée de *self-made men* qui aurait jailli pour s'imposer d'eux-mêmes dans le secteur de l'import/export. Essayons de pousser la pensée plus loin : l'objectif ultime du pouvoir de Yaoundé et de son chef était certainement, comme on l'a dit, de créer un univers entrepreneurial dominé par les Camerounais. Certes, Ahidjo fait valoir par cet acte l'expression de la souveraineté interne de l'État dont il a la charge, mais là où nous ne sommes pas totalement d'accord avec Frédéric Kodock, c'est lorsque

[128] *Ibid.*

celui-ci utilise les termes « fabrication des hommes d'affaires ». Doit-on parler de fabrication ou de promotion ?

Nous pensons qu'il s'agit concomitamment d'une volonté de façonner, de coopter, d'assister et de parrainer. Si l'État camerounais n'a pas créé les commerçants, on doit admettre qu'il leur a permis, à coup de financements mirifiques, de franchir au moins l'obstacle qui existe entre le sous-entrepreneur et l'entrepreneur pour franchir le palier supérieur qui mène directement vers la galaxie des hommes d'affaires capables de s'imposer dans le macrocosme économique de leur pays à l'image de l'industriel et milliardaire américain John Davison Rockefeller au 20e siècle. En gros, c'est le pouvoir de Yaoundé qui les a accompagnés vers les faîtes du marché en leur offrant une surface financière considérable, des couvertures bancaires, l'octroi des licences d'exploitation commerciale et des permis de vente importants, le monopole de certains segments économiques, des exonérations fiscales, l'ouverture et l'introduction dans les marchés captifs avec des parts préférentielles des marchés. D'ailleurs, c'est Augustin Frédéric Kodock qui apporte lui-même une réponse définitive à ce débat lorsqu'il conclut qu': « On faisait une petite enquête au niveau de la fortune, au niveau des moyens, de l'expérience, et on sortait des noms. Parmi eux, il y avait de braves gens qui avaient une certaine expérience[129] ».

Nous sommes là au cœur d'une relation hégémonique avec l'État qui occupe la place prépondérante, suivi de la classe d'hommes d'affaires qui bénéficient de l'assistance financière et de la mansuétude des pouvoirs publics camerounais. Cette remarque nous amène à utiliser une image : l'État camerounais avait tendu la perche aux commerçants camerounais, et au sein des cercles locaux du négoce, il y en a qui ont saisi ce pieu avec une main, et d'autres avec tous les membres du corps, par conséquent, ces commerçants ont, comme on va le voir, connu des fortunes diverses. Par exemple, certains hommes d'affaires sans grande expérience du marché et visiblement encore éblouis par les lumières issues de la magnanimité financière de l'État de leur pays n'avaient pas pensé mieux que d'aller :

Trouver la Hollando pour importer les marchandises. Ils n'arrivaient pas à importer eux-mêmes. Ils prenaient les dotations qu'on leur donnait pour aller les remettre à une maison de commerce, soit la Hollando, soit la Paterson & Zochonis, alors que nous les fabriquions pour qu'ils deviennent des importateurs. Il y a quand même eu des exceptions qui ont confirmé qu'on n'avait pas tort. Ce sont les Kadji, les Monthé Luc. Ce sont des exceptions. L'année suivante [1963], d'autres hommes

[129] *Ibid.*

d'affaires camerounais furent sélectionnés pour recevoir des dotations en devise, notamment, Fotso et d'autres. Il y avait Tchuisse Mathieu. En tout cas, l'échantillon des hommes d'affaires camerounais accrédités sur le plan international était là[130].

Il se dégage certainement un sentiment d'élégance politique quand on se targue d'avoir conçu une machine à fabriquer les hommes d'affaires appelée *Camerounisation.* Mais, il serait encore mieux de s'assurer que les produits issus de cette fabrication satisfont la société. Ces hommes d'affaires engendrés à coup de millions de francs et de décrets ont-ils pris la pleine mesure des enjeux et des missions qui leur ont, dans le cas d'espèce, préalablement été signifiées ? Il s'agit là de l'un des grands problèmes des *businessmen* fabriqués sur un coup de tête par le pouvoir politique avec l'argent du contribuable. Hier comme aujourd'hui au Cameroun, nombreux sont ces d'hommes d'affaires qui, se comportant comme des élus heureux du gouvernement, estiment que pour n'avoir pas suffisamment/presque pas fait des efforts pour obtenir des subsides de leur État, ils peuvent tout se permettre, se créer des hommes de main, se soustraire aux autres, utiliser ces dotations à des fins personnelles, bref fuir leurs responsabilités citoyennes et demeurer dans les « petites grâces » de cet État parfois plus maternel que stratégique en ce qui concerne son organisation économique et sa stratégie de construction d'un marché compétitif.

Jusqu'ici néanmoins, et après une fine observation, on note que la quasi-totalité des noms énumérés par Augustin Frédéric Kodock est issue des régions de l'Ouest, du Nord et de l'Extrême-Nord du pays c'est-à-dire du Cameroun oriental, la partie francophone. La question relative à l'absence des entrepreneurs économiques originaires de la partie anglophone du pays (ancien *Southern Cameroon*), devenue indépendante le 1er octobre 1961 et intégrée à l'État fédéral, se pose avec acuité et se posera encore dans les parties suivantes.

L'État de cœur

Il apparaît nettement que le gouvernement Ahidjo avait décidé de subventionner ces grands commerçants non pas à une reprise, mais plutôt en plusieurs séries. Les citations précédentes sont de bons exemples permettant de distinguer une nouvelle phase de gratification de fonds en 1963, après la phase de 1962, laissant du même coup l'idée des dotations annuellement versées.

---

130 *Ibid.* p.30.

Dès lors, arrêtons-nous un moment pour tenter de savoir quelle peut être la valeur actuelle des devises généreusement versées à ces hommes d'affaires « *Made in State* » camerounais. En fait, toute proportion gardée, ces centaines de millions des années 1960 ont aujourd'hui au moins la valeur d'un milliard de francs CFA. Et quand on se rend compte que ces allocations en devises ont été versées à plusieurs reprises[131], nul doute que l'État du Cameroun avait décidé de faire de ses commerçants, des négociants multimilliardaires grâce aux fonds publics. Cela fera d'ailleurs office d'une longue culture « d'assistance étatique » que nous allons également examiner ultérieurement.

Pour autant, y a-t-il des noms ? Bien entendu. Le tableau suivant en présente quelques-uns qui symbolisent l'offensive des hommes d'affaires domestiques.

Tableau n°12 : Principaux opérateurs camerounais investissant dans les sociétés étrangères (capitaux en millions de franc CFA)

Noms	**Affaires**	**Capitaux**	**Origine des capitaux-mères**	
Paul Soppo Priso	. SICO . CHOCOCAM .CAMVOYAGE	300 150 27,16	Cacao Bazy Cacao Bazy	/
Paul Monthé	SOCCA SOCAMEX PECAM	50 10 17	SCOA, CFAO, SHO, CEAC, Alfred Miot et Camerounais	Capitaux grecs de Tomazos, Cambanis Remoundos
Louis Wambo	SECAPE	49,4	EMC : entreprise minière et chimique du groupe Onia Pecheney Progil	Vente des engrais
Auguste Njoléa	COCAM	100	Ronéo-Holding et Compagnie	Bois déroulé et contre-plaqué
Rodolph Toko Sandji	GPA	40	Import Produits pharmaceutiques et mobilier	/
Arouna Njoya	SGBC	300	Français, Américains, Allemands, Suisses et Italiens	Banque
Samuel Kouam	PECAM	17	Alfred Miot	Pêche Marine

Source : Kom, *Le Cameroun. Essai d'analyse…*, p. 270.

131 *Ibid.*

Tableau n°13 : Sociétés entièrement ou partiellement contrôlées par les opérateurs nationaux (capitaux en millions de franc CFA)

A- Les investissements productifs ou liés à la production			
Établissements	Années de fondation	Capital	Principaux actionnaires
SACC (Société Artisanale Camerounaise de Chaussures	1965	26,2	Hassan Tanko Paul Monthé Michel Yebtchoué
Les carrières camerounaises	1964	22,5	Paul Ambassa Dikoum
SICAB (société spécialisée dans le bâtiment)	1963	22,5	Pierre Demen, Nana André, Gouater Issola, Joseph Nguembou (avec JP. Morin)
SOCECO (Société Camerounaise d'Études et de Construction)	1962	12	Mathieu Tchuisse
SOCODAM (Société de Fabrication et de Transport des Boissons	1966	20	Samuel Kouam
B- Investissements improductifs et spéculatifs			
CSA (société Commerciale)	1962	30	Daniel Djuimo Kadji Defosso Jean Wouamko Abraham Youmbi
SOCONORD (Société Commerciale du Nord)	1962	8,1	Paul Monthé M.Tidjani Bouba Bamé M. Nascourou
GIDET (Groupement International pour le Développement Économique et Technique	1967	13,5	Pierre Ngayewang Thomas Nembot Joseph Kamba (chef Bandjoun)

Source : Kom, *Le Cameroun. Essai d'analyse...*, p.270.

Des noms et des chiffres sont donc cités durant la décennie 1960 selon les tableaux n°12 et n°13 empruntés à Ambroise Kom. En fait, ces données montrent que la politique d'Ahidjo portait bien ses fruits. On remarque tout de même qu'il ne s'agit encore que d'une élite économique semi-autonome, ne pouvant réellement évoluer que dans le cadre d'un partenariat avec les forces économiques étrangères. Un important travail restait alors à faire. Des mutations importantes allaient être opérées grâce à un coup de pouce inattendu de la nature.

Le pétrole coule, les affaires marchent !

La générosité de l'État que nous venons d'évoquer n'est pas tout à fait fortuite. Entre 1960 et 1986, le Cameroun connaît un développement économique inédit avec ce que l'économiste camerounais Touna Mama appelle « une longue période de croissance strictement positive[132] » symbolisée par un taux de croissance annuel qui tourne autour de 7,5%[133]. Ce taux est le fruit du développement du secteur agricole, mais surtout de l'exploitation du pétrole que le pays vient de lancer, et dont le produit est recueilli dans un compte hors budget mis en place pour éviter les effets d'un budget incontrôlé[134]. La production pétrolière du Cameroun passe de 6,6 millions de barils en 1978/1979 à 55,9 millions de barils en 1988/1989[135]. Les réserves de baril sont quant à elles estimées à 400 millions en 1981[136].

Le faste que suscite la production pétrolière est entretenu par les revenus qui en découlent. Ainsi, l'État et son chef n'hésitent pas à subventionner les entreprises publiques, parapubliques et l'entrepreneuriat privé à coup de millions. D'Ahidjo à Biya, l'on a

---

132 Touna Mama, *L'économie camerounaise...*, p.15.

133 Découvrez l'essentiel de ces chiffres sur la croissance du Cameroun en lisant : Aerts & al., *L'économie camerounaise…* ou J. Aerts & al., *L'économie camerounaise. Une décennie d'industrialisation.* Première édition, Paris, Ediafric, 1985.

134 En effet, l'histoire du pétrole au Cameroun est liée à la colonisation. Son exploration est lancée dès 1904 c'est-à-dire dès l'époque des Allemands. Les Français s'y intéressent de plus près à partir de 1946. Mais, ce n'est que dans les années 1970 que l'exploitation et la vente du pétrole camerounais sur le marché mondial deviennent une réalité, singulièrement à partir des gisements du bassin de Rio Del Rey, du bassin de Douala- Kribi, de Limbé ou de Bakassi. À ce sujet, il est conseillé de s'appuyer, pour plus de détails, sur : W. Pokam Kamdem, « Devenir pétrolier et le rester. Une histoire de la quête d'hydrocarbure au Cameroun (1904-2000) », *JGHES, n°9,* janvier 2022, pp.61-80.

135 M. Nkutchet, *L'énergie au Cameroun*, Paris, L'Harmattan, 2004, p.387.

136 Pokam Kamdem, « Devenir pétrolier…, p.75.

toujours su, officiellement au moins, réserver des parts symboliques pour les hommes d'affaires, surtout lorsque les retombées de la croissance de l'économie nationale le permettent. On retient donc que :

Elles sont nombreuses, ces entreprises qui ont profité de l'embellie financière issue des fonds pétroliers pour obtenir de l'argent en espèces et en centaines de millions de franc CFA du gouvernement et fructifier leurs affaires. En ma qualité d'ancien haut fonctionnaire au ministère de l'économie, je ne vous dirais pas qu'il s'agissait des entreprises, mais plutôt des hommes, c'est-à-dire des individus et surtout des commerçants que nous voyons encore se comporter comme des inventeurs de leur propre richesse au Cameroun aujourd'hui. Ce qui me désole personnellement, c'est l'ingratitude de ces hommes d'affaires, qui, à l'époque d'Ahidjo ou même depuis que le président Paul Biya est là, ont toujours bénéficié de la moindre opportunité créée par l'économie camerounaise, et qui se comportent malheureusement comme de supers hommes d'affaires ou des self-made men extraordinaires. Ils faisaient la queue devant les paieries des ministères clés pour obtenir un peu de cet argent. Je vous dirais d'ailleurs que, que ce soit avec la manne pétrolière, l'atteinte du point d'achèvement ou des crédits contractés par notre pays, les pouvoirs publics réservent toujours une part pour les hommes d'affaires et surtout pour les grands commerçants que nous connaissons tous dans ce pays. L'argent du pétrole a profité à plusieurs d'entre eux ; ils sont devenus exportateurs ou industriels grâce à une bonne partie de l'argent du pétrole des Camerounais, mais ils ne vous l'avoueront jamais. Avec la dévaluation du CFA, nous avons travaillé, mes collègues et moi, jour et nuit au ministère de l'Économie et des Finances, pour trouver des voies et des moyens visant à soutenir financièrement nos hommes d'affaires qui juraient pourtant faire de notre pays une nation industrialisée avant l'an 2000. Nous voici plus de 20 ans après! [137].

Rappelons, au demeurant, que l'objectif ici n'est pas tant de présenter les succès, les choix politiques ou personnels d'Ahidjo[138], il est préférablement question de les apprécier et de les analyser à l'aune de la relation qui prévaut entre le pouvoir politique et l'élite économique promue par l'administration camerounaise dès l'entame des décennies de l'indépendance. C'est pour cette raison qu'il a été possible, au cours de ce chapitre, de constater que l'un des aspects saillants de la politique de camerounisation visait la promotion et la fabrication des hommes d'affaires originaires du Cameroun. Mais, cette élite devient très vite dépendante des moyens d'accompagnement concédés par les pouvoirs publics à travers les

---

[137] Ze Assoumou Assembe Robert, 85 ans, ancien haut cadre au ministère de l'économie et des finances et au ministère de la planification et de l'aménagement du territoire entre 1975 et 2010, Yaoundé le 19 mars 2022.

[138] On peut, pour plus d'analyses sur ce sujet, se pencher sur les écrits ci-après : B. Chenot, *Les entreprises nationalisées,* Paris, PUF, 1983 et B. Chenot, *Organisation économique de l'État,* Paris, Dalloz, 1951.

financements, les permis de vente, la construction d'un patrimoine, ou les exemptions fiscales. On voit alors un État déterminé, poussé par le rêve de mettre le Camerounais au centre de ses préoccupations économiques et commerciales, du moins dès l'entame des années 1960, car avec l'instauration du parti unique dès 1966, la relation État/homme d'affaires connait également une évolution.

Les affaires à l'heure du parti unique

Traçons une ligne de départ à partir de laquelle nous partons du postulat que le régime de parti unique mis sur pied par le président Ahidjo obéit à un régime de type administratif-hégémonique qui se distingue des régimes des partis uniques mobilisateurs[139], jugés proches du populisme ou des afro-marxistes africains comme celui du Tanzanien Julius Nyerere, de Sékou Touré de la Guinée ou de l'Algérien Boumediene[140]. Le système mis en place par Ahidjo s'inscrit dans l'ordre du parti unique de type plébiscitaire, plus enclin à encourager la participation de toutes les forces vives du pays, mais en projetant les énergies, les réalisations et les résultats sur la seule personne du chef c'est-à-dire du président de la République, à la différence du régime de parti unique qui laisse apparaître une certaine compétition à l'intérieur du parti et donc l'existence d'un certain type de tendances[141]. Comme annoncé plus haut, l'essentiel du discours du système politique d'Ahidjo est adossé sur deux piliers : l'unité nationale et le développement du peuple camerounais.

De la sorte, on ne saurait dissocier l'émergence du parti unique camerounais à l'évolution des rapports entre le pouvoir de Yaoundé et le monde de l'entreprise à partir du 1er septembre 1966, date de sa création. Depuis l'indépendance, plusieurs mesures prises par l'État du Cameroun visant à gratifier le paysage économique d'une élite locale représentative et dynamique ont été prises. Nous avons déjà vu le rôle central du chef de l'État et des acteurs économiques les plus en vue dans ce domaine, à présent, penchons-nous sur la vision économique de l'UNC, le parti unique, notamment dans son volet économique.

---

[139] M. Bratton & N. Van De Walle, *Democratic in Africa*, Cambridge University Press, 1997, pp.78-81.

[140] *Ibid.*

[141] Lire par exemple : G. Mamoudou, *Introduction à la politique africaine*, Montréal, Presses de l'Université de Montréal, 2010.

Aussi, débutons-nous cette partie par la lecture d'un extrait des écrits du Conseil national de l'UNC qui fait mention de : « L'attachement du parti à l'option fondamentale du libéralisme planifié, grâce à laquelle se conjuguent l'effort public et l'initiative privée pour un développement harmonieux de la nation[142]».

Complétons cette vision du parti par ce texte qui présente de manière plus circonstanciée quelques grandes lignes du programme économique du premier président camerounais, président de l'UNC, prononcé lors d'une de ses multiples prestations de serment en l'occurrence celle du 6 mai 1975 :

> *Le développement autocentré exprime notre ambition de construire le Cameroun par les Camerounais et pour les Camerounais. Ce serait une erreur grave de voir le moindre chauvinisme dans cette ambition ni la moindre volonté d'autarcie. La coopération est une nécessité de notre temps, en particulier pour les pays du tiers monde [...] C'est dire que, dans notre esprit, le développement autocentré ne saurait signifier une attitude négative en face de l'investissement étranger. Il va sans dire que celui-ci, conformément à notre politique de libéralisme planifié continuera à être encouragé tout en veillant à ce qu'il se conforme à nos intérêts et respecte notre souveraineté. L'ambition du développement autocentré traduit simplement de notre part une conviction et un souci. D'abord un souci : celui de faire de l'homme camerounais la pièce maîtresse de la bataille contre le sous-développement, le moteur de son propre progrès. Le succès de notre entreprise de développement en dépend sans aucun doute. Aussi, ne négligeons-nous aucun effort pour promouvoir nos compatriotes, par l'éducation et la culture, des hommes sains intellectuellement et physiquement, et des hommes compétents et résolus à contribuer efficacement au progrès*[143].

En effet, l'UNC perçoit l'économie sous le même prisme que son leader, Ahmadou Ahidjo. D'ailleurs, il n'est un secret pour personne qu'au Cameroun, le nom Ahidjo rime parfaitement avec celui de l'UNC, sa principale machine politique dont il préside aux destinées depuis sa création. Cela revient simplement à dire qu'avec l'instauration du parti unique qui a phagocyté toutes les autres formations politiques présentes jusqu'ici dans le pays, tout le monde doit penser comme Ahidjo ou tout au moins partager la pensée politique du président de la République. Ce n'est pas tout : partager les idées politiques d'Ahidjo, un homme aux pleins pouvoirs, signifie en même temps adhérer à son idéal économique et à ses attentes sur le marché autant qu'au respect de la structuration de son appareil administratif, tant il est clair que les textes et les statuts qui régissent le

[142] ANY, ACAP, bulletin quotidien d'information, novembre 1967.

[143] Recueils des discours et allocutions du président Ahmadou Ahidjo.

fonctionnement de son parti lui confèrent toutes les prérogatives, il est doté d'un pouvoir *sui generis*.

Comme nous l'avons relevé, la mesure phare qui vise à imposer les hommes d'affaires nationaux comme des acteurs déterminants de la vie économique de leur pays se nomme la camerounisation ; tout le monde doit manœuvrer pour qu'elle se réalise. Cette place fondamentale est favorisée par l'accélération des politiques interventionnistes de l'État camerounais et par ses plus grands représentants. Le rôle de pivot que joue bientôt l'ensemble des institutions politiques et administratives de l'État et de ses représentants rend encore plus intime la relation entre les hommes de pouvoir et les patrons du marché. Aucun homme d'affaires, fut-il blanc ou noir, n'ignore le gain qu'il pourrait engranger ou alors le manque à gagner qu'il subirait s'il s'éloignait des hommes de pouvoir. De leur côté, les hommes politiques et les patrons de l'administration publique sont pleinement conscients des avantages pécuniaires et matériels que conférerait une si juteuse relation. Il ne s'agit pas seulement de camerouniser au niveau des institutions centrales, le discours politique sur la camerounisation concerne également le gouverneur de province, le préfet, le sous-préfet autant que le responsable régional ou local de l'UNC[144].

Bien plus, la mise sur pied d'un système de parti unique appelle à l'unicité des rapports déjà très particuliers entre l'administration et les entrepreneurs économiques. Dès le milieu des années 1960, l'intimité dans les relations entre ces deux entités est consommée au Cameroun d'Ahidjo. Les parrainages et les mentorats donnent une orientation à cette relation unique. Au regard de la capacité des hommes d'affaires à se tisser des liens avec plusieurs pontes du pouvoir et des barons politiques du régime de Yaoundé, notre hypothèse est la suivante : du fait de la structure sociale et économique du pays fortement tribalisée, du fait de l'interdépendance des intérêts politiques et économiques et du fait de la mutation permanente du contexte international, les liens entre les politiques issus de l'UNC et hommes d'affaires dépassent largement le cadre des relations entre les entités de l'État. Ces rapports produisent d'autre part, une catégorie de Camerounais appelée les intermédiaires, les négociants des marchés ou les facilitateurs de contact, formant une sorte de « mariage à trois » entre les hommes de pouvoir, les forces économiques et les hommes du milieu qui ne

---

[144] Bayart, *L'État au Cameroun...*, pp.273-274. Voir aussi : A. Ahidjo, *Nation et développement*, Paris, Présence Africaine, 1969.

rechignent pas à revendiquer leurs parts d'intérêts, car il s'agit bel et bien d'une relation d'intérêts dans la majeure partie des cas.

Nous touchons ici à ce qui constitue le sens réel des rapports entre le prince et le patron, l'homme politique et l'entrepreneur au Cameroun, mais également aux élites dirigeantes et aux canaux d'accumulation économique, car, plusieurs hommes politiques qui acclament jovialement les mesures de camerounisation édictées par l'homme fort de l'UNC, sont souvent aussi les principaux plénipotentiaires de la vie économique du pays. C'est ainsi que de nombreux hommes d'affaires avaient siégé au comité central de l'UNC dès 1975 à l'instar des commerçants bamiléké André Sohaing et Claude Djuimo ou encore le grand commerçant éton Jean Bernard Ndongo Essomba[145].

Par-delà cette réalité, il est important de souligner que le fait de confier aux administrateurs et aux politiques le soin d'accorder des dotations ou des devises aux commerçants, les met dans une position de pouvoir. Au Cameroun, celle-ci appelle automatiquement un besoin d'enrichissement et donc des pratiques de corruption, d'extorsion, d'achat de conscience ou, pour faire simple, de clientélisme d'État. Il n'est, par conséquent, pas inhabituel que de nombreux fonctionnaires et hommes politiques soient accusés de s'être enrichis sur le « dos de la camerounisation », du fait de leur position de pouvoir. Certes, cela n'est pas encore systématique en cette décennie des années 1970, mais il s'agit bel et bien des pratiques réelles, de plus en plus vulgarisées[146].

Seulement, il faut garder à l'esprit que toutes les positions de pouvoir n'ont pas une valeur égale, surtout quand il s'agit d'argent. Le petit fonctionnaire animateur de la bureaucratie compradore, n'a pas les mêmes exigences que le grand décideur ou l'homme politique qui, avec ses méthodes plus policées, regarde ce monde avec des yeux d'intérêts différents. De la sorte, le poids de cette administration qui n'échappe pas à l'influence de l'UNC dans le monde économique du pays est résumé ainsi qu'il suit :

> *L'administration forme également le premier appareil économique spécifiquement camerounais. Elle gère la participation financière de l'État au capital industriel et commercial, par l'intermédiaire de la Banque camerounaise de développement (BCD) et de la Société nationale d'investissement (SNI). Au plan national comme au plan local, elle est la principale interlocutrice des entreprises, et notamment des entreprises étrangères : dans une économie largement dominée par*

[145] Ndzana Ottou Clémenceau, 85 ans, ancien commerçant et ancien secrétaire départemental de l'UNC dans la Lékié, Yaoundé le 12 septembre 2021.

[146] Nous y reviendrons dans les parties et chapitres suivants.

des intérêts non nationaux, ce fait révèle sa prééminence en même temps qu'il la renforce [...] Politiquement, les services centraux de Yaoundé ont pris la tête du « nationalisme économique» camerounais, de la renégociation des liens avec la France, et de la résistance quotidienne aux milieux d'affaires étrangers, obligeant fréquemment ceux-ci à solliciter l'intervention du président de la République[147].

Cette analyse est pertinente. Selon nous, elle résume assez clairement les attentes et les fonctions de l'administration Ahidjo dans l'atteinte de son idéal économique. Le maître du jeu politique et économique du Cameroun des années 1960 et 1970 avait visiblement tout prévu. En plus de l'UNC qui lui sert d'instrument de domination politique, Ahidjo a façonné son administration pour la mettre au service de ses ambitions, exactement comme l'on fait les colons quelques années auparavant. Pour le cas qui nous concerne, on note que les services centraux administratifs sont chargés de superviser les relations entre le gouvernement et les investisseurs nationaux comme étrangers, ce qui les place en pole position dans le jeu des rapports entre le monde de l'entreprise et l'administration à travers la valorisation de ce qu'on a appelé le nationalisme économique.

En concentrant notre réflexion sur l'influence que le parti unique joue dans les rapports entre le pouvoir politique et le secteur de l'entreprise, l'idée n'était pas d'abord d'étudier ses mécanismes de fonctionnement et d'organisation, Bayart s'y est consacré assez profondément pour que nous puissions s'y appesantir outre mesure[148]. Le dessein était de souligner à grands traits le fait que le président Ahidjo, comme son successeur d'ailleurs, n'utilise ce que les politologues appellent le « parti au pouvoir » très souvent que comme un levier dans leur système de gouvernance. Autant ce levier s'active à l'image d'un animal politique en temps d'élection, autant il s'éteint ou entre dans une quasi hibernation insolite une fois passées les périodes de vote. Mais avec Ahidjo, le parti unique s'invite souvent dans les discussions économiques, ce qui lui confère une certaine importance, ne serait-ce que sur la forme et dans les discours officiels.

---

[147] Bayart, *L'État au Cameroun...*, pp. 273-275.
[148] *Ibid.*

CHAPITRE 5 :
La cavalcade des plénipotentiaires et l'éthos commercial

L'élargissement des frontières du monde des hommes d'affaires camerounais est devenu une réalité en grande partie grâce aux ressources accordées et aux mesures d'exception adoptées par le pouvoir politique. On a vu antérieurement que nous avons affaire à un État providence et maternel qui tient coûte que coûte à créer et à surélever une classe d'opérateurs économiques encore chancelante, fragile et donc peu visible après le départ des envahisseurs blancs. Surtout, il s'agit d'une relation économique entre l'État et les hommes d'affaires camerounais les plus dynamiques sur le marché. Cette situation permet d'apporter des caractéristiques sur les types d'entrepreneurs présents dans le pays.

Les négociants de race

Bien que cela puisse paraître quelque peu arbitraire, - parce que c'est certain, il y a beaucoup de débats sur ce sujet -, nous sommes allés sur le principe que la première catégorie importante d'hommes d'affaires camerounais est composée des commerçants d'origine bamiléké et des négociants nordistes (encore que ce qui focalise d'abord l'attention ici reste la qualité des rapports entretenus avec la classe politique au pouvoir). Ils sont au frontispice de l'entrepreneuriat économique dans le pays bien avant l'arrivée des colons[149]. Ils en ont ainsi profité pour peaufiner leur système d'échange en nouant de solides liens de proximité avec la puissance administrative et étatique camerounaise et donc avec les hommes politiques dès la prononciation des premières phrases consacrant la camerounisation de l'économie du pays. Négociants doués et reconnus, les Bamiléké et les marchands *haoussa*[150] comptabilisent au moins deux siècles de dynamisme sur les marchés au Cameroun et dans les contrées voisines.

---

149 ANY, APA, Rapport annuel, Nord-Cameroun, 1952 ; ANY, APA, 11744, Ouest, Bafang, rapport annuel, 1949 et ANY, APA, 11746, Bangangté, rapports annuels 1947, 1949 et 1951 ou encore J.C. Barbier & al., *Migrations et développement. La région du Moungo au Cameroun,* Paris, ORSTOM, 1983 ; J-L. Dongmo, *Le dynamisme bamiléké (Cameroun)*, Vol.2, Yaoundé, CEPER, 1981.

150 Terme générique qui a souvent désigné l'ensemble des commerçants et opérateurs économiques camerounais originaires de la région musulmane du Nord du pays, constituée de trois circonscriptions administratives à savoir : l'Adamaoua, le Nord et l'Extrême-Nord.

Leur ancienneté dans les circuits du négoce transcende l'État post colonial. Leur historique sens des affaires derrière lequel se dissimulent souvent un savoir-vivre et une rigueur dans la pratique des échanges auxquels se mêle un esprit d'épargne prononcé, ne laisse aucun homme politique ou aucun administrateur sans commentaire. Samuel Eboua, un dignitaire du régime d'Ahidjo écrit ceci à leur égard :

> *Durant le règne d'Ahidjo, les ressortissants de deux régions dominent l'économie nationale : il s'agit des ressortissants de l'Ouest, les Bamiléké, et ceux du Nord, notamment les Peuhls et les Haoussas. Ce n'est nullement parce qu'ils étaient tous favorisés, comme certains le pensent. Mais uniquement parce qu'ils sont industrieux, économes, persévérants et ont le sens des affaires. Les Bamiléké jusqu'à ces derniers temps, préféraient économiser que de mener une grande vie. Endurant et travailleur, il peut mettre de côté des sommes considérables que son aspect extérieur est loin de trahir, et initier d'importantes affaires que personne n'aurait soupçonnées. Et comme on ne prête qu'aux riches, les facilités des banques leur seront acquises. Il en sera de même pour quelques nordistes*[151].

Les premiers cités sur la liste des commerçants de race ou des marchands *VIP*[152] font du négoce une vocation et une raison d'être socio-économique. Ils se nomadisent au gré de l'horizon commercial qui se dessine devant eux[153]. En plus de leur biotope originel, ils ont fait du Moungo et de la ville de Douala leur habitat commercial de prédilection[154]. La distance n'est jamais vraiment un obstacle dans l'esprit du marchand bamiléké. Négociant autodidacte et entreprenant, le Bamiléké donne la preuve d'une virilité remarquable dans la création et la gestion d'un comptoir, d'une échoppe ou d'un magasin de commerce[155]. Il peut ainsi jouer le rôle d'agriculteur, de détaillant, de

---

[151] S. Eboua, *D'Ahidjo à Biya*, Paris, L'Harmattan, 1996, pp.195-196.

[152] En anglais, ce mot signifie *Very Important Personnality* c'est-à-dire des personnalités de premier plan qui occupent une place très importante au sein d'un groupe ou d'une société.

[153] Se pencher sur les deux tomes de : Dongmo, *Le dynamisme bamiléké...*

[154] Se rapporter à J.C. Barbier & al., *Migrations et développement. La région du Moungo au Cameroun,* Paris, ORSTOM, 1983.

[155] En fait, plusieurs commerçants originaires de l'Ouest du pays ont contribué à écrire les plus belles pages économiques du Cameroun. Très nombreux et particulièrement entreprenants depuis au moins la fin de la Seconde Guerre mondiale, la première grande génération d'opérateurs économiques bamiléké ont connu la vie du marché dès leur plus jeune âge. Fotso Victor (dont nous parlerons par la suite) a évolué très tôt aux côtés des Français et des Grecs. Samuel Kouam originaire du département actuel des Hauts Plateaux compte parmi cette génération dorée des commerçants bamiléké grâce notamment à sa société la Serrurerie du Cameroun (SERRUCAM). On peut aussi citer Timothée Yimo, industriel, entrepreneur dans le secteur de la boulangerie et propriétaire de vastes plantations de café et de banane dans le Moungo autrefois

vendeurs ou de revendeurs sans une once d'hésitation et sans un zeste de complexe[156]. Les rapports entre les entrepreneurs bamiléké (auxquels il faut parfois associer les originaires du Cameroun anglophone dans certains cas) et l'administration du jeune État libre sont toujours importants ; ils se constituent la plupart du temps en réseaux et représentent une sorte de cheval de bataille commercial et industriel du régime Ahidjo.

Jean Pierre Warnier explique, en ce qui le concerne, que les commerçants bamiléké sont des vétérans du négoce qui ont toujours su faire face à la concurrence tout en s'attirant les faveurs de l'administration, ce qui leur a par exemple permis de supplanter de nombreux négociants étrangers sur le départ dans les années 1960 et 1970. C'est de toute manière la lecture qui apparaît dans le texte suivant :

Il est vrai qu'ils [les Bamiléké] ont été durement confrontés aux initiatives des Européens et des Syro-libanais dans le commerce et les cultures de rente. Mais chaque fois que des expatriés quittaient le Cameroun -ce fut le cas lors de la grande crise de 1930 et à l'indépendance- les Bamiléké prirent la relève et rachetèrent les entreprises dans les conditions souvent très avantageuses pour eux[157].

Ce que Warnier ne dit pas assez, c'est que les conditions avantageuses auxquelles il fait allusion dans cet extrait, renvoient aux florilèges de prérogatives et de privilèges qu'offre la politique de camerounisation, telle que révélée par l'ancien directeur des affaires économiques camerounais, Augustin Frédérique Kodock. Ce dernier a cité des noms et nous a précédemment informés sur les sommes d'argent allouées aux hommes d'affaires bamiléké et à leurs collègues qui se chiffraient à des centaines de millions de franc CFA.

Néanmoins, cet amour ou ce regain d'intérêts que l'administration Ahidjo accorde aux commerçants bamiléké a aussi d'autres explications ; celles-ci relèvent des questions de politique intérieure et de sécurité nationale. En fait, en ce début d'années 1960, l'Ouest-Cameroun, qui fait partie des bastions de l'UPC, continue d'abriter des combattants armés de ce parti politique qui militent pour le départ du

---

détenues par les Grecs à Baré-Bakem, Jean Latale du Haut-Nkam, connu un des plus grands investisseurs immobiliers et importateur des produits de la quincaillerie de son époque, Jean Samuel Noutchougouing actif dans les provenderies de l'Ouest et aviculteur professionnel. À cela s'ajoutent les noms de Elie Kayo, André Sohaing, Tiani Fidèle, Luc Monthé, etc.

[156] *Ibid.*

[157] Warnier, *Esprit d'entreprise…*, p.60.

gouvernement Ahidjo, qualifié de néocolonialiste et de fantoche de l'État français. Plusieurs villes et villages du pays bamiléké vivent au rythme des actes de guérilla provoquée par ceux que le colon et le gouvernement avaient appelés les « terroristes »[158]. Du coup, une opinion qui circulait particulièrement dans la presse et dans les milieux politiques faisait état de ce qu'Ahidjo avait prioritairement demandé d'accorder un régime spécial de faveur aux hommes d'affaires bamiléké pour pallier ou alors atténuer les critiques faisant mention des exactions de ses troupes dans la guerre civile contre l'UPC à l'Ouest-Cameroun d'une part[159], et pour détourner l'attention que les populations portaient encore trop fortement aux « maquisards » qui les côtoyaient au quotidien d'autre part. À ce sujet, Jean-François Bayart, le politologue français ayant consacré une grande partie de ses travaux et publications sur la vie politique au Cameroun dans les années 1970 et 1980, confirme ces explications en relevant que :

> *En effet, dès le mois de mai, Kamdem-Ninyim et M. Kanga effectuèrent une tournée dans l'Ouest, faisant campagne pour le ralliement des rebelles à la faveur de l'amnistie qui venait d'être octroyée. Plus tard, MM. Kemayou Happi et Achingui firent des efforts dans le même sens [...] Le gouvernement, enfin, tentait d'appâter économiquement les Bamiléké. Paul Monthé, bamiléké, dirigeant du Parti socialiste camerounais, fut significativement élu à la présidence de la Chambre de commerce en décembre 1961. Sur les conseils de la Chambre d'agriculture, deux décrets de juillet et d'octobre 1961 accordèrent à l'Union des Coopératives de Café de l'Ouest (UCCAO) le monopole de l'usinage et de la commercialisation afin de relancer l'agriculture de la région. Et les autorités fermaient les yeux sur la contrebande à laquelle se livraient certains commerçants avec le Cameroun britannique puis, après la réunification, tolérèrent qu'ils s'enrichissent en profitant illicitement des droits de douane moins élevés de l'État fédéré anglophone pour des marchandises en réalité destinées au Cameroun oriental*[160].

Ce point de vue de Bayart mérite qu'on s'y attarde un moment. Tout d'abord, accordons-nous sur le fait que rien n'est fait gratuitement dans la relation entre le pouvoir politique et l'entrepreneur. Toute occasion de s'entraider à des fins politiques ou commerciales est bonne à

---

[158] Il existe à ce sujet une importante littérature dont nous proposons une orientation à travers les ouvrages suivants : A. Mbembe, *La naissance du maquis dans le Sud Cameroun (1920-1960)*, Paris, Karthala, 1996 ; S. Nken, *L'UPC. De la solidarité idéologique à la division stratégique*, Paris, ANIBWE, 2010 ; A. Eyinga, L'U.PC. *Une révolution manquée ?*, Paris, Éditions Chaka, 1992.

[159] Sur cette guerre et ses conséquences, il ne serait pas fastidieux de consulter : T. Deltombe et al., *La Guerre du Cameroun. L'invention de la Françafrique*, Paris, La Découvert, 2016.

[160] Bayart, *L'État au Cameroun…*, p.113.

exploiter. On découvre ainsi une relation à plusieurs facettes : tantôt paternaliste, tantôt d'accompagnement, tantôt d'aide qui s'inscrit dans un registre « donnant-donnant » c'est-à-dire que l'État vous confie les clés de certains pans du marché et à vous de lui prouver votre loyauté en défendant sa cause dans votre région d'origine encore en proie à l'insécurité et au « terrorisme ». Autrement dit, les subsides engrangés par les commerçants bamiléké leur imposaient un activisme dans le processus de pacification des hautes terres de l'Ouest-Cameroun, victimes des exactions de la guerre de libération dans le pays. Toujours est-il que ce rapport révèle ainsi tout son sens stratégique et son caractère évolutionniste.

En plus, il est clair qu'Ahidjo est un chef d'État stratège, qui est déjà passé par moult péripéties politiques. Il a affronté politiquement André Marie Mbida[161], son ancien premier ministre ; il a fait face à Ruben Um Nyobè, le charismatique secrétaire général de l'UPC et dont il combat les opposants en pays bassa et bamiléké ; il observe attentivement les velléités socio-politiques qui viennent du Centre et du Nord. Depuis ses démêlés avec Mbida, Ahidjo considère toute action politique comme une bataille qu'il faut mener et vaincre, quels que soient les moyens à utiliser[162]. Alors, s'il faut vaincre l'UPC en pays bamiléké en passant également par les commerçants de cette région, Ahidjo ne lésinera pas sur les moyens. De ce fait, toutes les expériences qu'Ahidjo a vécues jusqu'ici font partie de son logiciel de montage des plans politiques visant à le maintenir au pouvoir ; il peut alors manier sa fameuse camerounisation à des fins politiques, c'est aussi cela la face cachée de cette politique de nationalisation de l'économie.

Seulement, cette interprétation ne suffit pas : l'analyse de la politique de nationalisation de l'économie du Cameroun par l'État montre que ce

[161] En fait, un bras de fer opposa le président Ahidjo, alors vice-premier ministre, ministre de l'intérieur du Cameroun français avec son Premier ministre André-Marie Mbida qui ne passa que moins d'un an comme Premier ministre au Cameroun autonome entre 1958 et 1959. Il s'en suivit une forte opposition entre les deux hommes politiques notamment à cause de la place de leader de l'opposition dans le Centre-Sud Cameroun que l'ancien premier ministre Mbida occupa sans hésitation grâce à l'activisme des Démocrates Camerounais, son parti politique dès le lendemain de la libération du Cameroun du joug colonial français. Les détails sur cette relation tendue entre les deux hommes sont à retrouver dans : D. Abwa, *André Marie Mbida, Premier premier ministre du Cameroun,* Paris, L'Harmattan, 1996.

[162] Pour mieux lire cette partie de l'histoire du président Ahidjo, on ne saurait ne pas se référer à : Ph. Gaillard : *Ahmadou Ahidjo, Patriote et despote, bâtisseur de l'État du Cameroun (1922-1989)*, Paris, J.A Livres, 1994.

système présente des signes très visibles de clientélisme, mieux, d'une assimilation et donc d'une subordination de l'élite économique au service du pouvoir de Yaoundé. Certes, l'argent anime très souvent ce type de rapport, mais dans ce cas précis, il ne peut influencer que des liens plus restreints comme les petits hommes politiques et les commerçants de moindre envergure. Pour le cas d'Ahidjo, cela va bien au-delà de l'argent. Par sa vision et son souci de conservation d'un pouvoir déjà hyper centralisé, cet ancien pensionnaire de l'école publique supérieure de Yaoundé compte, en plus de créer une aristocratie économique composée de nationaux, s'assurer aussi que celle-ci reste au service de son pouvoir. Le chef de l'État camerounais n'a pas besoin d'une élite économique par trop émancipée, qui échapperait au contrôle de l'appareil administratif et politique dominant au risque de constituer un contrepoids, pie, un groupe opposé muni de moyens financiers et de soutiens tant à l'intérieur qu'à l'extérieur du pays. Camerouniser c'est aussi accepter de se mettre au service d'un homme, Ahmadou Ahidjo. C'est certainement aussi l'un des grands messages de la « construction nationale[163] » chère au premier président camerounais. L'extrait suivant milite en faveur de cette thèse :

De même, les chambres consulaires, les entreprises étrangères et les plus importantes des firmes nationales, les syndicats, les principales associations et, dans une moindre mesure, les Églises contactent discrètement la présidence avant de choisir leurs secrétaires généraux, présidents, directeurs et responsables, ou avant d'annoncer officiellement leurs décisions en ce domaine [...] Ces pouvoirs, M. Ahidjo les exerce seul, pour l'essentiel[164].

Nous venons d'évoquer le fait que la camerounisation est un instrument dont se sert le pouvoir central camerounais pour promouvoir une élite économique locale et pour asseoir le pouvoir du président Ahidjo dans la gestion de certaines affaires du pays comme en zone bamiléké. Penchons-nous à présent sur les avantages de cette politique sur les marchés plus exactement en ce qui concerne les entrepreneurs économiques originaires de l'Ouest du pays.

Du point de vue de la percée des commerçants bamiléké dans le marché camerounais, l'État semble avoir mis sur pied un plan *spécial bamiléké* destiné à renforcer la présence de ces derniers dans le secteur des échanges à travers des mesures tout aussi spéciales, ce qui va, à long terme, donner la preuve que politique et économie forment un tout

---

[163] Lire : M.W. Delancey & M. D. Delancey, *Historical Dictionnary of The Republic of Cameroon*, Lanham (Maryland), The Scarecrow Press, 2010.

[164] Bayart, *L'État au Cameroun...*, p.182.

homogène, un homme d'affaires peut être au moins aussi puissant qu'un détenteur du pouvoir de décision, du pouvoir régalien. Abreuvons-nous, à nouveau, aux écrits et analyses de Bayard pour illustrer cette idée:

Dans les premières années de l'indépendance, M. Ahidjo, son ministre Victor Kanga et l'administration ont facilité, pour des raisons politiques, la progression économique des commerçants bamiléké en fermant les yeux sur de nombreuses irrégularités commerciales, fiscales et douanières, en procédant à la réunification des deux Cameroun et en adhérant à l'Union Douanière et Économique de l'Afrique Centrale[165].

Le moins qu'on puisse dire c'est que les commerçants bamiléké ont connu leur printemps à l'époque d'Ahidjo, accéléré par une kyrielle d'avantages, de passe-droits et de prérogatives que personne ne peut nier. Bientôt, le ministre des finances, Victor Kanga va se montrer plus réaliste et plus magnanime en jouant le rôle de facilitateur de la percée des Bamiléké dans les affaires au Cameroun à travers la signature des contrats juteux et surtout l'élaboration des programmes d'importation inédits, taillés sur mesure pour le clan des marchands issus de sa région natale :

Les circonstances ont servi le dynamisme des populations de l'Ouest. À la suite de leur ralliement et de leur soutien aux élections de 1960, M. Ahidjo les laisse s'enrichir. En jouant sur les droits de douane provisoires entre les deux Cameroun et sur les erreurs techniques qui furent commises, les Bamiléké ont profité de la réunification. De plus M. Kanga, ministre des Finances, a aménagé les programmes d'importation dans une optique qui leur était favorable. Enfin, il est probable que la guerre du Biafra les a enrichis, dans la mesure où ils ont pu échanger des médicaments contre des objets d'art qu'ils ont revendus par la suite. Dans ces conditions, ils constituent une force économique importante : ils soutiennent des options libéralistes et ont plaidé en faveur de la participation du Cameroun à l'UDEAC, contre l'avis de certains conseillers techniques français, inspirés par les thèses d'André Philip et qui prônaient le protectionnisme ; ils ont obtenu en 1969 la levée du péage sur le pont du Wouri, à Douala. Surtout, ils détiennent tous les postes-clefs de l'économie : le commerce, bien entendu, mais également les transports, les télécommunications, la majeure partie des postes qui exigent des diplômés de valeur, l'agriculture, l'artisanat ; ils s'attaquent à la banque et à la petite industrie (meubles, brasseries). Leur omniprésence n'avait d'égale que celle des Ibo au Nigeria, et évoque la diaspora chinoise en Asie du Sud-Est. Une telle expansion a une dimension spatiale et géographique et suscite des réactions des autres ethnies. Les Bamiléké sont détestés, car on les craint[166].

---

[165] *Ibid.* p.278.

[166] J. F. Bayart, « L'Union nationale camerounaise », *Revue française de science politique,* Paris, Persée, n°4, 1970, p.705.

Quoi de plus normal donc que de se rendre compte que les entrepreneurs Bamiléké, à la faveur de la politique de camerounisation, s'affichent comme les maîtres de l'économie dans le pays après l'État. Monté au départ pour jouer un rôle symbolique afin d'évincer le monopole des Blancs, le règne des commerçants bamiléké sur le marché débute d'abord par le contrôle des échanges en zones urbaines et rurales sur le territoire national. Les chiffres fournis lors du recensement de 1976 devraient, à plus d'un titre, flatter l'égo de cette classe d'hommes d'affaires venus des hauts plateaux de l'Ouest-Cameroun. Ils prouvent que les Bamiléké représentent déjà un poids lourd dans l'économie du Cameroun avec 58 % des importateurs locaux, 94% de propriétés des points d'échange dans les grands centres urbains, 75% d'acheteurs et d'intermédiaires dans l'achat des fèves de cacao et des grains de café, 47% des grossistes dans le secteur de l'industrie, plus de 80% du contrôle du transport urbain et interurbain ou encore 75% de mainmise dans le secteur de l'hôtellerie[167].

Autre cas, les commerçants du septentrion. On peut ici parler d'une conscience tribale dans les relations d'affaires, étant donné qu'Ahidjo est un homme originaire du Nord-Cameroun. L'histoire, disons-le comme cela pour éviter tout débat, a voulu que le premier président du Cameroun soit originaire du Nord, et donc que les commerçants de cette région très vaste et frontalière du Nigéria et du Tchad, fassent partie des principales forces commerciales du pays, surtout dans un contexte de camerounisation de l'économie. Fabuleux destin, dirait-on, car aucun directeur en service au ministère de l'Économie et des Finances ne pouvait se permettre la moindre peccadille, même inconsciemment, en n'oubliant d'inscrire les négociants nordistes, notamment peul et haoussa sur la liste des bénéficiaires des dotations en devises de l'État camerounais réservées aux hommes d'affaires « les plus performants [168]» du pays. D'ailleurs, l'entourage du président Ahidjo, composé majoritairement de fidèles intimes venus du Nord, veillait à ce que tout aille dans ce sens : « Si l'on y ajoute les confidents, les intimes et les plus vieux compagnons de route de M. Ahidjo, l'on constate que ses collaborateurs directs et ses proches détiennent l'essentiel des postes politiques. Seuls les Anglophones, dans leur majorité, et

---

[167] J.B. Onana, « Bamiléké contre Cameroun », *Outre-Mer*, n°11, 2005, p.338.

[168] On peut, pour aller dans ce sens, revenir sur les propos du ministre Augustin Fréderic Kodock cité au début de cette deuxième partie.

quelques anciens politiciens francophones (tels MM. Assalé, Fouda, Ekwabi…) sont d'une origine politique différente »[169].

Kodock nous a dit plus haut qu'il y avait une liste d'opérateurs économiques bénéficiaires de l'assistance gouvernementale régulièrement actualisée, et que les noms des commerçants originaires du Nord-Cameroun qui revenaient le plus étaient, durant les premières années de l'indépendance, ceux de Tidjani, Bassirou ou encore Nassirou. Et Bayart pense que ces noms n'étaient pas listés pour faire de la figuration ou pour équilibrer les forces commerciales locales. L'ascension des commerçants nordistes est, selon lui, liée à la méfiance que le gouvernement avait parfois vis-à-vis de leurs homologues de l'Ouest, devenus par moment de redoutables concurrents directs à surveiller en permanence :

Le gouvernement s'est par la suite montré moins complaisant à leur [commerçants bamiléké] égard (encore qu'il ait répondu à leur attente en supprimant le péage sur le pont du Wouri, en améliorant les communications entre les États fédérés, puis en restreignant le nombre des départements soumis à l'état d'urgence) ; mais parallèlement, il s'est attaché à aider les milieux d'affaires « haoussa » originaires du Nord, en pleine expansion[170].

Avant d'aborder la question relative aux aides accordées aux milieux d'affaires nordistes par le gouvernement d'Ahidjo dans le cadre de la camerounisation de l'économie, levons rapidement ce qui pourrait être vu comme une hypothèque grevant notre argumentation : la conscience tribale a souvent profondément influencé les relations entre l'État du Cameroun et les groupes d'hommes d'affaires originaires de ce pays surtout en ce qui concerne les mesures d'accompagnement financières, commerciales et économiques du gouvernement. Ensuite, les aides octroyées tenaient compte des réalités socio-politiques et socio-culturelles liées à l'environnement originel des entrepreneurs. On ne parle certes pas des aides au *faciès*, cela serait illogique ou plutôt inélégant, mais on devrait assurément évoquer des aides qui sont fonction de la proximité ethnologique, culturelle et géographique pour ce qui est des rapports entre un groupe de commerçants avec le pouvoir, voire avec le chef de l'État en personne.

Il s'agit, *in fine*, d'une politique de nationalisation adossée sur les équilibres sociologiques, régionaux et même tribalistes, et décidée par

---

[169] Bayart, *L'État au Cameroun…*, p.278.
[170] *Ibid.*

le pouvoir central. De cette marmelade d'aides et soutiens annoncés, il faut retenir que :

> *Par la suite, entre 1975 et 1982, des stratégies de rééquilibrage furent opérées dans les réseaux d'affaires nationaux (émergents) au profit d'opérateurs Foulbés et Haoussa. Dans ce contexte de marchandisation imparfaite et incomplète, l'ordre dirigeant a facilité "le développement des activités des Aladjis du Nord dans le commerce des denrées alimentaires (riz, farine de blé, sucre) tandis que les Bamiléké se concentrent sur le commerce des autres produits". Ces logiques de soutien (formel ou informel) des oligopoles privés (comme celui du riz) ne se sont pas seulement appuyées sur des autorisations d'importation et sur l'octroi de facilités de crédit, mais aussi sur la complaisance et la tolérance de fraudes fiscales et douanières. Certains des opérateurs privés nationaux disposant de licences d'importation du riz - alors qu'il existait des sociétés nationales de production comme la SEMRY (Société d'expansion et de modernisation du riz à Yagoua) - n'ont pas respecté leurs quotas en les achetant sans en prendre livraison et en continuant à importer du riz d'Inde et du Pakistan*[171].

Tous ces propos nous permettent d'affirmer que le jeu d'alliance entre le pouvoir d'Ahmadou Ahidjo et le secteur de l'entreprise au Cameroun avait ses préférences. Les commerçants originaires du Nord du pays en faisaient partie. Cela n'est d'ailleurs qu'une évidence, car ils ont reçu des « coups de main » extraordinaires, capables de leur permettre de se substituer à des entreprises nationales telles que la SEMRY que la citation ci-dessus mentionne de manière fort éclatante.

Les protozoaires ou « le mythe de l'anti entrepreneur »

Ils constituent le deuxième groupe de commerçants qui entretient une relation étroite avec le pouvoir étatique au Cameroun. Ils sont d'abord béti[172], pour ce cas éton, puis douala, bafia, bassa, menguissa, batanga et dans une certaine mesure originaire de l'Est-Cameroun. Nous leur avons affublé l'épithète d'hommes d'affaires « protozoaires » ou « mineurs » du fait de la place secondaire que leur confèrent les documents consultés dans leur grande majorité. Ont-ils vraiment le profil entrepreneurial ? Là n'est peut-être pas la question. Mais, faisons une petite entorse à notre texte pour s'y pencher. Une certaine opinion au Cameroun veut qu'on parle des Béti, des Douala ou des Bulu comme peuples anomiques ou des hommes de la forêt sans réel sens de l'organisation qui seraient plus enclins à

---

[171] Owona Nguini, « L'État et les milieux d'affaires au Cameroun…, pp.64-65.

[172] Il faut prendre ce terme ici dans le sens de l'ensemble des peuples originaires de la rive sud de la Sanaga, le principal fleuve du pays c'est-à-dire des peuples éwondo, benë, bassa, baya, bulu, bakoko, maka, etc.

développer des activités liées aux travaux champêtres, à la chasse ou à la pêche ainsi qu'à la résolution des litiges fonciers et l'organisation de grandes cérémonies de mariage[173]. Chez ces peuples, il ne se dégagerait, à première vue en tout cas, aucun *éthos* commercial réel. Certains affirment que, du fait de leur environnement d'origine et de leur organisation socio-culturelle et anthropologique, ils seraient inaptes à monter et à assurer la pérennité d'une vraie activité commerciale ou économique à l'image des dominants ou des *VIP*. On les voit plus comme des politiques que comme des capitaines d'industrie et du commerce. On présume donc que le commerce et l'économie seraient bamiléké et haoussa, tandis que la politique et davantage le jeu et le plaisir seraient béti, douala, bassa, maka, bafia, baya, bref inhérents à la plupart des peuples du Sud-forestier et côtiers camerounais. Cette idée n'est pas nouvelle, ce d'autant plus que le colon, comme certains pontes du premier régime politique dans le pays, avait longuement participé à l'entretenir et à l'amplifier. Redonnons la parole à une figure du régime d'Ahidjo et lisons-le avec attention :

> *L'homme du Littoral préfère vivre, au sens large du terme, souvent au-dessus de ses moyens. Dispose-t-il d'une petite somme d'argent, souvent provenant de la vente des terres de ses ancêtres, le soir même, vous le retrouverez lui et toute sa famille, dans le restaurant le plus célèbre de la ville. Puis ce sont de gros poissons frais qui agrémentent les repas à domicile [...] Il en va différemment de l'homme du Centre-Sud. Pour lui, jusqu'à ces derniers temps, c'était le vin rouge, l'alcool distillé à partir du vin de palme, la bagarre et le sexe. Quand se réveilleront-elles ces tribus?* [174].

À cette citation devrait s'ajouter le point de vue du colon sur le caractère jouissif des peuples de la forêt camerounaise, particulièrement des Douala. Tel un prophète de malheur, le colon prédit même presque la fin de la famille et de la société Douala qui croupit sous l'effet de l'alcool, de la jouissance et donc de la facilité :

> *Les Douala veulent pouvoir se saouler tant qu'il leur plait à l'aide des boissons alcooliques d'importation ou de fabrication indigène. Tous savent pourtant les méfaits démontrés de l'alcoolisme, mais aucun ne peut suivre un raisonnement quelconque sur ce sujet. C'est un vice national qui cause la ruine de la famille, de la société et de l'économie indigène. Voulons-nous résoudre la question Douala ? Laissons l'alcool couler à flots pendant quelques années et cette race disparaitrait à tout jamais*[175].

---

[173] On peut s'abreuver aux écrits de : P. Laburthe-Tolra, *Minlaaba : histoire et société traditionnelle chez les Béti du Cameroun*, Lille, Université de Lille, 1977.
[174] Eboua, *D'Ahidjo à Biya…*, p.196.
[175] ANY, 2AC, 8092, Wouri, rapport annuel, 1941.

Nous sommes là de plain-pied dans *le mythe de l'anti entrepreneur* où l'on refuse même d'attribuer à certaines tribus camerounaises la maîtrise d'un esprit « d'entreprise élémentaire ». On voudrait nous faire croire que les membres de ces communautés souffriraient d'un handicap congénital qui anesthésie immédiatement toute tentative d'entreprise dans leur environnement : des maudits de l'entrepreneuriat économique !

Rappelons que l'auteur de la première de ces deux extraits est un enseignant d'histoire-géographie et éminent homme politique camerounais[176] c'est-à-dire un homme doté d'un grand sens de l'observation et d'une bonne connaissance des enjeux de la société camerounaise. Est-ce que cela lui confère pour autant une « raison vraie », plus précisément quand il évoque le fonctionnement, l'organisation et la sociologie du monde des affaires dans un pays comme le Cameroun ? Quelle différence fondamentale existe-t-il entre le discours de Samuel Eboua et celui du colon ?

Disons que S. Eboua a certainement une vision encore décalée sur la capacité de certains peuples camerounais à pouvoir monter leurs propres affaires. Son argumentation, dans ce cas précis, reste adossée sur des perceptions et beaucoup moins sur des faits. Il pense qu'en observant l'homme de la rue ou son proche voisin, on peut tirer des conclusions générales et les présenter comme des vérités universelles que l'on brandirait à tout bout de champ. Il nie à haute voix, à certaines tribus de son pays, la capacité à pouvoir monter des affaires et donc à une certaine existence économique. En tant qu'ancien ministre et secrétaire général de la présidence de la république sous le règne du président Ahidjo, on n'échappe pas à la tentation de se poser la question de savoir jusqu'où ses *a priori* ont pu mener ce pays. Selon lui, il existerait au Cameroun des groupes plus commerciaux que d'autres c'est-à-dire des négociants de la noblesse plus dynamiques et des sous-marchands à la culture moins portée vers les échanges. Même les Douala qui, à partir de leur habitat naturel sur la côte, ont commercé parmi les premiers avec les Blancs seraient désormais tournés vers une vie de beuverie, dénués de tout sens du négoce et du développement des

[176] En effet, Samuel Eboua qui est né en 1928 au Cameroun devient, après ses études, un enseignant d'histoire et géographie au lycée Leclerc de Yaoundé après avoir obtenu un diplôme d'Études Supérieures de Géographie à l'Institut d'Étude Politique de l'Université de Paris dans les années 1960. Il occupe, entre autres, les fonctions de chargé de mission à la présidence de la République, secrétaire général de la présidence de la République et ministre d'État sous les gouvernements Ahidjo et Biya.

activités rentables. Qu'en déduirait le Douala Paul Soppo Priso, l'un des plus grands opérateurs économiques du Cameroun au 20e siècle [177]? On l'a compris, d'après M. Eboua, les affaires seraient bamiléké/haoussa et la consommation du vin destinée naturellement aux Douala et aux Béti.

Plus besoin de surprises donc sur la manière d'administrer. On prend les théories coloniales, on les transpose et les actualise sur la société camerounaise à travers des anecdotes ou des observations parcellaires et on nous présente une partie du Cameroun sous l'angle de ces clichés immémoriaux. Que dira l'originaire de l'Est ou alors celui Sud et du Sud-Ouest ? N'est-ce pas une entorse sévère à tout le discours sur l'unité nationale, la camerounisation et la volonté d'équilibrer le développement de ce pays porté pendant plus d'un quart de siècle par Ahidjo, dont il fut pourtant l'un des proches conseillers ?

Mais, nous prenons sans hésitation une position sur ce point. Nous reprochons au ministre Samuel Eboua de se limiter à un ou deux clichés pour établir ses conclusions. Il n'existe pas, au Cameroun au moins, des ethnies inaptes à la culture des échanges. Un peuple dénué de tout sens de la production et des échanges rendrait d'ailleurs, et de manière automatique, ses chances de survie nulles. Toute forme de société développe, à un moment donné et selon un rythme culturel propre, une culture de la production, de la consommation et de la distribution qui implique de *facto* un réflexe ou ce que les sociologues appellent l'*ethos* dans le domaine économique. À la différence principale que certains peuples au Cameroun ont, pour des raisons culturelles et

---

[177] Paul Soppo Priso est l'un des plus grands hommes d'affaires de l'histoire récente du peuple douala. Très proche des Français durant la colonisation, il a fait fortune dans l'immobilier, l'industrie et la vente des produits de luxe. C'est un homme aux multiples casquettes qui voit le jour en 1913 et s'éteint en mai 1996. Animateur de la Jeunesse Camerounaise Française (JEUCAFRA) puis de l'Union Cameroun Française (UNICAFRA), il a été conseiller de l'Union Française dans les années 1950, puis président de l'ATCAM de 1954 à 1957. Redoutable homme d'affaires, Soppo Priso compte parmi les plus grands opérateurs économiques camerounais de sa génération. Propriétaire de nombreuses concessions urbaines et rurales dans sa région natale, il possède également des appartements en France, notamment dans la banlieue parisienne. Cet ancien géomètre de formation a été le président du syndicat des entrepreneurs des travaux publics, il trône également à la tête de Polyclinique de Douala, de l'Union générale immobilière de Douala, de l'entreprise Soppo Priso et de la Société Camerounaise de Commercialisation et d'Exportation de Produits (CACEPS). Le magazine Forbes Afrique le classe comme le premier milliardaire du Cameroun. Une lecture plus profonde est proposée dans : J. Kouosseu et M. Noumbissi, *Figures de l'histoire du Cameroun,* Paris, L'Harmattan, 2012.

environnementales, mieux aiguisé et maitrisé les techniques et les outils de certains segments de l'économie comme les Bamiléké[178]. Ils vivent au Cameroun et évoluent dans le même environnement que les autres peuples avec un esprit communautaire bien enfoui dans les mémoires, qui frise parfois le tribalisme ou une propension à l'exclusion de l'autre. Sur ce point, le chercheur camerounais Ibrahim Mouiché soutient fort opportunément que :

L'on ne saurait expliquer le comportement économique des Bamiléké par le fait même qu'ils sont bamiléké car, être bamiléké ne signifie nullement posséder des qualités individuelles supérieures aux autres : vertu du travail, épargne, entraide, etc. Il s'agit là d'une tautologie qui n'explique rien. En fait, le comportement socio-économique des Bamiléké ne renvoie pas à une essence ethnique, mais à un type de société où la plupart des statuts sociaux ne sont pas donnés par la naissance, mais acquis par des initiatives individuelles dans un contexte d'anomie [...] De même, s'il est incontestable que les Bamiléké maîtrisent les secteurs du commerce et du transport, il n'en demeure pas moins qu'ils ne contrôlent pas toute l'économie camerounaise comme le dit un autre chantre, en l'occurrence le Professeur Jean-Louis Dongmo. D'ailleurs, tout le secteur tertiaire (qui inclut le commerce et le transport) ne représente qu'une part marginale de cette économie dominée plutôt par le secteur primaire. En effet, si le contrôle d'un secteur d'une économie (l'épicerie ici) suffisait pour dominer l'économie d'un pays, on en conclurait que ce sont les épiciers et les taxis arabes qui maîtrisent l'économie française, ou que ce sont les commerçants indo-pakistanais qui contrôlent l'économie britannique. En dehors des produits vivriers dont l'importance n'échappe à personne, mais qui ne sont pas quantifiés, l'économie repose également sur les produits de rente (café, coton, cacao, etc.). Par exemple l'élevage et la commercialisation de ses produits dérivés dont les ressortissants de la partie septentrionale du pays jouissent du monopole sont aussi importants. Il en va de même du coton. Ces mêmes « Nordistes » sont également présents dans le secteur du commerce et du transport. De même, le pays bamoun et les alentours de Foumbot, avec leurs sols volcaniques fertiles, sont réputés pour leurs productions vivrières, contribuant de façon significative à l'alimentation des centres urbains comme Douala ou Yaoundé. C'est le cas également du pays éton près de Yaoundé. D'ailleurs, la bourgeoisie d'affaires bamiléké se heurte dans la province anglophone du Sud-Ouest à la concurrence solide des Ibo (Nigérians) qui y sont les principaux détenteurs de la distribution[179].

De plus, ce que l'on ne dit pas suffisamment dans les écrits ou dans les analyses que proposent les uns et les autres sur le statut et la transformation des hommes d'affaires au Cameroun est que plusieurs d'entre eux ont souvent bénéficié des subventions de l'État, mais

[178] Une analyse tout aussi appréciable est à lire dans : E.O. Kounang, *La théorie fondamentale de l'enrichissement au Cameroun, Théorème 1*, SL, 2019, pp.21-31.

[179] I. Mouiche, « La question nationale, l'ethnicité et l'État en Afrique : le cas du Cameroun », *Verfassung und Recht in Übersee* (VRÜ) 33, 2000, p.217, en ligne (consulté le 20 octobre 2023).

également des banques nationales, sans pour autant procéder aux remboursements effectifs des fonds empruntés. Un chercheur camerounais qui s'est penché sur la question croit savoir que plusieurs crédits consentis à certains opérateurs économiques importants n'ayant jamais été réglés ont concouru en grande partie à accélérer la faillite du premier établissement de crédit du pays dans les années 1970 et 1980 nommé Société Camerounaise de Banque (SCB). Il dévoile ses analyses sur ce phénomène de la manière ci-après :

> *Il est vrai que la plupart des crédits octroyés par les banques camerounaises sont allés aux sociétés d'État. Mais il y a une fraction non négligeable, portant quelques fois sur des sommes très importantes, qui a été accordée à des personnalités bien précises, dont on savait qu'elles ne disposeraient jamais du pouvoir d'achat pour les rembourser [...] Dans ce contexte, on voyait à qui les Camerounais faisaient allusion. S'agissant des commerçants originaires du Nord et spécialisés dans l'import/export de farine ou de riz (nous pensons notamment à quelqu'un comme M. Fadil), nous pouvons vous assurer qu'il y avait un autre clan des commerçants bamiléké qui ont profité de cette manne [...] La quasi-totalité des crédits mis à leur disposition par la SCB a été accordée par les prédécesseurs de M. Robert Messi Messi –patron de la banque avant la faillite-, mais il essayait de diversifier géographiquement la clientèle bénéficiant des crédits*[180].

Cette lecture n'est pas éloignée de celle qu'offre M. Aimeric Bilong, un ancien cadre de banque au Cameroun qui a fait le tour de plusieurs établissements bancaires du pays des années « 70 » jusqu'à la fin du siècle dernier. Il nous propose un point de vue tiré de son expérience personnelle :

> *Je vais vous donner ma lecture de la situation des hommes d'affaires du Cameroun en tant qu'ancien banquier en commençant par vous dire que chacune des catégories des grands marchands de ce pays a eu son bienfaiteur. Les Bamiléké ont profité des magouilles de Victor Kanga pour se tailler un espace économique encore plus grand au Cameroun. Ce dernier avait le don de remplacer un Français, un Libanais ou un Grec par un Bamiléké. Il traficotait des documents dans son bureau et auprès de ses proches collaborateurs pour asseoir la domination commerciale bamiléké dans le pays à travers des modes de financement dont tout le monde connaissait l'opacité et l'orientation tribale. Les opérateurs économiques originaires du Nord avaient leur sauveur, le président Ahidjo. Il avait décidé que ses frères du septentrion devaient représenter l'élite des affaires dans notre pays. Du coup, tout le monde à la banque où je travaillais savait par exemple qu'on ne refusait jamais un crédit à un commerçant haoussa, qui accompagnait d'ailleurs sa demande de crédit par une lettre de recommandation signée depuis la présidence de la République. J'ai moi-même monté et traité des dossiers de crédits à plusieurs commerçants nordistes sans que ces derniers présentent la moindre garantie. Je crois que leur unique caution était*

---

[180] J.S. Nkarey, *Afrique. L'histoire entre le Cameroun anglophone et le Cameroun francophone de 1472 à 2003*, Paris, Publibook, 2004, p.247.

la seule gandoura qu'ils arboraient sur leurs épaules et qui symbolisait leur proximité avec Ahidjo, c'est-à-dire avec l'homme le plus puissant du Cameroun dans les années 1970. Très mauvais payeurs pour la plupart, ces derniers profitaient des liens de privilège avec les services de la présidence de la République pour ne pas rembourser leurs crédits. Certains poussaient même le bouchon très loin en allant s'établir un faux acte de décès qu'ils venaient parfois eux-mêmes déposer à la banque : un mort qui vient personnellement vous signifier son décès. Enfin, les Béti qui ont profité de la présence de Paul Biya au pouvoir pour s'engouffrer dans les affaires avec plus ou moins de succès, mais ils confondent toujours économie et bureaucratie, marché et politique, gestion de la communauté et gestion des affaires privées. Je me demande bien qui sauvera les autres hommes d'affaires qui n'ont pas encore reçu de soutien politique et administratif[181].

On aurait aimé que ce témoignage nous propose des noms et des sommes d'argent octroyées aux commerçants cités. Mais, il n'en demeure pas moins édifiant sur le fonctionnement et le mode d'organisation de l'écosystème des affaires dans ce pays. Le folklore qui a parfois régné dans ce système est de temps en temps révélateur de la transformation de notre environnement socio-économique, c'est le moins qu'on puisse dire.

En comparant les Camerounais originaires des hauts plateaux de l'Ouest avec les autres peuples présumés moins enclins à créer et à faire fructifier les circuits d'échange comme les Béti ou les Douala, nous pensons qu'ils ne sont pas inaptes à développer une culture d'entreprise, mais certains d'entre eux –les plus en vue certainement- sont des hommes dispersés, plus préoccupés à soigner leurs problèmes d'égos personnels et de ce fait déconnectés sur des problématiques communautaires liées à la production et à la transformation. Très souvent, ils excellent pour une majorité sur des questions d'apparence spectaculaire (fêtes, mariages, deuils grandioses…). Certains s'assimilent plus aux hommes de spectacle qu'à des artisans ou aux développeurs de l'entrepreneuriat. L'esprit d'entreprise existe bel et bien chez les hommes de la forêt, sinon comment auraient-ils pu s'y implanter et dompter cet étouffant environnement ? Nous restons convaincus que c'est la mentalité d'un grand nombre d'entre eux qui se sont essayés dans les affaires dans le but de « faire comme les autres » qui a le plus concouru à noyer ou à briser cet élan entrepreneurial par moment.

Le Cameroun est donc composé d'une population d'entrepreneurs, sauf qu'il y a des entrepreneurs actifs et des acteurs passifs. Certains

---

[181] Bilong Aimeric dit Le Grand, 74 ans, ancien cadre de banque au la SCB, Yaoundé le 6 août 2023.

croient, *mordicus*, que le véritable bonheur est à retrouver dans des actions qui relèvent parfois du fratricide. Ils attendent indolemment que les affaires viennent vers eux. Une grande majorité reste trop aveuglée par des problèmes d'émotion et d'image personnelle. Trop sûrs d'eux donc, ils attendent toujours leur jour de règne dans les affaires qui ne viendra certainement jamais sans travail et remise en cause fondamentale. Généralement agacés lorsqu'ils sont critiqués sur leur manque du sens des affaires, ils deviennent très divisés sur leur place dans le milieu économique par rapport aux autres forces commerciales en présence dans les marchés du pays.

Au lieu de mettre en cause les modèles et les mécanismes de gestion, on préfère plutôt démonétiser les hommes, mais surtout les communautés. Tous les dirigeants et grands commis de l'État, anciens comme nouveaux, lettrés de tout et illettrés de rien, n'ont finalement pour seul réflexe politique que de mettre les communautés du Cameroun dos à dos. La gestion du monde des affaires représente pour nous un des thermomètres les plus efficaces qui permet de prendre la température de la gouvernance dans notre environnement. Disons en somme que l'organisation et le fonctionnement du monde des affaires ne sont ni plus ni moins qu'une transposition fidèle du système de gouvernance politique et sociale d'un pays. On ne peut que diriger comme on pense, transformer la société selon nos réflexions et concevoir la gouvernance économique et commerciale selon notre image.

On pourrait multiplier les exemples. Mieux vaut insister une dernière fois sur les hommes d'affaires béti. En fait, les cas esquissés ci-dessus ont été volontairement choisis à des niveaux divers selon que tel groupe ou tel autre est plus connu par rapport à un autre. Ceci dans le but d'illustrer plusieurs arguments et surtout de montrer que les entrepreneurs mineurs, *« nés pour rester nains »,* convoqués ici font partie du système de connexion établi entre l'État du Cameroun et les milieux d'affaires.

Dans l'ensemble en tout cas, la caste des commerçants béti et assimilés bénéficiaires des subsides de la politique de camerounisation n'est pas plus à envier à celle que nous avons intentionnellement décidé d'appeler les négociants de race c'est-à-dire les dominants. Chacun pratique le commerce en fonction de son histoire culturelle, de l'anthropologie du groupe auquel il est issu et des moyens que lui confère son cadre de vie.

Les faux partants

Les relations entre l'État du Cameroun et les milieux d'affaires étrangers ne se sont pas rompues avec l'indépendance. Celles-ci continuent à se développer et à s'adapter. Les Blancs sont partis pour rester. Là encore, les Français, héritiers du système colonial, apparaissent comme les plus en vue à défaut de se montrer comme les plus entreprenants. De l'avis du président Ahidjo, le pays devait rester ouvert aux investissements étrangers. C'est néanmoins ce qui ressort de cet extrait de discours tenu par le président camerounais à l'occasion d'une visite officielle à Édéa le 29 avril 1963 :

> *...Pour que notre développement soit complet, il faut que les étrangers, qu'ils soient Français ou d'autres nationalités, fassent confiance à notre pays pour aider à son développement. Pour que ces étrangers investissent dans notre pays, pour qu'ils nous aident, il faut bien sûr que notre pays, par ses possibilités naturelles, les attire. Il nous faut donc remplir les conditions permettant d'attirer ces étrangers et les mettre en confiance. Je vous demande donc de continuer à créer ces conditions et de vous affirmer comme une nation accueillante, une nation de citoyens bienveillants et hospitaliers. Le renom de notre pays à l'extérieur en dépend*[182].

Pour mieux étayer son raisonnement, Ahidjo pense que la nationalisation des entreprises privées serait une erreur managériale et stratégique. Il prône, et nous revenons donc sur ce point comme promis, le libre-entreprise et par conséquent, la promotion de l'investissement extérieur et la concurrence sur le marché. Sa prise de position sur cet aspect est captée lors d'un discours prononcé à Mbalmayo dans le cadre de ses traditionnelles tournées de travail dans le pays en 1964 :

> *...Socialisme, communisme, nationalisme, au Cameroun ? Veut-on que nous nationalisions la FAO, la SCOA ? À ce moment-là, nous serons devant le dilemme suivant : ou bien l'État prend en charge ce commerce, ces boutiques ? En ce cas, est-il sûr que nous aurons les techniciens voulus pour les faire marcher à la place des commerçants qu'ils soient camerounais ou étrangers ? Oui, il est une autre alternative ; c'est qu'après avoir nationalisé la FAO, la SCOA, nous distribuions les pièces de tissus et les tricots qui se trouvent dans leurs magasins aux populations. Mais vous savez très bien qu'à ce moment-là, il n'y en aurait pas assez, même pour un quartier de Mbalmayo. Veut-on que nous nationalisions des exploitations forestières ? Serions-nous en mesure de reprendre à notre charge ou de confier directement aux Camerounais ces exploitations ? Je dis et je redis sincèrement que nous n'avons pas tous les techniciens voulus, nous n'avons pas surtout les capitaux voulus pour cela. Ou alors, conviendrait-il de nationaliser ces exploitations et de distribuer les billes de bois coupées ? Je crois que ce n'est pas là que se trouve la*

---

[182] *République Unie du Cameroun, Recueil des discours présidentiels (1957-1968)*, p.336.

solution. Sans compter qu'une mesure de cet ordre nous conduirait à mettre au chômage de nombreux Camerounais qui gagnent leur vie aussi bien dans ces activités commerciales que dans ces activités industrielles[183].

La citation est conclue avec une série de solutions proposées par l'auteur des questions soulevées au début de sa prise de parole :

En réalité, quelles que soient les solutions préconisées, nous sommes un pays sous développé. Et quelles que soient la doctrine ou les solutions que nous pourrions choisir, rien ne changerait cette situation d'un pays comme le nôtre, qui est un pays sous développé, un pays n'ayant pas suffisamment de capitaux, un pays n'ayant pas suffisamment de techniciens [...] Nous pensons, sincèrement, quant à nous que ces solutions consistent, encore une fois, à encourager le libre-échange. Ces solutions consistent à établir un programme comme nous l'avons fait. Ces solutions consistent à faire intervenir l'État, quand il faut, pour corriger les divers aspects de ce développement ; à le faire intervenir dans la production, dans la commercialisation, en sorte que le producteur puisse retirer le maximum de profit possible de son travail. Nationalisation, socialisme ? Voyez-vous chers compatriotes, je pense que et nous pensons que la coopération, par exemple, constitue la formule la plus adéquate pour que les producteurs puissent, ensemble, travailler à la production ; commercialiser en s'organisant pour vendre leurs productions, au prix le plus rémunérateur possible. C'est pourquoi, il y a quelques années déjà, des Camerounais et des étrangers de bonne foi, qui aiment notre pays, qui ont le souci du bien-être des paysans, ont créé des coopératives et mis à la tête de ces coopératives, des Camerounais. C'est du socialisme. Eh bien, qu'est-ce qui s'est passé dans beaucoup de ces coopératives ? Alors que ces coopératives étaient créées pour éviter- ainsi que l'ont pensé, et pensent encore, d'ailleurs, les promoteurs de cette réforme-, que les producteurs soient volés par certains intermédiaires lors de la commercialisation du cacao ou du café, chers compatriotes, qu'est-il arrivé dans beaucoup de ces coopératives ? Les gérants camerounais mis à leur tête ont, en définitive, volé les producteurs plus que ne le faisaient les intermédiaires Eh bien, si c'est cela le socialisme, si le socialisme consiste à confier des entreprises, des coopératives à des malhonnêtes, qui s'enrichissent au détriment du peuple, eh bien, messieurs, chers compatriotes, si c'est cela le socialisme, nous ne sommes pas socialistes[184].

Au-delà de la fermeté de ce discours présidentiel, il est loisible de reconnaître que les liens avec les pouvoirs publics figurent bel et bien parmi les priorités des entrepreneurs étrangers au Cameroun indépendant. En réalité, ils « ne se laissent pas faire » ; chacun des entrepreneurs étrangers entend, au mieux renouveler ses relations avec le pouvoir politique, à la limite renforcer les liens et les affinités existants, le tout dans le but de bénéficier des opportunités et de ce que nous avons appelé à l'introduction de ce travail le « parapluie

[183] *Ibid.* pp.422-423.
[184] *Ibid.*

protecteur » du pouvoir politique, c'est ce qu'il faut retenir de l'extrait qui suit :

Les grandes entreprises étrangères furent impliquées dans des ententes et des alliances politiques leur permettant d'avoir un accès privilégié à des opportunités d'affaires. C'est ainsi que le secteur du bâtiment et des travaux publics était dominé par un oligopole constitué de grandes entreprises étrangères - dont de nombreuses filiales de sociétés multinationales - qui ont bénéficié d'un "régime d'oligopole de fait, permissif de phénomènes d'ententes et de partage cartellisé du marché". Des entreprises comme Dragages, (une filiale du groupe Bouygues), les Grands Travaux de Marseille, Razel, SATOM ou la COGEFAR ont pu mobiliser au sein des cercles publics de décision, des ressources de patronage leur permettant de tirer profit de la croissance de la dépense publique d'investissement dans les grands travaux d'infrastructures. Ces entreprises étaient insérées dans "la logique d'action collusive" dominant le secteur du bâtiment. Le développement des affaires et de l'entreprise au Cameroun s'effectuait dans un contexte où les transactions effectuées sur les marchés appelaient des stratégies réciproques entre acteurs du pouvoir et opérateurs économiques étrangers ou nationaux. La construction d'affinités ou de loyautés politiques ne concernait pas seulement les opérateurs nationaux, mais aussi les entrepreneurs et hommes d'affaires ou les sociétés étrangères. C'est ainsi que le président du groupe français, les Grands Moulins de Paris-SOMDIAA qui allait être associé aux projets de la CAMSUCO et de la SODEBLE, disposait de bonnes relations avec le Président Ahidjo[185].

Comme ce fut le cas durant la période coloniale, les Français se positionnaient en première ligne dans ce jeu d'alliance et de chasse aux opportunités. Ils ont bien fait de garder ce réflexe qui les accompagne au Cameroun depuis près de 50 ans déjà. Pour davantage le comprendre, prenons appui sur les écrits de Christian Tobie Kuoh, un hiérarque du régime Ahidjo, qui relève les propos tenus par un conseiller technique du ministère des Finances et directeur du budget au Cameroun autonome d'origine française quelques années avant l'indépendance. En effet, dans une discussion que les deux hommes ont sur les privilèges fiscaux et les exemptions des taxes douanières accordés aux diplomates accrédités à Yaoundé, le fonctionnaire colonial français s'irrite fortement et s'insurge contre la décision de M. Tobie Kuoh de ne pas étendre ces prérogatives à tous les Français présents au sein de l'administration du Cameroun ; il tint des propos teintés d'un zeste de dédain et de condescendance ainsi qu'il suit : « Quand on a un budget qui dépend en grande partie de l'aide étrangère, on ne joue pas à l'important, on ne fait pas le difficile, on n'a pas de ces exigences. Le Cameroun ne survit que par la générosité de la France, le travail des Français qui sont ici ; si nous partons, si la France cessait son aide, votre

---

[185] Owona Nguini, « L'État et les milieux d'affaires au Cameroun…, p.55.

pays retomberait dans le chaos, le cannibalisme s'installerait partout »[186].

Jules Ferry ou alors Victor Hugo n'ont pas de souci à se faire sur leurs héritiers, défenseurs de l'idéologie des civilisations accomplies sur les sous civilisations, notamment en ce qui concerne une Afrique sans repère en dehors de l'action civilisatrice et magnanime de la France. Mais à quoi renvoient réellement ces propos de l'administrateur français sinon à l'idée de garder une mainmise certaine des Français et de leur lot d'assistants techniques au Cameroun. Ce fameux conseiller ne fait peut-être que dire tout haut ce que pensent plusieurs Français au Cameroun en cette première décennie des indépendances africaines à savoir que les Français doivent rester au Cameroun pour garantir le « *service après-vente* » suite à une si lourde mission civilisatrice économique, commerciale et culturelle débutée dans le pays en 1914.

Sauf que, à bien y regarder, le fonctionnaire français met en avant un aspect très important dans les relations entre l'État et l'entrepreneuriat au Cameroun. Il s'agit de la nature des capitaux qui sont investis dans l'économie nationale. Avant la découverte et l'exploitation des gisements de pétrole au Cameroun dans les années 1970 tel que nous l'avons évoqué au chapitre précédent, l'essentiel des capitaux de financement de l'économie du Cameroun provenait de l'étranger, en particulier de l'État français dans le cadre de la coopération bilatérale et des bailleurs de fonds étrangers comme les grandes organisations économiques internationales pour le cas des relations multilatérales[187].

Cette réalité a fait que la physionomie des relations entre les anciennes gloires du commerce d'origine européenne et le jeune État camerounais n'a donc pas changé : les Blancs restent les maîtres-étalons des relations entre le pouvoir politico-administratif et le monde de l'entreprise après 1960[188]. En plus des fameux accords inégaux de coopération rapidement imposés par Paris à toutes ces anciennes possessions coloniales membres de l'Union française, ils sont allés plus loin en élargissant l'éventail de leur présence dans les secteurs clés de nouveaux États, par exemple, à travers le rôle des coopérants français.

---

[186] C. T. Kuoh, *Mon témoignage. Le Cameroun de l'indépendance (1958-1970),* Paris, Karthala, 1990, p.43.

[187] Consulter par exemple D. Kom, *Le Cameroun,* Deuxième édition, Paris, L'Harmattan, 2001,

[188] Lire, avec beaucoup d'intérêts, J. Ziegler, *L'empire de la honte,* Paris, Fayard, 2005.

Pour cela, mentionnons cette citation de Philippe Hugon sur la coopération et les coopérants français en Afrique :

La coopération a été moins un moment de rupture, sauf sur le plan symbolique, que de gestion de la transition de la colonisation vers l'indépendance, même si elle renvoie à un discours ou à une rhétorique annonçant une nouvelle ère de dialogue entre les peuples qui laveraient les anciennes métropoles du péché de la colonisation. Pour de nombreux coopérants, la coopération éloignait des conflits et du dispositif militaire et dissociait les transformations politiques de la pesanteur des structures économiques et sociales. De nombreux jeunes voulaient changer le monde et pensaient participer à une grande aventure. Ils ignoraient superbement l'évolution de la colonisation, les débats de l'époque et faisaient table rase de l'héritage. En fait, il n'y a pas eu de rupture historique radicale[189].

L'auteur fait bien de parler de rupture radicale, étant entendu qu'effectivement il n'y a eu de séparation que sur le papier actant le départ des colons. Au Cameroun, les entrepreneurs français, syro-libanais, hollandais ou grecs n'ont pas automatiquement « plier bagage » et quitté le pays pour cause d'indépendance. Bien au contraire, ils ont continué à dominer le monde de l'entrepreneuriat et le marché local durant les décennies 1960, 1970 et 1980. Même si l'on voudrait minimiser la place des coopérants dans ce genre de situation, elle reste néanmoins à relever[190]. Ils représentent des maillons importants qui continuent à alimenter la relation entre l'ancienne puissance coloniale et les nouveaux États indépendants, surtout entre le nouveau pouvoir, le monde de l'entreprise et de l'industrie.

On se trouve ici devant une question scabreuse : qui sont ces coopérants ? Que représentent-ils réellement dans une Afrique fraîchement indépendante qui voudrait « faire le deuil » de la colonisation ? Quelles relations entretiennent-ils avec les nouveaux hommes au pouvoir ?

Notre posture sur la question de la présence et l'action des coopérants est celle-ci : il s'agit des coopérants et d'une coopération d'échec. Assurément, nous restons défenseur de la coopération technique et technologique[191], mais il n'en demeure pas moins vrai que

---

[189] Ph. Hugon, « Portraits comparés du coopérant et de l'administrateur de la France d'Outre-mer au tournant des indépendances », Outre-mer, T102.www.persee.fr/issue/outre_1631-04_2014num_101_384 (consulté le 18 mai 2020).

[190] La question est largement évoquée dans : O. Goerg et F. Raison-Jourde, *Les coopérants français en Afrique*, Paris, L'Harmattan, 2012.

[191] Tous les pays du monde promeuvent ce type de coopération que ce soit en Occident, en Afrique ou en Asie, et ce, même en ce début du 20e siècle.

la France ne peut pas avoir passé près d'un demi-siècle de « mission civilisatrice » au Cameroun et revenir, bien avant que l'encre utilisée pour signer l'acte de libération du Cameroun ne sèche, agiter la fibre de la coopération technique notamment dans les secteurs comme l'administration, l'éducation et le commerce. De quoi se poser des questions sur le travail de formation et la relève des ressources humaines après le départ des envahisseurs coloniaux. Nous avons plus affaire ici à une coopération de type néocolonial, sous les encouragements et la bénédiction tacite d'Ahmadou Ahidjo, le président du Cameroun libéré. La nostalgie reste donc un sentiment très marqué dans l'esprit de plusieurs anciens administrateurs coloniaux qui semblent toujours attachés au charme des richesses naturelles du continent noir. Ils comptent ainsi « partir pour rester », « partir pour mieux revenir » tel que l'indiquaient déjà prémonitoirement les leaders upécistes plus de 10 ans avant l'annonce de la date des indépendances[192].

À nouveau, les Français sont sans surprise au cœur de l'alliance entre le pouvoir et le patron d'entreprise. En cette entame de la décennie des indépendances, le Cameroun grouille encore de commerçants français qui ont bâti de puissants réseaux d'échanges officiels et officieux fortement enracinés au moins à deux endroits : sur les marchés du pays et sur les tables de bureau des hommes politiques ou des administrateurs encore acquis à la cause de l'ancienne puissance coloniale. Le temps est encore très court pour se dire adieu ; le passage de la colonisation à l'indépendance ne représente qu'une simple transition ; les hommes forts d'hier restent les maîtres du jeu malgré une indépendance gentiment accordée par Paris. Les Français ne sont pas seuls, les Grecs et les Syro-libanais n'ont pas « lâché » le Cameroun eux non plus ; ils restent très visibles dans les grandes surfaces d'échange à Douala et à Yaoundé, et dans le secteur de la commercialisation des produits de rente[193]. Ils se sentent visiblement concernés par le slogan de

---

[192] Consulter par exemple : R. Um Nyobe, *Écrits sous maquis,* Paris, L'Harmattan, 1989.

[193] ANY, Annuaire de la République fédérale du Cameroun, 1963 ; ANY, Annuaire de la République fédérale du Cameroun, 1969 ; ANY, Annuaire de la République fédérale du Cameroun, 1970 ou encore C.N. Mbem, « Mobilités des opérateurs économiques libanais et impact socio-économique de leurs activités dans les principales villes du Cameroun : cas de Yaoundé », Mémoire de DIPES II en Géographie, Université de Yaoundé I, ENS, 2009-2010 ; *L'Encyclopédie de la République du Cameroun,* Douala/Paris, Les Nouvelles Éditions Africaines, 1981.

Camerounisation lancé triomphalement par le président Ahidjo. Les liens qu'ils entretiennent tous avec l'*establishment* politique n'ont pas connu une rupture. Les réseaux mis sur pied par les hommes politiques et les entrepreneurs étrangers ne souffrent donc d'aucune contestation jusqu'ici. La flamboyance des hommes d'affaires français est prouvée à travers les indications suivantes :

Tableau n°14 : Répartition des hommes d'affaires et commerçants étrangers à Yaoundé et dans les marchés périphériques entre 1960 et 1964

Pays d'origine	Effectifs
France	418
Grèce-Chypre	92
Italie	27
Liban	55
États-Unis-Canada	30
Espagne	12
Allemagne	10
Angleterre	10
Benelux	10
Pays d'Afrique	88
Autres pays	25
Pays indéterminés	30

Source : ANY, Annuaire de la République fédérale du Cameroun, 1969 et ANY, 1AA, 962, Commerce, 1967-1970.

Graphique 4 : Commerçants et opérateurs économiques étrangers dans la région de Yaoundé à Yaoundé entre 1960 et 1964

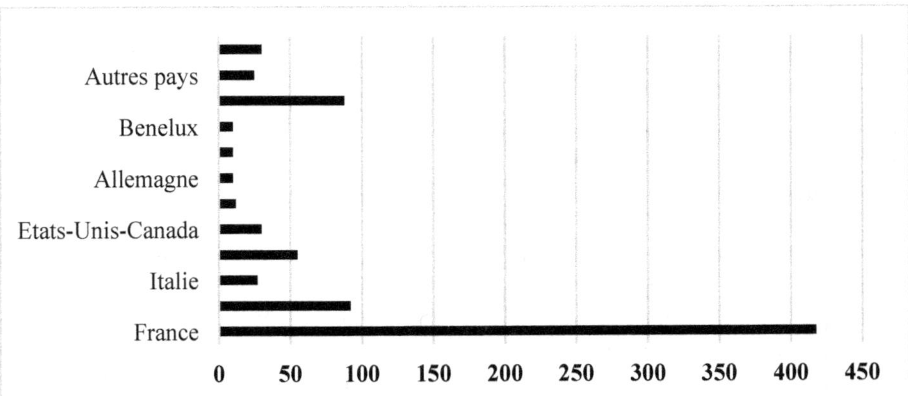

Source : tableau n°14.

Les deux illustrations subséquentes confirment notre analyse. Les Français qui sont toujours aussi bien représentés dans le pays ne développent aucun complexe à se positionner comme les premiers hommes d'affaires non africains dans la région de Yaoundé même après avoir officiellement « gratifié » le pays d'une indépendance politique. Ils savent, dans cet élan, s'entourer de leurs fidèles et éternels concurrents qui se comptent parmi les Grecs, les Libanais, les Syriens, les Anglais ou encore les Italiens. En réalité, cela dénote d'un fait manifeste : l'installation semble aisée en terre camerounaise, mais le départ l'est beaucoup moins, autant pour les Blancs que pour le reste des forces économiques en présence dans le pays.

Les Autres

Nous comptons signaler, même de manière sommaire, la place non moins importante des autres forces entrepreneuriales au Cameroun en nous fondant sur l'action des hommes d'affaires et des commerçants venus d'Afrique de l'Ouest, principalement les Nigérians, les Sénégalais et les citoyens maliens. Comme les Blancs, on pourrait aussi leur affubler l'épithète d'éternels ou au moins de permanents, du fait de leur long séjour dans le secteur des échanges au Cameroun. Ils sont en fait constitués d'une armada de petits commerçants et de certains grands noms de l'entreprise. Les relations qu'ils ont nouées avec les pouvoirs publics après 1960, s'inscrivent généralement dans l'ordre du *normal*[194].

Pour le cas des Nigérians, ils affectionnent bien les sites de Yaoundé et de Douala, mais également la partie anglophone du Cameroun (l'ancien *British Cameroon*)[195]. Les rapports qu'ils entretiennent avec l'État sont officiellement très bons. Spécialisés dans la gestion des garages, la maintenance automobile, la petite industrie, la mécanique ou la menuiserie métallique, ils restent particulièrement célèbres dans le pays[196]. Ils profitent de leur grand nombre (plus de 100 mille personnes dans les années 1960) pour se positionner comme la première force commerciale africaine au Cameroun[197]. Ils travaillent

---

[194] Edzimbi Laurent Gaspard, 70 ans, ancien chauffeur d'engins lourds et chef de bloc au quartier Mvog Ada à Yaoundé, Yaoundé le 29 janvier 2022.

[195] Consulter, pour plus d'informations, D. Foga Konefon, « L'immigration nigériane au Cameroun : incidences et représentations sociales 1916-2008 », Thèse de Doctorat Ph. D. en Histoire, Université de Yaoundé I, 2017.

[196] *Ibid.*

[197] *Ibid.*

généralement en partenariat avec les Camerounais en compagnie desquels ils scrutent et exploitent les réseaux administratifs et politiques à Yaoundé et dans les villes portuaires de Douala et de Limbé[198]. Au sein de cette communauté, des figures se distinguent, comme partout ailleurs. Parmi celles-ci, on remarque l'émergence de Tanko Hassan et d'Ahladji Garba, deux hommes d'affaires vêtus d'une tunique d'entrepreneur politique particulièrement actifs dans la ville de Douala et reconnus proches du président Ahidjo d'abord et du Rassemblement Démocratique du Peuple camerounais (RDPC) de Paul Biya ensuite. On retient de ces deux protagonistes que :

Le processus d'incorporation de riches nigérians dans le jeu politique local est plus visible avec la cooptation des immigrés nigérians naturalisés camerounais – established. [C'est le cas] de M. Tanko Hassan[199]*, important homme politique dans la ville de Douala. Son itinéraire est typique de ceux des immigrés haoussas du Nord du Nigeria arrivés à Douala avant l'indépendance et installés dans les petits métiers. Ayant débuté comme tailleur à New-Bell, cet immigré nigérian s'est ensuite reconverti dans le commerce où il s'est imposé comme un ténor de la filière « import-export » [...] Cette nouvelle position sociale conquise et son appartenance à la religion islamique ont fait de lui un pôle « naturel » de convergence de nouveaux immigrants nigérians de même obédience religieuse, d'immigrants en bute aux multiples tracasseries quotidiennes. Sa situation d'«established » sert donc, au contraire de celle observée par Elias et Scotson à Winston Parva, de refuge pour les nouveaux*

---

198 *Ibid.*

199 La vérité est que Tanko Hassan a su surfer entre la période d'Ahidjo et celle de son successeur. Il est originaire de la région de Kano au Nigéria. Né vers la fin de la Première Guerre mondiale dans la région de l'Adamaoua au Cameroun, ce dernier est, dès le départ, connu comme un jeune tanneur de peau de bœufs voguant entre le Cameroun, la République centrafricaine et l'ancien Zaïre où il laisse des empreintes indélébiles dans le secteur des minerais. Il s'installe par la suite à Douala de manière définitive avant le déclenchement de la Seconde Guerre mondiale, plus exactement au quartier New Bell. Tailleur professionnel, on dit de lui qu'il était « l'habilleur agréé » du président Ahidjo de qui il recevait de nombreuses commandes pour la confection des vêtements de haute qualité. Le succès de ses activités le conduit dans l'import/export où il passe rapidement pour une référence au sein de la communauté des commerçants nigérians du Cameroun. Il trouve vite la passerelle pour s'introduire en politique en se procurant une carte de l'UNC d'Ahmadou Ahidjo. Les liens entre Tanko et les figures commerciales originaires de l'Ouest-Cameroun lui ont permis de compter parmi les figures économiques du pays à travers des investissements dans des structures comme la CAMSUCO, UCB, Akwa Palace. Pendant une grande partie du règne d'Ahidjo, Tanko est présenté comme un influent homme d'affaires et un redoutable entrepreneur politique qui s'impose dans la ville de Douala et ses environs autant au sein de l'UNC. On lui prête également des accointances fortes avec l'UNDP de Bello Bouba et le MDP de Samuel Eboua. Il meurt en juillet 2000, des suites de maladie.

venus. Parallèlement, c'est une position qui sert aussi aux autorités locales, surtout lorsqu'il s'agit de la résolution de la « difficile équation » nigériane à Douala. Dès lors, M. Tanko Hassan apparaît auprès des autorités locales comme une personne ressource qu'il faut « capter », aux fins de la maximisation des gains dans un jeu politique où les Nigérians sont indirectement partie prenante. Il en est de même de M. Ahladji Garba, député RDPC de Douala II dont les origines nigérianes sont connues de tous et qui joue un rôle similaire d'encadrement des immigrés nigérians à Kolouloun [célèbre marché à Douala]. Son investiture par le RDPC participe de cette logique de contrôle des immigrés de haute stature sociale et économique. La popularité de M. Aladji dans les milieux immigrés est telle qu'il constitue aux yeux des autorités locales un maillon essentiel à partir duquel cette immigration peut être contrôlée[200].

À propos des Sénégalais et des Maliens, leur présence est encore bien timide en ces années post coloniales. Pourtant, leur réputation de commerçants ou d'hommes d'affaires « faitout » leur résiste bien. Très introduits dans le commerce de détail et dans les activités de revente, leur sens de l'adaptation leur a permis de créer et d'entretenir des unions tant économiques que sociales avec les Camerounais, surtout pour le cas des Maliens. Officiellement apolitiques, rien n'empêche qu'ils soient cités comme de fervents soutiens financiers des hommes politiques locaux (maires et députés) de l'époque, particulièrement en périodes électorales à Yaoundé et à Douala[201]. En retour, on imagine bien que les hommes au pouvoir le leur rendent bien à travers une série de passe-droits ou de privilèges qui expliqueraient non seulement leur pérennité dans le pays, mais surtout l'agrandissement sans cesse croissant de leur espace entrepreneurial.

De toute évidence, ces opérateurs économiques ouest-africains basés au Cameroun profitent certainement de leurs origines pour se faire une santé commerciale dans le pays. La proximité linguistique, culturelle et religieuse représente un puissant facteur d'intégration au sein du macrocosme socio-économique du pays d'accueil. Cela est d'autant plus vrai que les négociants maliens ont été, pendant plus de 30 ans, particulièrement actifs au marché central de Douala du fait des liens de proximité putatifs avec le président Ahidjo, dont l'un des parents aurait

---

[200] J-B. Nkene, « Les étrangers, acteurs de la vie politique camerounaise : l'expérience des immigrés nigérians dans la ville de douala », *Polis* / R.C.S.P. / C.P.S.R. Vol. 8, Numéro Spécial, 2001, p.17.

[201] Edzimbi Laurent Gaspard, 70 ans, ancien chauffeur d'engins lourds et chef de bloc au quartier Mvog Ada à Yaoundé, Yaoundé le 29 janvier 2022.

été originaire de la Somalie française (actuel Mali)[202], mais surtout grâce à l'entregent et aux multiples interventions d'un certain Cheik Sekou Sissoko, un citoyen malien devenu l'un des principaux conseillers du président Ahidjo dès l'aube de l'indépendance, et donc l'un des maillons essentiels des réseaux de pouvoir au Cameroun dans les années 1960 et 1970[203].

Au moment où s'achève ce chapitre, on évoquera principalement trois éléments : le secteur de l'entrepreneuriat au Cameroun est subdivisé en plusieurs catégories composées des hommes d'affaires locaux, des Blancs et des opérateurs économiques d'origine ouest-africaine. Ensuite, le microcosme entrepreneurial domestique est structuré en deux grands groupes, celui des entrepreneurs emblématiques Bamiléké et *haoussa*, puis celui des challengers béti, bassa, bafia, douala, etc. Enfin, le monde des étrangers reste dominé par les Français qui côtoient également les commerçants venus d'Afrique de l'Ouest en particulier les Nigérians, les Maliens et les Sénégalais.

---

[202] Modibo Dhan, 80 ans environs, opérateur économique malien basé au Cameroun depuis les années 1970, Douala le 20 septembre 2022.

[203] Cheik Sekou Sissoko est originaire de Kayes au Mali. Il arrive au Cameroun avec le statut de fonctionnaire de l'assistance publique française durant la décennie des années 1950. Très vite, il se lie d'amitié avec Ahidjo alors Premier ministre du Cameroun français autonome. Médecin de formation, il est surtout connu comme un fonctionnaire international devenu ministre et proche collaborateur du chef de l'État camerounais. On le considère plus comme l'éminence grise d'Ahidjo qui a fait de lui son « chef de cabinet », et moins comme un acteur politique de terrain. Ses amitiés et sa loyauté vis-à-vis du chef de l'UNC l'ont propulsé au statut de figure incontournable, bien introduite dans le cercle du pouvoir du premier président camerounais. L'influence et le rôle stratégique que joue Cheik Sekou Sissoko à la présidence de la République sont tel qu'il est souvent présenté comme celui-là qui a favorisé l'insertion de plusieurs hommes d'affaires maliens dans les circuits économiques et dans les plus grandes places d'échange du Cameroun dès le lendemain des indépendances.

CHAPITRE 6 :
Le jeu d'alliance et ses reflets sous le règne d'Ahidjo

Naturellement, la politique dite de camerounisation n'a pas fait l'unanimité dans l'univers entrepreneurial au Cameroun. Le moins que l'on puisse dire c'est qu'il y a eu des groupes d'hommes d'affaires qui se sont sentis moins favorisés que d'autres. La majorité venait de la cuvée des négociants étrangers qui ne boudèrent pas le droit de manifester leur mécontentement et leur désarroi face à ce qu'ils avaient tôt fait de qualifier de « politique inéquitable[204] ». En réalité, il ne s'agit peut-être ni plus, ni moins que d'une « simple querelle de couple ». Le mariage entre le politique et le monde de l'entreprise est parfois plein de rebondissements ; l'intérêt joue très souvent le rôle d'arbitre ou alors d'éléments de convergence. Nous avons l'occasion de revenir par la suite sur cette conclusion lorsque nous aborderons la troisième partie. Contentons-nous, pour le moment, de scruter les dernières lignes de cette seconde partie. Passons d'abord au scanner les réalités des pratiques politiques d'Ahidjo et surtout de ses choix économiques et commerciaux.

Attentes et débats

Des données et considérations présentées jusqu'ici, nous pouvons tirer la conclusion que la création ou l'accompagnement d'une élite économique camerounaise a parfois aussi été une éprouvante parturition. Tout le monde n'a pas pu suivre le rythme proposé par l'administration. Fait caractéristique : tous ces « coups de main » ont souvent donné naissance à une classe économique plus représentative que dynamique, souvent très peu créatrice et peu encline à l'innovation et à la diversification de ses investissements tant financiers qu'humains, c'est peu de le dire d'ailleurs. La confection d'une élite économique a parfois fait oublier le sens de la Responsabilité Sociale des Entreprises (RSE) qui reste pourtant l'un des défis majeurs pour toute entreprise qui se veut citoyenne.

Certes, le soutien apporté aux opérateurs économiques n'est pas l'apanage de l'État camerounais, cette pratique existe ailleurs[205]. Le

---

[204] Mme Kokkinidès, 69 ans, commerçante grecque installée au Cameroun depuis les années 1970, Sangmelima, le 26 janvier 2015.

[205] En ne prenant que quelques exemples dans le monde occidental d'aujourd'hui, on est dans l'obligation de reconnaître que les subventions aux agriculteurs et les aides

mot récent le plus convoqué pour illustrer ces privilèges et ses mesures d'accompagnement est certainement celui de subventions qui obéissent à plusieurs raisons comme la promotion, et nous l'avons déjà indiqué, d'une classe d'entrepreneurs nationaux libres et conquérants à même de contrecarrer la percée des entreprises étrangères au Cameroun, tout en permettant aux hommes d'affaires de participer à l'effort de développement pour ce qui est par exemple de la construction ou de l'entretien des infrastructures, des voies de communication, bref du service et de l'action publique. À cet entrelacs de facteurs devrait se greffer la fluctuation des revenus sur le plan macroéconomique avec, comme dessein, la multiplication des emplois, l'élargissement de l'assiette fiscale, l'accumulation de l'épargne intérieure, la participation à la naissance et à l'éclosion des laboratoires de recherche au sein des entreprises.

Une certaine opinion, fréquemment relayée et défendue dans plusieurs médias et dans certains cercles intellectuels au Cameroun, vend l'idée selon laquelle un État peut enrichir qui il veut, quand il veut du fait de sa puissance et des moyens dont il dispose. Mais, nous tenons à donner notre point de vue sur ce sujet en soutenant que dans un État comme le Cameroun, on ne peut pas se permettre d'enrichir à tout vent, car c'est cet accompagnement financier, juridique et logistique à l'aveugle qui a fragilisé la politique de nationalisation économique lancée par Ahidjo. Cela a donné et continue à donner lieu à une guerre économique villageoise et tribale qui envahit les marchés et tout le circuit commercial du pays.

Voilà un pays dans lequel on applique, bien que de manière très contestable depuis plusieurs décennies, la politique dite de l'équilibre régional[206] c'est-à-dire l'adoption du système des quotas dans les

---

apportées aux milieux d'affaires, surtout aux banques ne font l'objet d'aucun débat. On distingue ainsi, dans la plupart des cas, d'autres formes d'aides (matérielle, juridique ou scientifique) existent bel et bien. Le fonds européen agricole pour le développement rural s'est doté d'une enveloppe qui se chiffre à près de 100 milliards d'euros, destinée aux subventions agricoles de l'Union Européenne en 2017. Aux États-Unis d'Amérique, la banque centrale américaine (FED) ne cesse de multiplier des prêts à de nombreuses banques locales afin d'honorer leurs engagements à hauteur de dizaine de milliards de dollars depuis au moins la crise des *subprimes* de 2007 qui a marqué une nouvelle étape dans l'établissement des plans d'aides des autorités publiques à plusieurs entreprises privées et parapubliques.

[206] Consulter : J. Mfoulou, « Équilibre régional et désunion nationale au Cameroun : leçons du passé et perspectives d'avenir », in D. Simo (Dir.) et al., *Construction identitaire en Afrique,* Yaoundé, 2006, p.11.

recrutements administratifs au sein de la fonction publique et dans les entreprises publiques et parapubliques, mais qui éprouve toutes les peines du monde à trouver un projet novateur, ne serait-ce qu'à titre expérimental, dans la fabrication d'une élite économique avec des chiffres et des subventions qui devraient être accordés à telle ou telle région et pourtant, on évoque à tue-tête le fait que le libéralisme planifié devrait, pour mieux se réaliser, adopter un système de développement harmonieux et équilibré dans toutes les régions du pays.

Avec une culture d'entreprise parfois débridée, où tout le monde attend tout de l'État, on constate que dans le système Ahidjo et probablement celui de son successeur, un grand nombre d'hommes d'affaires se complait à vivre sous une assistance étatique douillette. Tout le monde, ou presque, est atteint par des pulsions d'accumulation. L'absence de prise de risque et le déficit de créativité au sein des entreprises règnent impunément. On attend tout d'un régime-État, lui-même, hyper centralisé. En lieu et place des hommes d'affaires créatifs et ingénieux, on a visiblement à faire, depuis bien des décennies, à des entrepreneurs assistés, blottis *at vitam aeternam* au creux de la mamelle nourricière de l'État c'est-à-dire dépendant absolument des deniers publics, des ressources de la nation. C'est bien d'avoir des possédants économiques sous perfusion permanente des pouvoirs publics, mais c'est mieux de bâtir une élite économique qui s'illustre par son sens de l'innovation. Finalement, le couple pouvoir/homme d'affaires accouche des nains voire des enfants mort-nés en termes d'entreprises industrielles sous l'ère Ahidjo. Ils restent nombreux, ces hommes d'affaires camerounais qui revendent systématiquement des produits importés ou alors demeurent des actionnaires minoritaires dans les sociétés de transformation dans leur propre pays.

De toutes les manières, le problème des choix économiques d'Ahidjo résidait aussi sur le fait que ce dernier hérita d'un État quelque peu vacant, notamment en ce qui concerne la présence économique locale. Il fallait tout refaire, tout recréer. Tous les postes administratifs et toutes les fonctions devaient être redéfinis et occupés. À ces postes de responsabilité, il avait à travers sa politique de camerounisation, décidé d'embaucher des concitoyens dont les plus nombreux étaient très peu formés ou pas du tout qualifiés. En plus, tout le monde n'a pas eu droit aux mêmes faveurs. Kodock concoctait ses petites listes en fonction de ce qu'il voyait : un problème de modèle décidément. Par conséquent, l'entrepreneuriat de la débrouillardise à la recherche des sponsors administratifs a été le plus en vue, bonjour l'informel !

Et pour couronner le tout, la mentalité du Camerounais, entrepreneur ou pas, administratif ou pas, élite ou pas, membre du système dominant ou pas, ne pourrait ne pas être pointée du doigt dans un tel environnement. Plusieurs citoyens de ce pays sont, au moins depuis le départ du colon, habités par un esprit rempli de prétention mal digérée, plus enclin à faire l'éloge de la démesure et à toujours tout attendre de l'État, quitte à dévaliser les caisses publiques et à crucifier un avenir et un développement qui s'annoncent déjà hypothétiques, le tout indépendamment de la période et du lieu. Lisons pour s'en convaincre ce constat que fait le président Ahidjo lorsqu'il décide de prendre une posture de psychologue :

Je vais maintenant évoquer devant vous et à travers vous, devant la nation camerounaise, un des problèmes que je crois grave. Il s'agit de l'absence de mesure chez nos compatriotes ; il s'agit de leur propension à détourner les deniers publics et les deniers d'autrui. J'ai parlé de l'absence de mesure. De quoi s'agit-il ? Eh bien ! Quand on est à un poste qui vous permet d'être l'objet des sollicitations les plus variées et les plus surprenantes, quand on observe tout ce qui se passe dans les administrations publiques, quand on est à longueur de journée à écouter les uns et les autres, le soir, on est pris de désespoir. Pourquoi ? Chaque Camerounais à qui l'on confie une place, une situation, veut obtenir davantage, non pas par ses mérites, mais par les intrigues, le chantage, toute sorte de bassesse, que réprouve la conscience. Exceptionnels sont les Camerounais qui vous diront : Je suis satisfait de ma situation actuelle. Un autre fait qui explique cette ambition dévorante de tout avoir, si possible tout de suite, est que peu de Camerounais vous parlent de l'intérêt général. Quand ils en parlent, c'est souvent pour masquer leur intérêt personnel[207].

Ainsi s'exprimait Ahidjo.

Une chausse-trappe politique ?

Le Cameroun a décidé de « placer » à sa tête un président de la République âgé d'une trentaine d'années, dynamique et fédérateur, au moins dans sa profession de foi, le nommé Ahmadou Ahidjo, le *Père de la nation*. C'est un homme de pouvoir, mieux un homme d'État qui concentre l'essentiel des prérogatives entre ses mains. Son rêve est coloré et clair : diriger le Cameroun d'une main de maître, en déterminer tous les contours et avoir une mainmise sur tout le plan politico-économique, au minimum sur les principales classes socio-professionnelles[208]. Pour ce faire, il a pris la peine de mettre sur pied un

---

[207] *République Unie du Cameroun, Recueil des discours présidentiels (1957-1968)*, p.182.

[208] Se référer à la constitution du Cameroun, notamment celle de 1972 qui prévoit les grands pouvoirs pour le président de la République, chef de l'État, chef du

appareil politique dominé par l'UNC qu'il conduit dès sa création. Pour le manifester, le nouveau patron du Cameroun estime même qu'il est l'homme par qui le salut du pays serait arrivé. Le pèlerin qu'il a été pour son peuple s'est rapidement mué en guide, en libérateur, puis en sauveur de la cause camerounaise. Laissons le soin au chef de l'État de parler lui-même de ses faits d'armes et de ses exploits :

> *...Il faut, c'est utile, de temps en temps, se rappeler quelle était la situation du Cameroun lorsque les responsables de l'Union Camerounaise ont pris la direction du pays. En 1958, je l'ai dit dans ma déclaration d'investiture lorsque nous avons pris le pouvoir, le Cameroun ne savait pas où il allait. C'est nous qui avons tracé la voie de l'émancipation camerounaise. C'est nous qui avons réalisé cette émancipation, ceux que nous avons remplacés, qui nous donnent aujourd'hui des leçons de nationalisme, ne savaient pas non plus où allait le Cameroun [...] Nous avons non seulement tracé la voie de l'émancipation du Cameroun, mais réalisé cette émancipation [...] Malgré des difficultés énormes, nous avons bâti un État, nous avons mis en place nos institutions, rénové et camerounisé nos cadres, confié à nos élites de grandes responsabilités. Nous leur avons confié le service des préfectures. Il y a eu des déceptions, mais dans l'ensemble, les Camerounais ont fait leur devoir. Nous avons entrepris le développement économique et social du pays, le développement de l'infrastructure nationale. Grâce à l'aide de nos amis de l'extérieur, grâce à l'aide des organismes tels que le Marché Commun, nous avons investi dans les œuvres sociales, ou à caractère économique, des sommes importantes*[209].

Par *Nous*, il faut comprendre Ahmadou Ahidjo lui-même. En réalité, ce discours au fort relent politique a été prononcé lors de l'inauguration du bâtiment de la sous-section de l'UC à Yaoundé le 7 octobre 1963. Il est principalement adressé aux opposants politiques du président avec, comme tête de pont, M. André-Marie Mbida, patron du parti des Démocrates Camerounais, la principale formation politique d'opposition en pays béti. C'est une allocution qui permet néanmoins de comprendre la place et le rôle, quelque peu mégalomane, avouons-le, que le président Ahidjo se donne dans l'histoire de son pays.

Au plan administratif, en plus d'être le chef du gouvernement, malgré la nomination de deux Premiers ministres (au Cameroun oriental et oriental), Ahidjo s'est mis sur pied une police politique redoutable qui tient à contrôler toutes les couches sociales du pays à

---

gouvernement. Il est par exemple écrit que le chef de l'État est le chef suprême des armées ; il nomme aux fonctions civiles et militaires ; il préside le conseil supérieur de la magistrature, il nomme les responsables des missions diplomatiques et consulaires ; il est le garant de la politique économique de la nation, etc.

[209] *République Unie du Cameroun, Recueil des discours présidentiels (1957-1968)*, pp.388-339.

travers un puissant service de renseignement confié à un commissaire divisionnaire craint et réputé, Jean Fochivé (sur lequel nous reviendrons plus loin).

Cette emprise sur la politique et l'administration du pays par le président Ahidjo s'applique également dans le secteur économique. Le président, en annonçant sa politique de camerounisation de l'économie, tient à garder un œil bien ouvert sur le monde de l'entrepreneuriat et sur ses principaux acteurs, locaux comme étrangers : rien ne doit échapper à l'attention d'Ahmadou Ahidjo. Le monde des affaires ne peut pas s'extraire du cercle de surveillance des services de contrôle et de renseignement de la nation. À défaut de conditionner publiquement l'aide de l'État aux entreprises et aux entrepreneurs du secteur privé, Ahidjo use aussi de sa politique de camerounisation pour s'assurer de la loyauté et du soutien du patronat aux actions de son gouvernement et de l'UNC. C'est ainsi que les relations entre le pouvoir et l'entreprise prennent rapidement une couleur hégémonique au moins pour plusieurs décennies.

Le goût des fruits de l'arbre

Dans une économie néocoloniale comme celle du Cameroun au sein de laquelle l'essentiel des investissements du pays provient encore de l'extérieur en cette deuxième moitié du 20e siècle[210], l'idée de promouvoir la classe des hommes d'affaires par le truchement de simples financements paraît saugrenue, c'est la facilité évidente. Elle révèle une incapacité d'aller plus loin dans la recherche d'un vrai modèle de développement ou d'un vrai groupe d'hommes d'affaires capables d'influencer le secteur de la production, des échanges et de la consommation en termes d'emploi et surtout pour ce qui est de l'épargne privée comme source d'accumulation. Il appert que le président Ahidjo, apôtre de la camerounisation, conscient de cette réalité, lança lui-même un appel solennel à son peuple en soulignant que :

La carence persistante de l'épargne privée aboutit en effet à reporter tout le poids de développement sur l'État seul ou à subordonner ce développement à l'aide extérieure. C'est pourquoi nous saluons avec satisfaction ceux de nos compatriotes qui se lancent résolument dans les affaires [...] Nous ne pouvons cependant pas compter indéfinitivement sur l'épargne extérieure pour le financement de notre

[210] B. Puepi, *Chroniques des pratiques politiques au Cameroun,* Paris, L'Harmattan, 2009, pp.87-89.

développement. Cela ne serait pas réaliste et il y va aussi de notre dignité et même de notre indépendance. À la longue d'ailleurs, l'aide extérieure s'avère inopérante si elle s'appuie sur un sérieux effort intérieur « aide-toi, le ciel t'aidera », dit un dicton populaire. Apprenons à épargner et à investir nous-mêmes d'abord et les effets de l'aide en seront renforcés d'autant[211].

Il a raison. Pourtant, le problème réside assurément non pas dans l'idée, qui est louable par ailleurs, mais dans les mécanismes de financement et la politique de sélection de ces « heureux élus » bénéficiaires de la manne étatique et de la magnanimité des pouvoirs publics connus sous le nom d'hommes d'affaires ou chefs d'entreprise.

De plus, avait-on au préalable pris la peine d'expliquer à ces entrepreneurs quelles étaient les attentes de l'État camerounais en leur définissant, comme cela se fait ailleurs, un véritable cahier de charges ? Une fois encore, et un peu paradoxalement d'ailleurs, c'est Ahidjo qui fait partie des premiers à avoir mis l'accent sur cette question :

...Si l'État doit tout faire pour encourager les Camerounais à participer au développement économique du pays, il reste entendu que ces Camerounais quels qu'ils soient, doivent, parce qu'ils sont Camerounais, justement respecter les règles établies dans ce domaine comme dans d'autres. Car les règles qui sont établies le sont non seulement pour les étrangers, mais aussi, et surtout pour les Camerounais. Que gagnera le Cameroun, quel sera le profit du peuple camerounais si certains citoyens qui participent à cette promotion économique, souvent avec la bienveillance des pouvoirs publics, ne respectent pas les règles établies, ne paient pas leurs impôts ni leurs taxes ? Avec cette attitude, ils privent l'État, c'est-à-dire le peuple camerounais des ressources auxquelles il a droit. Les Camerounais doivent savoir également que pour participer efficacement à la promotion économique de notre pays dans le domaine du commerce et de l'industrie, ils doivent [...] s'efforcer d'employer des règles en vigueur au XXe siècle. Mais par contre, si les Camerounais continuent à utiliser des moyens de l'époque coloniale ou précoloniale, en matière d'économie, évidemment cette participation ne pourra pas être efficace[212].

Nous gagnons à nous arrêter pour revisiter cet extrait plutôt brûlant du discours de clôture de campagne électorale de la présidentielle de 1965 à Yaoundé, prononcé par le premier président du Cameroun. La préoccupation première qui vient à l'esprit est celle de savoir s'il s'agit d'un discours de rupture, d'une mise en garde ou alors d'un simple message de campagne électorale prononcé spécialement pour haranguer les foules et convaincre les électeurs indécis. À la vérité, Ahidjo, par cette communication, s'adresse moins à la nation qu'à lui-

[211] ANY, bulletin quotidien d'information, ACAP du 12 mars 1969, p.17.
[212] *République Unie du Cameroun, Recueil des discours présidentiels (1957-1968)*, p.512.

même. Il dresse personnellement le bilan et fait le constat d'un système qu'il a savamment mis sur pied. Il s'agit plus d'un discours-monologue que de toute autre chose. Comme on le verra par la suite, plusieurs hommes politiques camerounais de haut rang excellent souvent dans l'art de faire des discours de dénonciation et/ou de mise en garde portant sur un système qu'ils ont eux-mêmes créé, servi, valorisé et vanté.

En effet, après avoir procédé à la nomination par décret des hommes d'affaires tout en leur ouvrant un boulevard d'avantages avec manifestement des entrées au palais présidentiel, on ne pouvait pas mieux espérer de certains d'entre eux ; l'attitude d'« enfants gâtés de la république » qui s'imaginent être au-dessus des lois se distinguant par le non-respect des règles établies n'est qu'un épiphénomène. Il n'y a, à proprement parler, pas de surprise si un certain nombre d'opérateurs économiques triés parfois selon les logiques tribales, fraternelles, amicales ou tout simplement sur la base d'un heureux hasard, se comportent comme des hors-la-loi. Le choix de la politique de petits avantages a été fait, il ne reste plus qu'à l'accepter ou alors à assumer les conséquences. De ce fait, la beauté et la force des mots prononcés par Ahidjo ne peuvent aucunement faire oublier le fait qu'il est le principal architecte de ce système. Le maître du jeu doublé de son auréole de *Père de la nation* camerounaise ne saurait donc se prévaloir de ses propres turpitudes.

La corruption-reine

La corruption possède un don inouï de l'accommodation dans l'environnement camerounais. Plus on dénonce ce phénomène et ses méfaits au Cameroun d'Ahidjo -et même après-, mieux il semble s'engraisser, s'imposer et se propager à grande vitesse. Juguler la corruption en ces premières décennies d'indépendance est donc vraisemblablement comparable à un combat vain ou alors à un exercice consistant à combler d'eau un panier perforé de part et d'autre. C'est pour cette raison qu'il faut dire haut et fort que les soutiens financiers pour l'érection des marchands camerounais en hommes d'affaires accomplis ont également été émaillés des soupçons de favoritisme et de surtout de corruption[213]. Il semble même, à bien des égards, que les liens entre le pouvoir et l'entreprise au Cameroun aient toujours accouché de vastes réseaux de corruption, de tribalisme, de clientélisme, de trafic d'influence, de concussion et *tutti quanti*, le tout sous fond de recherche

---

[213] Revenir sur : Kom, *Le Cameroun. Essai d'analyse…*

des ressources financières et des subsides qui existent des deux côtés[214]. Qui mieux que le président Ahidjo pour nous l'expliquer.

Après son départ du pouvoir, répondant à une interview de la presse française, Ahmadou Ahidjo reconnaît à demi-mot ce que tout le monde savait déjà au Cameroun, à savoir la corruption et les influences malsaines entre l'État et le monde des affaires. Il indique sans ambages que :

Ayant appris que des trafics malsains se développent entre les banques et certains affairistes, j'avais convoqué, plusieurs mois avant ma démission, une importante réunion regroupant autour de moi et en présence du ministre de la justice, tous les responsables des banques établies au Cameroun. Ce, pour faire toute la lumière sur les bruits que j'avais perçus. Nombre de personnes présentes à cette réunion se trouve aujourd'hui aux côtés de M. Paul Biya, à commencer par M. Etienne Ntsama et M. Sadou Hayatou, alors tous deux directeurs de banques. Tous peuvent attester que je leur avais posé publiquement la question de savoir si une seule fois le président ou un de ses représentants était intervenu auprès d'une banque en faveur d'un homme d'affaires, qu'il soit du Nord, du Sud, de l'Est ou de l'Ouest. Tous ayant répondu par la négative, j'avais alors donné l'ordre à tous les banquiers présents de poursuivre les débiteurs auprès des tribunaux, et dit au ministre de la Justice de prendre toutes les mesures nécessaires en vue de faciliter l'action judiciaire contre tous les coupables. Je sais que ceux-ci se rencontrent dans toutes les régions du pays. Et non pas seulement parmi les El Hadji du Nord comme on voudrait le faire croire[215].

Déplorons ce fait comme Ahidjo, mais ne nous y attardons pas outre mesure à ce niveau de l'analyse. Tout simplement parce que nous reviendrons largement sur ce sujet, malheureusement aussi parce que c'est devenu la règle chez nous. On corrompt pour s'enrichir, on détourne pour se positionner politiquement, on spolie les biens publics pour des raisons de pouvoir et de domination : la machine de la corruption tourne ainsi à plein régime. Voyons ce qu'écrit Bayart à ce propos :

Coiffés par M. Ahidjo, les appareils d'État se présentent donc (et ce n'est pas polémique que de le constater) comme des appareils d'accumulation : soit que l'on dispose d'une position de pouvoir particulière dont on use pour s'approprier à bon compte une position d'enrichissement (mécanisme sous-jacent à la naissance de quelques gros patrimoines fonciers et immobiliers), soit que l'on détienne une position d'enrichissement que de précieuses relations politiques viennent étayer. De la sorte se forme une véritable classe dominante, alliant puissance et richesse, qui aspire à transcender les clivages hérités du passé[216].

---

[214] Byart, *L'État au Cameroun...*, p.210.

[215] C.T. Kuoh, *Une fresque du régime Ahidjo (1970-1982)*, Paris, Karthala, 1991, p.39.

[216] Byart, *L'État au Cameroun...*, p.218.

Une opinion, pas toujours démentie officiellement, qui est revenue plusieurs fois dans les échanges entre nos interviewés, fait état de ce que l'ancien ministre des Finances du Cameroun Victor Kanga[217], que Bayart qualifie de pan-bamiléké[218], proche collaborateur du premier président, originaire de l'Ouest-Cameroun et devenu un paria du régime-État, passe pour un agent accélérateur de l'éclosion économique des marchands bamiléké avec ses choix jugés parfois tribalistes et partisans. Les défenseurs de cette thèse notent que Victor Kanga aurait été débarqué de son poste de ministre du fait des largesses administratives et financières accordées essentiellement aux Bamiléké[219]. Cette politique de privilèges ultra régionaliste et notoirement exclusive, aurait ainsi précipité sa chute et poussé le président Ahidjo à le renvoyer du gouvernement et à créer un sentiment de « méfiance républicaine » vis-à-vis de tous les administrateurs d'origine bamiléké qui voyaient désormais une épée de Damoclès peser permanemment sur leurs fonctions pendant plusieurs années. Pour étayer leurs arguments, les anti-Kanga prétendent que celui-ci avait pris l'habitude de remplacer les noms des commerçants étrangers sur les permis d'exploitation et de vente (principalement grecs et français sur le départ dans les marchés camerounais), par les patronymes des négociants originaires de l'Ouest, qui devaient pourtant être archivés[220]. En d'autres termes, le ministre Kanga aurait appliqué la règle d' : « un

[217] Victor Kanga est né le 12 mars 1931 à Banka dans la région de l'Ouest-Cameroun. Il fait ses études supérieures en France et devient docteur en droit. Devenu Inspecteur d'État dès son retour au Cameroun, il s'illustre dans le milieu politique camerounais d'abord comme député à l'Assemblée nationale, puis comme ministre de la justice, ministre de l'économie nationale, ministre de l'information et du tourisme et ministre des finances, du plan et de l'équipement national entre 1960 et 1966. Après sa sortie du gouvernement, il entre très vite en disgrâce avec le régime du président Ahidjo. Il est suspecté d'être à la tête d'un groupe spécialisé dans la propagation de fausses nouvelles et des informations contre le pouvoir en place. Il est arrêté et condamné à quatre ans de prison. Avec le départ du président Ahidjo et l'arrivée du président Paul Biya, il est nommé président du conseil d'administration de la société de téléphonie Intelcam en 1985, un poste qu'il occupe jusqu'à son décès des suites de maladie à Yaoundé le 14 juin 1991.

[218] Bayart, « L'Union nationale camerounaise…, p.705.

[219] Foé Gorgon, 80 ans, ancien homme politique et ancien homme d'affaires, Yaoundé le 5 novembre 2009 ; Essono Elie Joseph, 74 ans, ancien cadre d'administration au ministère des finances et au ministère du commerce, Yaoundé, le 10 août 2021 et Minsili Louis-Aimé, 76 ans, homme d'affaires et homme politique exerçant à Yaoundé depuis les années 1970, Yaoundé le 11 juillet 2022.

[220] *Ibid.*

commerçant blanc parti équivaut à un négociant bamiléké arrivé » sur le marché. Cette réalité a alimenté de nombreuses critiques qui s'efforcent de démontrer que :

Les pratiques indélicates ne sont pas absentes, notamment chez certains importateurs qui firent de grandes fortunes par la pratique des "admissions temporaires" jamais apurées grâce au laissez-faire des années 1960 et 1970, quand le régime Ahidjo souhaitait voir se créer rapidement une classe de possédants camerounais et réintégrer l'ethnie bamiléké dans la communauté nationale dont elle avait le sentiment d'avoir été bannie, après les événements de 1959-1962[221].

Néanmoins, si avec Elenga Mbuyinga on admettait que : « Sous Ahidjo, l'opportunisme a pu conduire nombre de citoyens parfois jusqu'à des apostasies, adoptant hypocritement l'islam et le port de la gandoura (et quelquefois, pire encore, le seul port de la gandoura) pour se faire prendre pour un musulman ou simplement un « Nordiste » afin de bénéficier des faveurs [222]», il pourrait aussi être possible de dire que Victor Kanga a fait preuve d'un sens élevé de l'opportunisme, en voyant uniquement le monde des affaires camerounais en couleur, vu qu' à cette époque, tous les coups semblaient permis pour gagner la course à l'inscription sur la liste des favorisés.

Pour terminer, disons que l'exploration de cette question liée à l'opportunisme et au favoritisme fait partie des raisons qui nous ont conduit à rédiger les trois derniers chapitres de la dernière partie qui va suivre. Nous allons nous pencher sur la spécificité des relations entre le pouvoir politico-administratif et le milieu des affaires dès l'arrivée du président Paul Biya au pouvoir, tout en essayant de passer au peigne fin le cadre environnemental, les choix de la politique économique et le style de l'homme dit du *Renouveau.*

---

[221] Onana, « Bamiléké contre Cameroun…, p.340.

[222] Mbuyinga Elenga, *Tribalisme et problème national en Afrique noire : le cas du Kamerun*, Paris, L'Harmattan, 1989, p.77.

PARTIE III :
L'arche d'alliance sous la lumière du renouveau dès 1982

L'union de privilèges que nous avons examinée jusqu'ici entre homme politique et homme d'affaires au Cameroun repose en principe sur la satisfaction de l'intérêt général, mais également sur des raisons contraires. L'étude des liens entre le pouvoir et les acteurs économiques sous l'ère Biya peut sembler délicate, notamment dans la version historico-analytique que nous proposons, étant donné que la plupart des noms et des systèmes évoqués sont toujours en place. Il en est de même pour les chiffres et surtout des sommes d'argent qui irriguent généralement ces rapports. Pour cette raison, on se bornera à présenter ces relations en fonction des documents que nous avons pu collecter de part et d'autre.

Dès sa prise de fonction en 1982, l'administration Biya suscite en effet la naissance d'une nouvelle classe économique. En guise de démonstration, elle lui ouvre les portes des marchés publics, donc de tout l'espace d'échange camerounais et/ou parfois de la privatisation des entreprises d'État. Les appels d'offres pour lesquels les hommes d'affaires se bousculent dans les ascenseurs des ministères sont devenus les fonds de commerce de certains entrepreneurs économiques. Le gestionnaire de fonds publics qui lance les appels d'offres tient l'homme d'affaires en laisse et n'hésite pas à le faire savoir. Autrefois, la caravane des hommes d'affaires stationnait devant les places d'échange et les lieux de transformation, dorénavant, elle pénètre les bureaux administratifs et les couloirs des sièges des partis politiques tant dans la capitale qu'en région.

Dans cette partie, le lecteur a l'occasion de découvrir que le monde politique et la sphère économique entretiennent des liens de pouvoir qui peuvent également donner lieu à des guerres de pouvoir, à des conflits d'intérêts ou alors à des alliances inédites. La qualité des acteurs y est aussi particulière, tout autant que les mesures qui marquent la rupture des pratiques d'un côté et des décisions symbolisant la continuité de l'autre. On va voir se dessiner un cercle autour duquel de nombreux plénipotentiaires, ayant une attache directe ou pas avec les deux entités étudiées, vont subitement devenir déterminants et décisifs dans la prise de décisions. Dans l'entre deux, s'immisce vite une engeance d'acteurs inattendus tels que les prête-noms, les hommes de main, les descendants, les cousins, les épouses et les amis intimes.

À cet égard, la présente partie avance une hypothèse selon laquelle l'archéologie des rapports entre l'État camerounais et les milieux d'affaires est fondamentalement déterminée par le système de gouvernance mis sur pied depuis 1982, ainsi que par l'évolution socio-politique du pays, et enfin par la conjoncture économique interne et internationale.

CHAPITRE 7 :
La prégnance des liens dans la mouvance de la *rigueur* et la *moralisation*

Les grandes dates économiques de la période Biya[223] au Cameroun restent principalement marquées par la crise économique des années 1980 qui impose au pays l'arrimage à un drastique et encombrant Programme d'Ajustement Structurel (PAS) dès 1986[224]. Par la suite, le pays s'engage dans une longue série de privatisations des entreprises publiques et parapubliques et dans la réorganisation du code des marchés publics dans lequel interviennent les hommes d'affaires. Suite à la dévaluation du franc CFA en 1994, le Cameroun subit de plein fouet les chocs conjoncturels externes et des mutations de sa politique interne. Tous ces changements ont des répercussions directes dans les milieux d'affaires, autant chez les nationaux que du côté des opérateurs économiques étrangers.

Ainsi, l'histoire des rapports entre l'État et le milieu des affaires est d'abord caractérisée par des logiques conservatrices qui donnent progressivement naissance à des réseaux inédits et étendus. Par la suite, ces liens se transforment au gré des évolutions de l'environnement des affaires du pays, lui-même tributaire du cadre juridique et des mutations politico-sociales du Cameroun. En fait, le régime-État du président Biya et son système de fonctionnement n'actualisent, au moins dès le départ, que très peu le mode des relations et les réseaux qui existent entre le pouvoir et le monde de l'entreprise. Les rapports entre commerçants et État laissent apparaître un système qui se déploie au fil du temps, en fonction des changements que connaît le pays sur le plan politique, économique et socio-culturel.

Mais, nul ne peut, à proprement parler, appréhender les rapports entre l'État et les entreprises dans une perspective historique dès 1982 et esquiver la question liée à la guerre de succession qui a lieu au Cameroun entre le camp du président démissionnaire Ahmadou Ahidjo et celui de son successeur Paul Biya, dans la mesure où il s'agit

---

[223] Paul Biya qui est né en 1933 arrive au pouvoir le 6 novembre 1982 à l'âge de 49 ans. Il est le dauphin constitutionnel du président Ahidjo qu'il remplace après sa démission deux jours avant sa prise de fonction. Proche collaborateur d'Ahidjo, il a été nommé Premier ministre dès 1975, après avoir occupé les fonctions de secrétaire général de la présidence de la république.

[224] Les raisons et les exigences des PAS sont à retrouver dans : Aerts & al., *L'économie camerounaise…*

également des tensions qui ont un fondement économique avec des acteurs au profil entrepreneurial dévoilé.

La lueur de l'heure

En cette fin d'année 1982, l'évènement majeur au Cameroun est le « départ volontaire » du président Ahidjo du pouvoir et l'arrivée de son successeur constitutionnel à la tête du pays, le président Paul Biya[225]. Cette première et unique transition au sommet de l'État jusqu'à présent est vécue et célébrée par de nombreux Camerounais comme une révolution. La joie, l'enthousiasme, les messages de félicitation et d'espoir adressés au chef de l'État entrant rappellent de fort belle manière les cérémonies de festivités organisées près de 23 ans plus tôt, à l'occasion de la proclamation de l'indépendance du Cameroun français.

La diaspora, les artistes, les écrivains, les religieux, les sportifs et la presse, surtout elle, s'en donnent à cœur à joie. De nombreux journalistes étrangers et locaux s'empressent de souhaiter la bienvenue à cet ancien séminariste originaire du Sud du pays à coup d'arguments enflammés. Les reportages et les brèves dithyrambiques dédiés à l'homme Biya fusent de toutes parts. Paul Biya est logé au panthéon sans avoir encore régné.

Ahidjo, l'« homme à la *gandoura* » vient donc de céder sa place à Paul Biya, l'« homme à la veste ». Le quotidien national à capitaux publics, *Cameroon-Tribune* et la Radio Nationale sont parmi les meilleurs relayeurs de cette actualité parmi tous les médias, surtout que le passage de témoin entre les deux hommes a lieu moins de 48 heures après l'annonce du départ de l'ancien agent des postes et télécommunications à la tête du Cameroun.

En réalité, la douce fraîcheur du vent des transitions pacifiques au sommet de l'État que la météo socio-politique internationale n'annonçait jusqu'ici qu'en Occident, soufflait aussi chez nous, en Afrique noire : l'ailleurs nous avait rejoints.

Le monde des acteurs économiques n'en est pas en reste. Souvent discrets jusque-là, de nombreux entrepreneurs expriment ouvertement leur joie et attentes, face à ce qui est considéré comme un tournant

[225] Sur les débats et les zones d'ombre qui couvrent encore ce départ que certains qualifient de volontaire et d'autres d'expulsion du pouvoir par la France de François Mitterrand, plus de 40 ans après la démission d'Ahidjo, lire E. Meyomesse, *Le limogeage d'Ahmadou Ahidjo,* Yaoundé, Éditions du Kamerun, 2010.

majeur dans l'histoire du jeune État camerounais. Mais il y a l'espoir, et il y a la réalité.

Amour sans affection

À partir de 1983, la guerre de succession bat son plein au Cameroun. La lune de miel entre le président Biya et son ancien mentor n'a duré que quelques mois. L'on sait que depuis son départ, de nombreuses tensions couvent entre le président Ahidjo parti du pouvoir le 4 novembre 1982 et son dauphin constitutionnel, le président Paul Biya, ancien premier ministre de la République Unie du Cameroun de 1975 à 1982. La tension entre les deux camps qui s'opposent dure au moins entre 1983 et 1984[226]. En vérité, un amour politique sans affection est un amour d'intérêts, et un amour d'intérêts politiques n'est généralement à l'abri d'aucun conflit, d'aucun bras de fer, d'où les évènements de ce fameux 6 avril 1984.

Le pays vit en fait une sorte de bicéphalisme au sommet de l'État entre le nouveau président, chef de l'État et son prédécesseur, lequel a fait le choix de garder son poste et ses prérogatives de président national de l'UNC, le parti unique. L'histoire relate que la crise de prééminence entre les deux hommes est sans fin durant toute l'année 1983 jusqu'à la tentative avortée du coup d'État du 6 avril 1984 qui marque la culpabilité par contumace d'Ahidjo et son remplacement au sommet de l'UNC devenue le RDPC (Rassemblement Démocratique du Peuple camerounais) en mars 1985, par le président de la République et chef de l'État en poste, Paul Biya[227].

Jusqu'ici, tout a lieu dans le cadre politique. Mais, l'économie s'invite très vite dans le différend. D'ailleurs, elle n'est jamais très loin de la politique dans le système d'administration d'Afrique postcoloniale[228]. Le conflit politique à fleuret moucheté entre les deux présidents, depuis la décision prise par le plus ancien d'entre les deux de garder les rênes de l'UNC, laisse apparaître des affrontements

[226] Eboua, *D'Ahidjo à Biya...*, p.14. Lire aussi : P. Messanga Nyamding, *Paul Biya, l'État et le RDPC,* Yaoundé, Éditions D&L, 2015. Biyiti Bi Essam, *Cameroun : complots et bruits de bottes*, Paris, L'Harmattan, 1985. H. Bandolo, *La flamme et la fumée*, Yaoundé, SOPECAM, 1985.

[227] *Ibid.* p.98.

[228] Cf. P.F Godinec, *Les systèmes politiques africains,* Tome 2, Paris, Nouvelle Édition, 1974 ; G. Pambou Tchivounda, *Essai sur l'État africain post colonial,* Dakar, Nouvelles éditions africaines, 1982.

ouverts dans l'univers des affaires. Laissons le soin au politologue Owona Nguini de nous présenter son analyse des faits :

Au cours du conflit de succession présidentielle de 1982-1984, les groupes d'intérêts liés aux réseaux d'affaires allaient s'affronter à propos du contrôle « d'activités directement improductives de recherche du profit » qui étaient des « activités improductives consommatrices de ressources comme le non-paiement des droits ou le lobbying en voie d'obtenir les licences d'importation et d'investissement lucratives ». Et c'est dans le cadre de ces affrontements autour de la protection des rentes de situation commerciale qu'il convient de situer le développement des spéculations et de pénuries sur les produits de première nécessité dont le commerce était destiné par des opérateurs du Nord (Foulbé-Haoussa) et de l'Ouest (Bamiléké). C'est pourquoi certains opérateurs Bamiléké furent suspectés de collusion avec des réseaux Foulbé/Haoussa au point que M. André Sohaing (un homme d'affaires Bamiléké) fut arrêté et interrogé pendant un temps, lors des enquêtes ayant suivi la tentative manquée du coup d'État d'avril 1984 contre le régime du président Biya[229].

À partir d'autres emprunts faits à Owona Nguini, des explications supplémentaires viennent se greffer à celles déjà citées et font mention du fait que :

Dans ce contexte de crise politique, les mesures de contingentement des transferts de fonds et des retraits bancaires adoptées en avril 1984 pour éviter l'évasion des capitaux par le ministre des Finances Etienne Ntsama, suscitèrent une vive polémique au sein des milieux d'affaires à tel point qu'elles furent rapidement rapportées. Ces tensions politico-financières exprimaient au sein des milieux d'affaires camerounais la peur de perdre des soutiens politiques après le départ de M. Ahidjo de la Présidence de la République au profit de M. Biya, la peur de ne plus pouvoir tirer parti des ressources du "straddling". L'arrestation de M. Blaise Pascal Talla - un homme d'affaires Bamiléké, un temps suspecté de complot en novembre 1984 - semble avoir précipité l'initiative des entrepreneurs de l'Ouest conduits par M. Joseph Kadji Defosso de solliciter une audience auprès de M. Paul Biya, lors de la visite officielle du Président à Douala en décembre 1984. M. Talla fut relâché en janvier 1985 sur ordre du Président Biya[230].

Pour faire simple, disons que les tensions entre le nouveau et l'ancien chef de l'État apparaissent très rapidement au grand jour plus exactement à partir de 1983, seulement un an après la passation de pouvoir entre les deux hommes. Au milieu de cette lutte de pouvoir sans pitié et de cette crise de préséance, on soupçonne, bien entendu, des enjeux économiques et financiers importants et stratégiques. Conscient de ces tensions et de cette réalité ainsi que de la fragilité de son jeune pouvoir, le président Biya durcit progressivement le ton de son discours

---

[229] Owona Nguini, « L'État et les milieux d'affaires au Cameroun…, pp.67-69.
[230] *Ibid.*

politique et adresse des messages de changements aux milieux des affaires de son pays lors de ses premières prises de parole officielles en tant que président de la République Unie du Cameroun. Il faut avouer que le président utilise toutes les leçons apprises aux côtés de son mentor Ahmadou Ahidjo, auprès de qui il est resté près de 20 ans, pour dérouler sa vision de l'organisation et du mode de fonctionnement du milieu des affaires ; il y allait de son maintien au pouvoir et de sa survie politique.

Le mantra

Le slogan le plus célèbre qui accompagne le nouveau président du Cameroun dès sa prise de fonction en cette fin d'année 1982 est celui de *Rigueur et moralisation*[231]. Mieux qu'une simple formule politique, ces deux termes sont considérés par les partisans du second chef d'État de la république du Cameroun comme des préceptes sacrés, voire des dogmes édictés par l'homme dit du *Renouveau*. Paul Biya entend ainsi imprimer sa marque, mais surtout rompre avec certaines pratiques anciennes dénoncées à l'époque d'Ahidjo, afin d'assainir le monde politique de son pays, mais surtout celui des affaires dans l'objectif de booster l'esprit d'entreprise au Cameroun[232]. Lors d'une de ses multiples prestations de serment, il affirme devant le peuple camerounais qu':

> *...En effet, chers compatriotes, notre ambition est de donner naissance à une société camerounaise fondée sur des solidarités d'idées, la recherche de l'efficacité et des valeurs saines, qui favorise le plein épanouissement de l'homme camerounais et soit au centre du rayonnement culturel en Afrique. Les principaux axes du projet de société qui sous-tend le Renouveau ont été définis, annoncés et prouvés ; la rigueur et la moralisation, la libéralisation et la démocratisation, le style nouveau et l'activité de l'État et du parti [UNC], la dynamique nouvelle. Mais, on le sait : les meilleures institutions, les meilleures idées, les meilleures intentions, ne sont rien sans des hommes et des femmes qui les incarnent et les appliquent. Aussi, est-ce également le moment de mobiliser davantage d'hommes et de femmes du Renouveau, animés de mentalités et d'attitudes nouvelles, tolérants et ouverts au débat, ayant autant le sens du devoir que celui de l'opportunité, autant compétents qu'expérimentés, simples*

[231] Un slogan qui avait déjà été prononcé avec insistance par le président Ahidjo lors du troisième congrès de l'UNC tenu à Bafoussam du 12 au 17 février 1980 c'est-à-dire deux ans avant que le président Biya ne se l'approprie pour inaugurer son mandat à la tête de l'État camerounais.

[232] Cf. E. Etoga, *Paul Biya ou l'incarnation de la rigueur : essai biographique du président de la République unie du Cameroun*, Yaoundé, SOPECAM, 1983.

qu'intègres, et somme toute profondément voués au service du Cameroun et des Camerounais [233].

Ce slogan-programme fondé sur la rigueur et la moralisation s'adresse manifestement d'abord à toute la classe politique du pays ainsi qu'à l'appareil administratif gonflé par plusieurs fonctionnaires présumés véreux, pressés de s'enrichir et plus soucieux d'atteindre les sommets de la pyramide de leur carrière que d'incarner un esprit de compétence[234]. Toutefois, le monde entrepreneurial du pays est lui aussi concerné par cette révolution en gestation. Paul Biya veut rompre avec ces sombres pratiques qui ont noirci la gestion économique de son prédécesseur telles que le clientélisme, la corruption, le tribalisme et le détournement des fonds publics. Pour concrétiser cette vision nouvelle, M. Biya prend des mesures fortes et symboliques dans l'optique de procéder au :

> *Redressement économique, notamment par la lutte contre les fraudes fiscales et douanières, la corruption, le détournement des deniers publics, en même temps que la relance économique, dont la stimulation de circulation monétaire, la protection des industries nationales, l'encouragement des exportations, la réalisation rapide des projets d'équipement, les facilités apportées à l'accès au crédit, l'accroissement du montant des investissements par le dégagement d'un crédit exceptionnel hors budget et l'accession à leur rythme de consommation*[235].

Le ton est donné. Le nouveau chef d'État, souvent présenté comme un homme pusillanime à sa prise de pouvoir, entend se forger une image d'homme de pouvoir rigoureux et conséquent à coups de discours et d'annonces. Il a grandi et se pose maintenant en défenseur et promoteur du libre-échange, de la facilité d'obtention du crédit, de la lutte contre la corruption et du détournement de l'argent public au Cameroun : un vrai discours de changement, devrait-on y penser !

Et pour se montrer encore plus ferme et plus loquace dans ses nouveaux habits de président de la République, cet ancien premier ministre d'Ahidjo, qui se fait désormais appelé *L'Homme du Renouveau*, engage dès sa prise de fonction, une série de visites officielles dans les provinces du pays à l'instar de son prédécesseur. Il

---

233 *Le Message du Renouveau. Discours et interviews du président Paul Biya*, T.2, Yaoundé, SOPECAM, 1989, p.17.

234 Etama Luc, 76 ans, enseignant et ancien directeur d'administration centrale au ministère de la fonction publique camerounaise, homme politique et opérateur économique, Yaoundé le 22 décembre 2022.

235 *Le Message du Renouveau*..., p.121

en profite pour s'adresser directement à chaque groupe d'hommes d'affaires de manière solennelle et dans leurs régions d'origine.

Le 18 mars 1983, il tient ce discours devant tout le peuple bamiléké et toute la République unie du Cameroun :

Si le dynamisme, l'esprit d'entreprise et le goût des affaires demeurent des facteurs positifs de développement, ils ne sauraient, je le dis avec force, dégénérer et se pervertir dans l'affairisme avec son cortège de perturbations économiques, sociales et morales nourries de corruption, de fraudes, d'enrichissement illégal et effréné, de gaspillage. Le louable et ultime sens des affaires n'est pas l'affairisme[236].

Là, parlait le chef de l'État. Puis vint la suite du message, prononcé cette fois par l'homme politique en ces termes :

Or je relève pour m'en féliciter, que les populations de l'Ouest ont une morale traditionnelle des affaires : une morale basée sur le respect de la parole donnée, une morale basée sur la solidarité dans l'effort et dans le partage des fruits de l'effort. Cette morale faite d'intégrité et d'équité doit être exaltée, cultivée, pratiquée en vue d'assurer ici, comme partout au Cameroun, une activité économique, vigoureuse, mais saine et harmonieuse. Or encore, les populations de l'Ouest ont un sens traditionnel de l'épargne, de la bonne gestion faite d'économie des moyens, de persévérance dans l'effort, de patience, de progression dans la réussite. Elles ont ainsi le sens de la rigueur dans la gestion. À l'heure de la maitrise de notre développement, et surtout par les durs temps de crise économique que vit le monde et qui n'épargne point notre pays, voilà qui fonde l'intégrité dans les affaires, voilà qui justifie la rigueur dans l'action. Aussi, l'intégrité et la rigueur doivent-elles être exaltées et pratiquées à l'Ouest, comme partout au Cameroun[237].

Quel discours pontifiant ! À elle seule, cette allocution généreuse résume bien l'esprit de changement et de dynamisme que le nouveau président souhaiterait incarner et faire jaillir dans l'esprit de tout entrepreneur de l'Ouest et du Cameroun. Tous les ingrédients sont réunis : la rigueur dans la gestion, l'intégrité dans les affaires, le sens de l'épargne, la vigueur, le sens de la morale, etc. En un mot, Paul Biya rêve d'une société des affaires irréprochable à l'Ouest, différente de celle étiquetée souvent de corrompue, d'immorale et d'affairiste sous l'ancien régime.

Pour le cas des populations du Nord, avec sa foultitude d'hommes d'affaires, elles ont aussi eu leur « dose de discours révolutionnaire ». Il a lieu dans les mêmes circonstances, c'est-à-dire dans le cadre des tournées provinciales du nouveau chef de l'État camerounais le 4 mai 1983 à Garoua, la ville natale de l'ancien président Ahidjo.

---

[236] *Ibid.* pp.7-8

[237] *Ibid.* pp.121-122.

...Comme je [Paul Biya] ne cesse de le dire, le dynamisme et l'esprit des affaires auxquels nous exhortons les Camerounais ne doivent pas dégénérer et se travestir en affairisme sauvage, avec la recherche effrénée de moyens illicites pour un enrichissement optimal. Un tel comportement ne peut être que préjudiciable à l'intérêt collectif, ne peut que dénaturer notre ambition de bâtir et consolider une société soucieuse de sens moral, une société de justice sociale, d'ordre et d'égalité, ne peut qu'entraver notre volonté d'écarter avec rigueur la cristallisation d'une société permissive gangrénée de vices et de fléaux de toutes sortes, livrées aux agissements irresponsables et abusifs des individus uniquement préoccupés par leurs intérêts égoïstes[238]

À Garoua le ton est donc plus ferme. Le chef de l'État camerounais entend mettre tout le monde devant ses responsabilités. Mais, personne n'est dupe, les termes utilisés s'adressent d'abord aux hommes d'affaires de cette région du pays dont il connaît certainement les noms et les pratiques pour avoir au moins été un des proches collaborateurs et conseiller du président Ahidjo, le promoteur privilégié de l'érection des commerçants originaires du septentrion en puissants hommes d'affaires dans le pays dès les premières années d'indépendance.

Qu'importe, la mise en garde avait déjà été lancée dans le premier extrait. Paul Biya appelle les hommes d'affaires, en l'occurrence ceux fabriqués par son prédécesseur, à ne pas confondre affaires et affairisme. Il indique que les affaires n'excluent pas la morale et la probité. Les propos sont clairs, nous sommes en plein changement, du moins dans le discours.

La moisson

Dans ce contexte, et comme on pouvait s'y attendre, l'ensemble des mesures jugées révolutionnaires, prises par Paul Biya sur le plan économique et dans la vie politique au Cameroun, devaient avoir des conséquences sur sa relation avec son ancien mentor Ahidjo. Ce que l'on ne dit pas suffisamment dans les rapports de tension qui surgissent entre les deux premiers présidents du Cameroun, c'est qu'au-delà d'une crise de pouvoir et d'un conflit politique, il s'agit également d'un combat entre deux hommes sous fond d'intérêts économiques.

On s'explique : les « hommes d'affaires du palais » fabriqués par Ahidjo paraissent, quoi qu'il en soit, pour un grand nombre en tout cas, méfiants vis-à-vis du nouveau chef de l'État[239]. Ils voient

[238] *Ibid.* p.153.

[239] Cette division en deux camps entre les partisans au changement immédiat avec pour effet le renversement de l'ancienne garde d'Ahidjo et les conservateurs n'est pas

indiscutablement d'un mauvais œil les mesures de changements que le jeune président prône à tue-tête lors de ses allocutions. Mieux, ce dernier tient, toutes les fois que l'occasion se présente, un discours axé sur le changement qui paraît certainement révoltant aux yeux de plusieurs *businessmen* du pays, notamment à travers ses slogans fétiches de *Rigueur et Moralisation.* Dans ce cas, les hommes d'affaires restés fidèles à l'ancien chef de l'État n'hésitent pas à faire pression sur Ahidjo qui est resté au perchoir du parti national pour que ce dernier amène son ancien premier ministre à « rectifier » sa ligne d'action en leur assurant des garanties sur la préservation de leurs intérêts obtenus depuis au moins deux décennies. Or Biya, conscient du fait que parmi les commerçants les plus puissants du pays en ce début des années 1980, se trouvent justement les opérateurs économiques nordistes pro Ahidjo de qui il tient certes son pouvoir, mais des griffes duquel il aimerait également s'extirper, multiplie des stratégies d'émancipation afin de ne pas paraître comme un « petit président » qui rend quotidiennement compte à son ancien patron. Il se voit ainsi obligé de procéder au moins à la création de ses propres hommes d'affaires, au mieux d'en promouvoir une classe capable d'évincer les commerçants pro Ahidjo, du moins ceux qui refuseraient de se soumettre au pouvoir du Renouveau. Nous sommes donc là au cœur d'une lutte entre classes économiques dominantes[240], envenimée par des soupçons de participation ou de soutien par des commerçants pro Ahidjo au coup d'État manqué contre le nouvel homme au pouvoir dans le pays.

Pourtant, il s'agit d'un classique dans le régime monopolistique en Afrique dans lequel l'État apparaît comme un bien réservé que les forces dominantes (politique ou économique) ne convoitent pas seulement. Ces forces comptent, au contraire, se le partager, le confisquer et l'exploiter tout en gardant en tête l'idée de le reproduire, car s'il venait à disparaître, ils perdraient leur raison d'être, bref leur objet de pouvoir, leur planche de salut socio-matériel. Les luttes politico-commerciales et politico-financières qui opposent les milieux

---

que visible dans le secteur des affaires. Même sur le plan politique, ces combats ont eu lieu avec plus de détermination. Il s'était par exemple créé un groupe des partisans de l'ancien système et celui des pro-Biya qui s'affrontaient à coups d'arguments dans les débats publics, dans les médias ou même dans les salons feutrés de la république. Samuel Eboua, dans son ouvrager *d'Ahidjo à Biya…*, propose une large lecture sur ce point, plus précisément de la page 40 à la page 42.

[240] Il est conseillé de s'abreuver aux écrits de : J.M. Ela, *Quand l'État pénètre en brousse…,* Paris, Karthala, 1990, pp.38-39.

d'affaires pro-Biya et pro-Ahidjo ne sont rien d'autre que des luttes de pouvoir. C'est sans doute tout cela qui prouve que le départ d'Ahidjo du pouvoir était un imprévu ou une impréparation. On ne peut pas passer près d'un quart de siècle au pouvoir et ignorer cette réalité, surtout en contexte africain. Tobie Kuoh dit d'Ahidjo qu'il a toujours été un homme sage, affable et très réfléchi, qui ne prenait jamais de décision à la hâte ou sans avoir à en déterminer tous les contours[241]. Mais, les faits qui ont failli faire basculer le Cameroun au début de la décennie 1980 ne lui donnent pas/plus raison au vu de l'ampleur des évènements.

Pour prouver toute sa détermination à proposer un nouveau logiciel de management au Cameroun, le président Biya passe à la vitesse supérieure et prend de nouvelles mesures qui font bouger le marché et ses acteurs. Dès lors, les hommes d'affaires proches de l'ancien pouvoir, adeptes des pratiques jugées partisanes, voire tribalistes, avaient désormais définitivement du souci à se faire étant donné que :

> *M. Biya, par l'entremise de son ministre des Finances. M. Etienne Ntsama fit fermer les entrepôts fictifs du port de Douala. Des opérations de contrôle douanier furent également menées en 1983-84 pour résorber les usages abusifs de la procédure des « admissions temporaires », opérations qui suscitèrent des problèmes dans l'organisation des filières de distribution. Les mesures de recouvrement des créances bancaires consenties aux hommes d'affaires du Nord furent approuvées par les acteurs de la Chambre de Commerce, d'Industrie et des Mines alors dirigée par l'homme d'affaires Joseph Noucti Tchokwago en août 1983. Les réseaux d'affaires Bamiléké très influents à la Chambre de Commerce se ravisèrent une fois que cette politique de contrôle commercial et financier les concernât tout autant que les entrepreneurs Foulbé-Haoussa*[242].

Un coup symbolique vient d'être porté aux relations entre le pouvoir et le monde des affaires au Cameroun, surtout celui construit par les entrepreneurs les plus en vue sous l'ère Ahidjo, à savoir les grands commerçants haoussa/fulbé. Cela revient à dire, et on s'en doute bien, que ces relations prennent donc aussi souvent la couleur politique du moment. Plusieurs anciens hommes d'affaires *VIP* des années 1960 et 1970, contraints de passer sous les Fourches caudines de la rigueur et de la moralisation ont été éjectés hors de la cour royale ; une nouvelle vague d'entrepreneurs, les « hommes d'affaires du Renouveau » se préparent déjà à pénétrer le cercle du prince afin de bénéficier de ses prérogatives tout de suite et partout.

---

[241] Kuoh, *Une fresque avec*...pp.133-136.
[242] Owona Nguini, « L'État et les milieux d'affaires au Cameroun..., p.75.

De fait et avec les premières observations, l'idée première qui traverse l'esprit des dirigeants camerounais en cette première partie des années 1980 est de faire émerger une élite économique nationale ou tout au moins de renforcer ses capacités d'action dans un monde où l'industrialisation est devenue une nécessité socio-économique vitale. Le président Biya tend, pour ainsi dire, très vite la main aux hommes d'affaires nationaux et étrangers dès sa prise de pouvoir. Certes, on ne parle plus ouvertement de camerounisation, mais la pensée demeure fertile et intacte dans l'esprit des décideurs du pays dans la seconde république. Le slogan tourne autour du « libéralisme communautaire[243] » cher au nouveau pouvoir de Yaoundé. Il est question ici de mettre sur pied un cadre d'incitation plus offensif et mieux financé afin de donner l'occasion aux entreprises de se développer et de soutenir la stratégie d'import substitution autant que la politique d'industrialisation et d'emploi dans le secteur privé. L'extrait ci-dessous fournit plus de détails sur cet aspect :

> *Les pouvoirs politiques d'arbitrage avaient une importance considérable dans une économie où la dépense publique d'investissement joua un rôle central pour stimuler la demande et produisit des effets d'externalité positive au bénéfice des entreprises nationales ou étrangères. C'est pourquoi les différents opérateurs s'efforcèrent d'avoir accès aux lieux de décision publique pour y tisser des alliances (formelles ou informelles); et que les agents de la bureaucratie étatique tirèrent profit de cette situation pour construire des relations d'échanges politiques avec les milieux d'affaires*[244].

Autrement dit, les deux mondes, politique et économique, se côtoient tout bonnement. Des liens se nouent et se renouent autour des nouveaux enjeux. Sous cet éclairage, on a surtout compris qu'ici comme ailleurs, les convergences d'intérêts et les relations de pouvoir particulièrement de l'hégémonie de l'État et de l'élite économique restent au centre de toutes les attentions. Mais, nous sommes d'abord là en présence d'une classe économique qui a fait allégeance au pouvoir du président Paul Biya. Ils sont nombreux, ces hommes d'affaires qui ont purement et simplement tourné le dos au président Ahidjo et qui se bousculent aux portes du nouveau palais présidentiel à Etoudi à Yaoundé pour dire à Paul Biya leur intérêt à travailler à ses côtés : Ahidjo est parti, vive son successeur.

---

[243] Cette philosophie est exposée dans l'ouvrage : P. Biya, *Pour le Libéralisme communautaire,* Paris, Pierre-Marcel Favre, 1987.

[244] Owona Nguini, « L'État et les milieux d'affaires au Cameroun…, pp.77-78.

Avril 1984, le coup d'État des affaires ?

Le 6 avril 1984, une tentative de coup d'État est déjouée au Cameroun sur fond de bras de fer entre les camps des deux premiers présidents du pays. Si pour le gouvernement, il s'agissait d'une tentative malheureuse pour l'ancien président de revenir aux affaires, plusieurs voix se sont élevées pour dire que cette tentative de putsch était une simulation de déstabilisation de l'État dans le but d'asseoir définitivement le pouvoir du président Biya en lui permettant de faire le nettoyage autour de lui, notamment en dégageant les hommes de l'ancien président encore nombreux au sein du sérail et dans les instances dirigeantes du parti unique[245]. L'autre argument, pas des moindres, met en avant le fait que cette tentative de renversement avait pour objectif ultime d'imposer une nouvelle classe d'entrepreneurs politiques et d'hommes d'affaires, dominée par les Bétis originaires de la région natale du chef de l'État, en lieu et place des riches et puissants entrepreneurs du Nord et de l'Ouest prétendus opposés à l'application de nouvelles réformes initiées par la politique de rigueur et de moralisation chère à Paul Biya[246] : « Tout comme la tentative de putsch avait été le prétexte pour déstabiliser les réseaux foulbé-haoussa, la politique dite de rigueur a surtout servi à dépouiller les réseaux Bamiléké des parts de rente qu'ils contrôlaient sous le régime précédent au profit du lobby béti[247] ».

Est-ce à dire que les tensions politiques qui ont lieu entre Ahidjo et Biya portaient moins sur des questions de succession et de cohabitation entre le président de la République et le président de l'UNC, que sur des questions de contrôle des ressources de l'État ? Mieux, y a-t-il eu une croisade lancée par Biya contre les commerçants bamiléké et les négociants haoussa ?

À l'évidence, une telle opération ferait de Paul Biya et de ses conseillers sécuritaires et économiques de vrais génies de la manipulation et du renversement de situations. Si en moins de 15 mois, le nouveau président a pu, par une tentative de coup d'État, orchestré un renversement de l'appareil étatique et donné du même coup à l'économie du Cameroun une nouvelle orientation dans le but suprême de renverser les classes d'hommes d'affaires dominants qu'Ahidjo a

---

[245] Eboua, *D'Ahidjo à Biya...*, pp.100-105.

[246] Gaillard, *Le Cameroun...*, pp.99-100.

[247] *Ibid.*

pris plus d'une vingtaine d'années à fabriquer et à promouvoir sur l'autel de ce que Samuel Eboua nomme comme une « une œuvre bâtie pierre par pierre, un quart de siècle durant[248] », alors on doit reconnaître que tout le règne d'Ahidjo n'a été construit que sur un édifice sans fondation. On devrait donc, selon la citation ci-dessus, parler de l'œuvre d'Ahidjo comme d'un système politique au pied d'argile que n'importe quel premier venu pouvait changer en quelques semaines sinon en quelques jours, tant il est vrai que le discours annonçant de grands changements n'est apparu pour la première fois qu'à l'occasion de la prise de fonction de Paul Biya le 6 novembre 1982 devant l'Assemblée nationale.

Par contre, ce que révèle finalement aussi cette dernière citation, c'est la nature des rapports et des oppositions socio-économiques qui peuvent exister entre les hommes d'affaires dits dominants comme les Bamiléké et les opérateurs économiques jugés cadets, lilliputiens ou mineurs qui se comptent majoritairement parmi les entrepreneurs béti, douala, Yambassa, bassa ou bafia. En fait, on pourrait penser à première vue qu'on a seulement affaire à de « petites oppositions » d'images et de groupes, mais il s'avère très vite que le nœud des antagonismes est beaucoup plus gros que cela : il est rattaché à un problème de lutte communautaire pour l'accumulation du capital et des richesses du Cameroun. Estimant, à tort ou à raison, qu'ils sont les dépositaires incontestés du commerce au Cameroun, et que cette situation devrait rester inchangée, les Bamiléké se posent comme le peuple économique leader dans le pays. Or, de leurs côtés, les autres groupes au passé commercial prétendu moins rutilant, sont persuadés –surtout avec l'arrivée de Biya au pouvoir- qu'il est temps pour eux de se faire un nom dans les affaires, mieux, que l'heure serait venue pour eux de se bâtir un patrimoine commercial et économique capable de leur permettre de concurrencer les négociants-leaders, ce d'autant plus que ces derniers ont, en grande partie, construit leur réputation de grands clercs des échanges dans un espace économique appartenant aux peuples béti, mbô douala, batanga, bassa, maka, etc.

Avant de poursuivre, jetons compendieusement un coup d'œil sur cet extrait de J.B Onana qui donne son point de vue au débat portant sur la rivalité politico-économique entre Bamiléké et Béti au Cameroun depuis au moins l'accession de M. Biya à la magistrature suprême. Il

---

[248] S. Eboua, *D'Ahidjo à Biya…*, p.31.

prétend à ce sujet que la supériorité commerciale bamiléké symbolise un :

Poids économique – couplé à la qualité de leurs élites et à un sens poussé de la solidarité communautaire – qui vaut aux Bamiléké d'être au cœur des enjeux de pouvoir au Cameroun. Leurs adversaires les plus virulents – particulièrement nombreux au sein de l'ethnie béti – les accusant notamment de tirer profit de leur poids démographique et économique, et du contrôle de nombreux médias, pour tenter de s'emparer du pouvoir politique et d'asseoir de la sorte une mainmise totale sur le pays. Comme le pouvoir politique est actuellement détenu par l'ethnie béti dont sont issus le président de la République et la majorité des membres de son équipe gouvernementale, la question bamiléké originelle est devenue, dans les faits et avant tout, celle d'une rivalité Béti-Bamiléké[249].

Dans tous les cas, le coup d'État manqué de 1984, n'est peut-être pas une surprise. Les antagonismes politico-économiques étaient certainement très forts pour ne pas s'attendre à ce qu'un camp s'attaque frontalement à l'autre. D'un côté, la volonté du jeune président de s'émanciper de son mentor en traçant son propre « sillon présidentiel » a été interprétée comme un acte de parjure et de provocation. De l'autre, la faction d'hommes d'affaires conservateurs restés fidèles au système sortant se heurte aux intérêts de la nouvelle élite économico-politique qui entend jouir de la transition dans le sens le plus large du terme, et dans tous les secteurs publics et privés possibles, spécialement à partir des secteurs rentables.

Au demeurant, et cela a été relevé, les relations entre le politique et les milieux de l'entreprise symbolisent avant tout des rapports de pouvoir. Les étudier revient à épier le mode de gouvernance du Cameroun, la mentalité managériale de ses dirigeants, tout en sondant le modèle administratif et les systèmes de fonctionnement du pouvoir tant politique que social, financier que culturel.

Le feu de paille ?

Évidemment, en prenant la décision de mettre en avant l'idée des « hommes d'affaires du Renouveau », il est clair que la place de l'élite économique d'origine béti, dont est issu le chef de l'État Paul Biya, ne pouvait être éludée. Étant donné que nous sommes dans un système politico-administratif qu'Elenga Mbuyinga appelle le « renouveau tribaliste »[250], l'idée de la tribu ne pourrait être escamotée dans les

---

[249] Onana, « Bamiléké contre Cameroun…, p.339.
[250] Mbuyinga Elenga, *Tribalisme et problème national…*, p.87.

relations entre le régime du second président du Cameroun et le milieu des hommes d'affaires originaires du Sud-forestier. L'arrivée au pouvoir de Paul Biya a, qu'on veuille l'admettre ou non, bel et bien ouvert des opportunités d'affaires à une classe d'entrepreneurs déjà connus sur la scène économique nationale, mais pas encore aussi représentative que celle des Bamiléké et des Haoussa : les Béti.

Une fois au pouvoir en effet, on remarque non pas la naissance, mais le renforcement d'un réseau d'hommes d'affaires béti qui se forme autour du nouveau prince. Les plus anciens et certainement les plus célèbres sont Jean Bernard Ndongo Essomba[251], Théodore Bella[252] ou encore Moïse Ayolo et Théodore Ebobo[253].

---

[251] Originaire de la Lékié dans le Centre-Cameroun, Jean-Bernard Ndongo Essomba est un opérateur économique qui a fait fortune dans le négoce plus exactement dans l'exportation des fèves de cacao. Homme d'affaires multidimensionnel, il crée les Établissements Ndongo Essomba et s'engage dans la politique au sein de l'UNC devenue RDPC dans lequel il est élu député à plusieurs reprises à partir de 1992 et président du groupe parlementaire de cette formation politique jusqu'à son décès le 17 mars 2023 à Yaoundé. Il a aussi officié comme troisième vice-président de la chambre de commerce et d'industrie du Cameroun jusqu'en 1984.

[252] Homme d'affaires célèbre et particulièrement connu dans la ville de Yaoundé dans les années 1970 et 1980, T. Bella est d'abord commis de poste dans l'administration camerounaise dès l'indépendance. Il s'investit ensuite dans le transport interurbain entre Yaoundé et sa ville natale d'Obala dans la Lékié, et entre Yaoundé et Akonolinga dans le Nyong et Mfoumou. Il se lance également dans la création des stations-service à Yaoundé tout en s'illustrant dans l'exportation du cacao, bousculant de ce fait l'hégémonie des commerçants grecs dans ce secteur dans les années 1970. Son plus grand symbole dans les affaires reste certainement l'ouverture du magasin moderne T-Bella situé dans l'ancien quartier européen à Yaoundé près de l'Hippodrome. Après un passage en prison pour des affaires de faux billets, T. Bella devient délégué de la chambre de commerce pour la région du Centre et président d'un club de football du nom de Tarzan d'Obala. Il vend bien son image auprès des siens en créant une célèbre agence de voyage reliant Yaoundé et les principales villes du département de la Lékié baptisée *Chérie Car*. Il passe enfin pour un fervent militant de l'UNC et du RDPC dont il porte les couleurs comme maire d'Obala avant sa mort en 2002.

[253] Théodore Ebobo est un opérateur économique Yambassa, originaire du Mbam dans le Centre-Cameroun. Il s'est révélé dans l'achat et l'exportation du cacao dès l'aube de l'indépendance. Il a été le président du comité de gestion des fonds de développement des filières cacao et café ainsi que le président du groupement des exportateurs de cacao et de café au Cameroun. Il fait fortune dans le cacao, l'immobilier, le bois et les assurances. Cofondateur en 1983 de la SITABAC aux côtés de James Onobiono, cette société a concouru à faire reculer le monopole du groupe *British American Tobacco* grâce au succès de la cigarette *Delta* sur le marché camerounais. Membre du RDPC, il finit par entrer en concurrence avec son frère du Mbam et compatriote Onobiono sur le contrôle de la SITABAC. Il s'éteint en

L'un des tournants a certainement lieu le 4 février 1984 lorsque le président Biya nomme un béti au poste de ministre du commerce et de l'industrie, Edouard Nomo Ongolo[254]. Ce dernier, une fois en fonction, ne se fit pas prier pour introduire les hommes d'affaires béti dans le circuit d'import/export jusqu'ici coiffé par le groupe des dominants cités plus haut[255]. Les rumeurs sur le non-paiement des taxes d'exportation et sur le non versement des impôts par les commerçants béti vont bon train[256]. Comme à l'époque de Victor Kanga, on soupçonne Nomo Ongolo de fermer systématiquement les yeux sur les manquements des hommes d'affaires béti, observés sur les marchés du pays et dans les rapports avec le fisc ; l'idée d'un favoritisme ultra tribal est évoquée dans la presse[257]. Le souvenir du bras de fer politique achevé par la tentative de coup d'État de 1984 reste vivace. Le jeu d'intérêts politico-financiers et socio-matériels demeure une réalité parfaitement perceptible dans le pays.

Qu'importe, cette réalité ne convainc pas totalement Samuel Eboua qui revient très vite à l'assaut. Il persiste et signe en exposant sa nouvelle lecture des faits et en se présentant, comme toujours, en défenseur acharné du régime Ahidjo et en critique engagé de son successeur. Très pugnace, cet ancien secrétaire général de la présidence de la République du Cameroun est même prêt à réinventer le sens du mot lapalissade, c'est-à-dire à nier l'évidence. Son scepticisme sur l'idée que ce sont les faveurs accordées par son ancien mentor politique qui ont façonné et lancé la carrière commerciale des négociants issus du Nord du pays se lit à travers ces quelques mots :

---

novembre 2022 après une brillante carrière dans le monde des affaires au Cameroun et en Afrique.

[254] Né en 1939 à Douala, Nomo Ongolo est un économiste de formation natif d'Ebebda dans le département de la Lékié dans le centre du pays. Il devient ministre du commerce et de l'industrie au Cameroun de 1984 à 1987 sous le gouvernement du président Biya. Bien avant, il a occupé plusieurs postes de responsabilité dans l'administration tels que chef de service économique régional du Cameroun occidental au ministère du plan et de l'aménagement du territoire, chef de mission économique et commerciale à l'ambassade du Cameroun à Washington aux États-Unis ou encore directeur de l'industrie au ministère de l'économie et du plan. Il meurt le 25 mai 2022 des suites de maladie.

[255] Owona Nguini, « L'État et les milieux d'affaires au Cameroun…, p. 81.

[256] Tsogo Nama Brillant, 70 ans, homme d'affaires opérant dans la ville de Yaoundé et ses environs, Yaoundé le 11 février 2021.

[257] Cf. Les parutions du journal Le Messager durant l'année 1986.

Après le changement, certains crurent que le régime précédent avait favorisé la prospérité de certaines régions, notamment celle du Nord. Maintenant que ce pouvoir est assuré par un ressortissant du Sud, pourquoi ne pas procéder de la même manière ? C'est ainsi qu'on assiste à la multiplication des initiatives, encouragées par le nouveau pouvoir, tant sur le plan commercial qu'industriel. Il n'y a plus personne, dans certaines localités du Centre et du Sud, qui ne se découvre tout d'un coup la vocation d'entrepreneur, de commerçant, d'homme d'affaires. Les banques leur consentent d'importants crédits, sans la moindre garantie de remboursement[258].

Malgré cette visibilité, on note que les réseaux d'affaires béti restent fragiles et très peu influents dans le macrocosme de l'entreprise privée au Cameroun, du moins dans les années 1980 (cf. tableau n°13). Le monde de l'entreprise demeure sous la domination des barons bamiléké et haoussa qui n'ont vraiment jamais été mis en déroute dans la bataille pour le contrôle du *business* dans le pays. On prend les mêmes et on recommence : c'est le sens du mythe de Sisyphe dans les lieux d'échange camerounais. L'oligopole d'import/export de certaines marchandises reste largement dominé par ces entrepreneurs. Cela fait alors raisonnablement admettre qu':

En dépit des mesures de parrainage d'opérateurs Béti dans les filières commercialo-financières, les opérateurs Foulbé-Haoussa et Bamiléké ont conservé - pour l'essentiel- des positions leur permettant d'exploiter des rentes. C'est ainsi que l'oligopole d'importation du riz est resté dominé par des opérateurs Foulbé-Haoussa comme Alhadji Ahmadou Baba, Alhadji Aminou Adama, Alhadji Mohammadou Abbo Ousmanou ou des acteurs Bamiléké tels que André Sohaing ou Maurice Kamgaing. De la même façon, un opérateur comme M. Mohammadou Catche présent dans le commerce général était également impliqué dans le négoce des produits de base à l'instar d'acteurs Béti comme MM Moïse Ayolo, Bernard Ndongo Essomba ou Emile Engamba ou d'un homme d'affaires Yambassa comme Théodore Ebobo. C'est dans cette activité de négoce des produits de base qu'un opérateur de premier plan comme M. Joseph Kadji Defosso a pu prospérer et renforcer son activité commerciale avant de s'engager dans l'industrie brassicole[259].

Les informations du tableau ci-dessous viennent corroborer cette opinion :

[258] Owona Nguini, « L'État et les milieux d'affaires au Cameroun…, p.64.
[259] *Ibid.*

Tableau n°15 : Candidatures reçues à la Chambre de Commerce, d'Industrie et des Mines (CCIM) à Douala le 10 janvier 1988 (section commerce)

1- Sous-section exportation		
Noms	**Adresse et siège social**	**Région d'origine**
UCCAO	Bafoussam	Ouest
Mbombo Mama	BP. 260 Foumban	Ouest
2- Sous-section importation		
Noms	**Adresse**	**Région d'origine**
Kamgaing Maurice	BP. 5424-Douala	Ouest
Foudouop Thomas	BP. 44-Douala	Ouest
Foyah Tetang E.	PB. 748-Douala	Ouest
Taguembou James E.	BP.3080-Douala	Ouest
Aladji Bako Mahaman	BP.2748-Douala	Nord
Kamo Gamo Ruben	BP. 226-Bafoussam	Ouest
Sob Jean Richard	BP. 5040-Douala	Ouest
Aladji Garba Aoudou	Douala	Nord
3- Section commerce de gros		
Nzete Emmanuel	BP.255-Bafoussam	Ouest
Melong Simon	BP.187-Bafoussam	Ouest
Djidjou Prosper	BP.394-Bafoussam	Ouest
Tokoto Léa	BP-6067-Douala	Littoral
Ouafo André	Bafoussam	Ouest
Kuisseu	Douala	Ouest
4- Sous-section commerce de détail		
Makembe Valérie	BP. 3- Kribi	Sud
Aladji Siddiki	BP.379-Garoua	Nord
Nyabe Célestin	BP-602-Douala	Littoral
Mme Njamen née Noulissi Rosalie	BP. 4758-Douala	Ouest
Mme Magnitsa Bibiane	BP.1756-Douala	Ouest
Mme Tagny née Kamdoum M.J.	BP.595-Bafoussam	Ouest
Mbougang Joseph	BP.528-Bafoussam	Ouest

Mme Tchéo née Mepia B.	BP.278-Bafoussam	Ouest
Legue Jonas	BP.80 Mbouda	Ouest
Mme Mache	BP.115-Bafoussam	Ouest
Mme Mbeda Nkouenkoua E.	BP.245-Bangangté	Ouest
Djoko Tamnou J.	BP.164-Foumbot	Ouest
Kouotou Njoya Aboubakar	BP.168-Foumbot	Ouest
Akompey Dickson	Douala	/

Source : archives CCIM.

L'occupation des sièges consulaires constitue une fenêtre de visibilité des forces économiques et commerciales présentes au Cameroun. Les noms et les origines qui figurent au tableau ci-dessus sont l'une des preuves éloquentes de l'activisme bamiléké dans le secteur commercial. La liste des candidats reçue par la CCIM à Douala le 10 janvier 1988 démontre que plus de 90% des commerçants et industries inscrits à la sous-section exportation, sont issus de l'Ouest du pays. Les candidats originaires par exemple du Sud et du Littoral demeurent, une fois encore, minoritaires ou tout simplement invisibles dans ce cas précis.

Les relations entre le milieu des affaires et le pouvoir se modulent beaucoup dans les années 1980[260]. Le contexte socio-économique impose son rythme dans ces liens déjà centenaires, si l'on prend en compte la date de 1884 avec l'établissement des colons et des maisons de commerce allemandes. Excepté que sous l'ère Biya, les choses sont quelque peu différentes. On veut « détendre » cette atmosphère trop lourde et donner plus de moyens d'action aux hommes d'affaires. Pour cela, quoi de mieux que d'inviter solennellement les entrepreneurs à la table des politiques ! N'a-t-on pas dit au début de cette réflexion que le « politiquement parlant » peut sembler synonyme de l'« économiquement faisant » ? C'est ainsi que plusieurs hommes d'affaires ont, plus que par le passé, siégé au sein des instances dirigeantes du seul parti politique qui existe encore dans le pays dans les années 1980, l'UNC, future RDPC dès le mois de mars 1985.

[260] Pour le cas des milieux d'affaires étrangers, il faut dire que la France reste la mieux représentée. 85% des patrons et 72 % des cadres supérieurs des sociétés privées sont d'origines occidentale et asiatique. Cf. Gaillard, *Le Cameroun...*, p.138.

Restons encore pour quelques instants dans les analyses d'Owona Nguini pour qui il ne s'agit que d'un changement de stratégie qui n'est ni plus ni moins qu'une simple manœuvre politique de la part du régime de Yaoundé :

Le Président Biya, entreprit lors du 4e congrès ordinaire de l'UNC à Bamenda en mars 1985 - au cours duquel le parti unique allait se transformer en RDPC (Rassemblement Démocratique du Peuple camerounais) - de faire entrer des hommes d'affaires au comité central comme MM. Samuel Kondo[261]*, Pierre Tchanqué, Joseph Sack et James Onobiono. En cooptant ces entrepreneurs (industriels), il s'agissait dans la stratégie autoritaire de libéralisation de M. Biya de faire croire que le « régime d'une teneur fortement bureaucratique s'ouvrait à une représentation des milieux d'affaires nationaux »*[262].

L'analyse se poursuit. Cette fois, on assiste à l'entrée en scène des hommes proches du pouvoir d'origine bamiléké comme le ministre Joseph Fofé et l'adjoint au secrétaire général de la présidence Jean Nkuete qui sont à la manœuvre en tant que trait d'union entre Paul Biya et le cercle des hommes d'affaires :

Après les tensions de 1983-1984, le Président Biya utilisa les bons offices de M. Jean Nkuete (Secrétaire général adjoint de la Présidence) et Joseph Fofé (ministre du Travail et de la Prévoyance Sociale) pour maintenir le contact avec les réseaux d'affaires Bamiléké entre 1985 et 1986 [...] Les rapports entre l'État et les entrepreneurs allaient être redéfinis avec la déstabilisation des formules d'import-substitution. L'entreprise et les affaires allaient désormais pâtir de la montée en régime d'une crise des finances publiques et de l'économie de rente. La logique de l'ajustement politique et économique qui allait s'imposer, entendait modifier les règles des rapports entre l'État et les réseaux d'affaires en remettant en question les normes d'un capitalisme orienté politiquement[263].

---

261 Né le 27 mars 1929 à Douala, Samuel Kondo Njanga se distingue rapidement comme l'un des hommes d'affaires les plus industrieux parmi les opérateurs économiques originaires du pays Douala entre le 20e et le début du 21e siècle. Issu de la bourgeoisie commerçante sawa, il passe pour un industriel spécialisé dans la confection et la vente des emballages en carton au Cameroun et dans la sous-région d'Afrique centrale à travers la Société Camerounaise de Cartonnage (SOCARTO). Il brille également par une présence remarquable dans le secteur de l'imprimerie et dans le commerce en gros. Il a été pendant plusieurs décennies le président de Syndicat des Industriels du Cameroun et celui du GICAM. Membre du comité central du RDPC, il a par ailleurs arboré la casquette de président du conseil d'administration de plusieurs institutions publiques comme le Fonds National de l'Emploi. Il meurt le 11 mars 2020 à Douala à l'âge de 91 ans.

262 Owona Nguini, « L'État et les milieux d'affaires au Cameroun..., p.54.

263 *Ibid.* pp.60-61.

Cette idée donne à penser, au moins à la lecture des premières lignes de la citation, que malgré la crise et ses soubresauts, le réseau d'hommes d'affaires bamiléké sait s'adapter ; il sait où aller, vers qui se diriger et surtout quand et comment se connecter aux logiciels les plus stratégiques du Cameroun. Il a su, quoi qu'on en pense, créer une interconnexion fluide avec certains apparatchiks du pouvoir en s'appuyant particulièrement sur l'élite politico-administrative bamiléké proche de Paul Biya pour maintenir sa jonction avec le successeur vomi du président Ahidjo, et cela va s'avérer payant pour la suite.

Avec la crise économique des années 1980 et l'instauration des PAS, Paul Biya n'a pas d'autres choix que de rassurer le monde de l'entreprise, en particulier les entrepreneurs d'origine étrangère. Lors d'une interview accordée à la télévision nationale en 1987, le chef de l'État joue la carte de la diplomatie économique en s'appuyant sur la communication :

Je demande simplement aux hommes d'affaires de continuer à faire confiance au Cameroun. Comme je l'ai dit, le Cameroun a des atouts. Et vous [le journaliste] avez relevé que les hommes d'affaires se retirent : il y a certes des retraits, mais je dois dire qu'il y a des arrivants aussi. La crise existe, mais le Cameroun a des moyens et la volonté de venir à bout de cette crise. Le Cameroun a des amis à l'extérieur qui sont dans leur majorité disposés à seconder nos efforts. Il ne faut pas qu'on se trompe là-dessus : les Africains doivent d'abord compter sur eux-mêmes. L'étranger, l'extérieur ne viendra apporter qu'un appoint […] Je sais qu'il y a un problème qui préoccupe beaucoup de nos hommes d'affaires, c'est celui des arriérés que l'État leur doit. Je dois dire ici que j'ai donné au ministre des Finances l'ordre de payer ces dettes de l'État, en commençant par les plus accessibles, c'est-à-dire celles des entreprises qui n'ont pas derrière elles un système bancaire qui les soutient […] Pour nous, cette injection dans le circuit des affaires est propre à relancer l'économie et à permettre aux hommes d'affaires de rester[264].

Le chef de l'État camerounais qui semble avoir une bonne maîtrise du fonctionnement et des enjeux du monde de l'entreprise dans son pays en cette fin de décennie des années 1980, conclut son propos par ces termes rassurants :

…Je tiens à dire ici aussi que depuis plusieurs années, je paie les arriérés de l'État. L'année dernière [1986] j'en ai encore payé pour plusieurs dizaines de milliards. Seulement, force est de constater que ces sommes qui sont injectées dans l'économie prennent le chemin de l'extérieur, ce qui laisse l'économie exsangue. C'est pour cela que je demande aux hommes d'affaires, à qui nous allons régler les impayés, de faire en sorte que cet argent tourne à l'intérieur du pays et fasse tourner les entreprises. Nous avons également des lignes de crédits qui nous viennent des pays

[264] *Le Message du Renouveau, Discours et interviews*… p.329.

étrangers. Ces lignes vont se traduire par de nouvelles réalisations dans les mois qui viennent[265].

Prenons-nous un peu de liberté pour sortir un moment de notre sujet de fond et se poser les questions suivantes : concrètement, quelles sont les mesures que le chef de l'État camerounais a prises pour éviter une fuite des fonds alloués aux hommes d'affaires de son pays tel qu'il le relève dans l'extrait ci-contre ? Qui mieux que l'État devrait réguler ce secteur névralgique de l'économie nationale ? De plus, à quand l'implémentation d'une vraie politique visant l'indépendance économique du pays, tant il reste vrai que le réflexe d'aller solliciter les financements à l'extérieur prend toujours le dessus sur les politiques de création des moyens de financements endogènes ? Comment éviter l'omniprésence du capital monopolistique étranger afin de poser les bases solides d'une économique indépendante au Cameroun ?

Répondons à cette panoplie de questions de manière groupée.

Au centre de toute action de régulation et de préservation des réserves monétaires d'un pays se trouvent, bien clairement, l'État et les autorités gouvernementales. C'est le gouvernement qui fait voter des lois allant dans le sens de l'intérêt de la nation. Un État qui se pose en spectateur de l'augmentation de la fuite des fonds alloués aux entreprises dans le pays est un État mou, il est la preuve même de la fragilité des pouvoirs publics, il est la preuve d'une faillite non maîtrisée. Et, l'une des conséquences les plus graves de cet affaissement de l'autorité publique ou alors des faiblesses de ces politiques de préservation des fonds est l'insertion et la liberté d'agir des sociétés étrangères dans le pays en tenant compte non plus des intérêts du lieu d'installation, mais de leurs intérêts propres[266].

En tout cas avec Paul Biya, le cadre politique et théorique du monde des affaires est au moins planté, le discours est clair et intelligible : les arriérés seront payés, le pays est prêt à contracter des dettes extérieures pour appuyer les entrepreneurs et renforcer la vitalité du monde des affaires.

Pour prouver sa bonne foi politique, le président Biya avait bel et bien instruit son administration de payer cette dette auprès des hommes

---

[265] *Ibid.*

[266] Nous invitons le lecteur à lire les débats sur ce sujet à travers les écris suivants : A. Saloum Ndiaye, « Fuite des capitaux et investissement en zone franc : une approche économétrique par les données de panel », Conférence économique africaine organisée par la Banque Africaine de Développement et la Commission Économique pour l'Afrique, Addis Abeba, le 15-17 novembre 2007.

d'affaires du Cameroun à hauteur de 46 milliards de francs CFA[267]. Il avait pour cela tenu à rencontrer personnellement certaines têtes d'affiche de l'entreprise d'origine camerounaise telles que : Joseph Kadji Defosso[268], Pierre Tchanqué[269] de l'Ouest-Cameroun, Soppo Priso du Littoral ou encore James Onobiono[270] du Centre et

[267] Pourtant, les grandes entreprises étrangères, une fois entrées en possession de cet argent tant revendiqué, ne vont pas se prier pour rapatrier l'essentiel de ces fonds dans leurs pays d'origine. Le chiffre évoqué pour la seule année 1986 fait état de plus d'une dizaine de milliards de franc CFA rapatriés, accélérant ainsi une grave crise de l'illiquidité de l'économie camerounaise.

[268] Né au début des années 1920, Joseph Kadji Defosso est un des plus importants et des plus prolifiques hommes d'affaires et industriels camerounais du 20e siècle. Originaire de Bana à l'Ouest-Cameroun, il débute dans le commerce de détail à Douala, puis s'investit dans le commerce des produits alimentaires, du matériel et des fournitures de bureau. Grand bénéficiaire de la politique de camerounisation lancée par Ahidjo dès les premières heures de l'indépendance, Kadji Defosso se fait notamment remarquer comme le promoteur de l'Union Camerounaise des Brasseries (UCB) créée en 1972. Grand bâtisseur, il s'illustre dans de vastes investissements dans le secteur de l'immobilier à Yaoundé et à Douala, mais également à l'étranger. En 1995, il crée la *Kadji Sport Academy* essentiellement consacrée à la formation et à l'accompagnement des jeunes sportifs. Longtemps présenté comme le président du Groupement des Hommes d'Affaires Camerounais, il s'est également montré actif dans la production des matières plastiques, l'éducation et en politique d'abord comme proche de l'opposition, puis au sein du parti au pouvoir dont il a arboré les couleurs comme maire de Bana jusqu'au moment de sa mort en 2018.

[269] Pierre Tchanqué est né en 1925 à Douala. C'est un homme d'affaires qui a reçu une formation d'expert-comptable. Il est originaire de Bazou à l'Ouest-Cameroun. Il s'engage dans le monde professionnel comme élève facteur journalier en 1945 à la direction du chemin de fer à l'époque des Français. Il gravite normalement les échelons et passe facteur mixte en 1951. Il s'envole pour la France afin d'y mener des études en comptabilités en 1954. Il rentre au Cameroun nanti du diplôme d'expert-comptable après des études supérieures dans plusieurs instituts universitaires français comme l'École Supérieure de Gestion des Entreprises de Paris et est nommé administrateur civil principal qui assume les fonctions de directeur de la comptabilité publique au ministère des finances de 1960 à 1964. Il est ensuite passé secrétaire général du ministère des finances, directeur technique de la Société Nationale d'Investissement, secrétaire général de l'Union Douanière des États d'Afrique Centrale (UDEAC), puis directeur intérimaire de la Banque des États d'Afrique Centrale (BEAC). Après une longue carrière dans l'administration, il se lance dans les affaires en 1978 à l'âge de 53 ans et s'illustre comme le fondateur des Nouvelles Brasseries Africaines (NOBRA) avec un capital estimé à 4 milliards de francs CFA. Il préside la chambre de commerce et d'industrie de son pays de 1986 jusqu'à sa mort en 1998. Au Plan politique, il est membre actif de l'UNC, membre du comité central du RDPC et maire de Bazou dès 1996.

[270] Homme d'affaires et industriel camerounais, James Onobiono est l'un des principaux soutiens dans le monde des affaires du RDPC durant les années de braises

Mohamadou Catche du Nord. Cette régularisation fut élargie aux entrepreneurs d'origine étrangère, mais surtout à certaines sociétés camerounaises en difficulté telles que les Nouvelles Brasseries Africaines (NOBRA) de l'industriel et président de la CCIM du Cameroun le nommé Tchanqué, déjà cité.

La crise économique face à la *Cameroon connexion*

La crise économique qui survient dans les années 1980 est brutale. Elle vient atténuer un sentiment d'alacrité et de développement que l'euphorie pétrolière des années 1970 avait en grande partie maintenu éveillé au Cameroun. La courbe d'évolution du pays laissé par Ahidjo se brise avec une telle violence qu'elle crée des secousses insoupçonnables dans tout le monde économique et singulièrement dans le secteur financier. La noirceur du tableau que dépeignent certains experts à cette époque n'a d'égale que l'imprévisibilité et le lot de conséquences sinistres qui accompagnent cette crise :

> *Un brutal retournement de conjoncture advient en 1985/1986, consécutif à une chute simultanée des cours du pétrole, par ailleurs exprimés en dollar qui se déprécie, et du prix des matières premières agricoles. Cette année-là, les exportations diminuent de 329 milliards (8% du PN : de plus de 20% de leur valeur de 1984/1985), puis l'année suivante en 1986/1987 de (50,5%, base 1984/1985) malgré un accroissement en volume des produits agricoles exportés. Au cours de ces deux années 1985/1986 et 1986/1987, le budget spécial disparaît, le déficit budgétaire passe de 232 milliards (5,7% du PNB), puis à 464 milliards (11,2% du PNB), financé par l'accumulation d'arriérés (210 milliards pour la dette intérieure, 40 pour la dette postale et hospitalière) et des déficits mis en place par la Banque Centrale. Quant au choc externe, son impact sur la balance des paiements est également notable. En 1986/1987, un déficit record de 373 milliards (9,5% du PNB) financés par des prêts à court ou moyen terme, et par accumulation d'une dette de 75 milliards auprès du*

---

au Cameroun entre 1991 et 1992. Originaire de Bokito dans la région du Mbam, il voit le jour en 1948 et suit une formation en mathématiques appliquées en France durant son parcours universitaire avant son retour au Cameroun en 1979. Enseignant à l'école polytechnique de Yaoundé avant de se révéler dans le secteur de l'entrepreneuriat, son nom entre définitivement dans la galaxie des prestigieux opérateurs économiques de son pays grâce à la société de tabac baptisée SITABAC qu'il cofonde avec son compatriote Théodore Ebobo avec l'aide des partenaires allemands du groupe Reemtsma en 1983. Le succès de cette société est tel qu'elle pèse plus de 20 milliards de francs CFA dans les années 1980. Il s'essaye, tant bien que mal, aussi dans le secteur bancaire en rachetant International Bank of Africa Cameroon (filiale camerounaise de la Bank of America). En 2014, on le retrouve à la tête de la Propero S.A. spécialisée dans l'investissement et de la Compagnie Financière Internationale (CFI). Il est en même temps propriétaire de la société Quantum Cocoa S.A.

Trésor français. Cette situation apocalyptique pour le Cameroun d'alors, appelle de rapides mesures correctives : les premières dès juin et juillet 1987, essentiellement dans le cadre d'une réduction du train de vie de l'État, et puis ensuite par le biais de la signature d'un accord stand-by avec le FMI en septembre 1988, premier document d'une longue série, dans laquelle, de manière spécifique, la question de la dette tient sa place[271].

Le Cameroun des années 1980 a atteint les abysses de la crise d'endettement. Le tableau économique de cette période est si sombre que le recours au FMI est certainement considéré comme la seule bouée de sauvetage pour un État qui, quelques années seulement auparavant, se targuait d'avoir lancé un programme de révolution verte et surtout d'avoir engagé de grands travaux de développement sociaux et infrastructurels avec la bénédiction de l'argent issu de l'exploitation pétrolière[272].

En effet, et pour aller dans le même sens, à partir de 1987, le produit intérieur brut (PIB) du Cameroun est en chute libre au Cameroun. Jusqu'au milieu des années 1990, il décroît et atteint le chiffre de -4,1% par an[273]. Autrefois classé au rang de pays à revenu intermédiaire, le Cameroun s'adjoint le statut modeste de pays à revenu bas en quelques années[274]. L'appel de détresse lancé en direction du FMI et de la Banque Mondiale devient le seul recours pour les dirigeants du pays. Les PAS entrent en jeu, le pacte est scellé avec les institutions de Bretton Woods, le piège du libéralisme à outrance se referme, et c'est la fin de l'État généreux.

En conséquence, de nouvelles formes d'alliances entre les pouvoirs publics et les milieux d'affaires dans le pays se tissent. Elles profitent d'un contexte marqué par le retour au multipartisme en décembre 1990 pour se remodeler tout en se surchargeant de nouveaux enjeux, comme à l'accoutumée. Le retour aux libertés politiques et individuelles n'est peut-être pas très déterminant pour expliquer les causes de cette nouvelle alliance dont les traits nouveaux datent de la période d'éclatement de la crise des années 1980, mais il aide le lecteur à mieux se situer dans nos développements. Pour bien comprendre l'évolution et la particularité de ces nouvelles formes d'union, il faut insister sur

---

[271] R. Tchoungui, « La dette : un cas particulier, le Cameroun », *Cahier de l'UCAC, La dette des pays du Sud, Yaoundé*, UCAC, 2000, p.32.

[272] Touna Mama, *L'économie camerounaise…*, p.16.

[273] *Ibid.*

[274] *Ibid.*

trois ou quatre faits majeurs qui surviennent dans le secteur politique et économique du pays.

D'une part, la dévaluation du franc CFA en 1994, dans toute la zone franc, impose des ajustements économiques et politiques de fond[275]. Les réseaux entre opérateurs économiques et pouvoir politico-administratif ont dû être redessinés ou alors corrigés après la récession et les programmes d'ajustement de l'économie du pays imposés par le FMI et la Banque Mondiale. On a certes vu que certains commerçants plus exactement les Bamiléké avaient, bon gré, mal gré, su garder le cap et maintenu des liens forts avec le régime par l'entremise des grands fonctionnaires issus de la société bamiléké comme Kuete ou Fofé qui seraient l'interface entre le pouvoir de décision politique et l'écosystème des affaires bamiléké, mais il n'en demeure pas moins vrai que le coup a été rude pour tout le monde.

Deuxièmement, la baisse des salaires des Camerounais à plus de 65% durant la décennie 1990 a poussé les fonctionnaires, détenteurs du pouvoir de distribution des marchés publics et surtout tous ceux qui étaient en relation avec le milieu des entreprises, à trouver de nouveaux moyens de rente[276]. Plusieurs d'entre eux se découvrent subitement des talents d'hommes d'affaires et d'experts en marchés publics, inaugurant de ce fait l'ère du délit d'initié dans la passation des marchés entre l'État et les structures privées[277]. On assiste alors à l'entrée fracassante des

---

[275] Il existe une abondante littérature sur ce fait. Nous proposons au lecteur de se référer à une d'entre elles constituées des publications telles que : R. Godeau, *Le Franc CFA, Pourquoi la dévaluation de 1994 a tout changé ?* ; Paris, SEPIA, 1995. D. Cogneau et al., « La dévaluation du franc CFA au Cameroun. Bilan et perspectives », *Économie et société, Relations économiques internationales,* Série P., n°33, 1996.

[276] Lire S. Eboua, *D'Ahidjo à Biya…*, pp.168-169

[277] Pourtant, selon le décret n°94/199 du 7 octobre portant Statut Général de la Fonction Publique de l'État, modifié et complété par le décret n°2000/287 du 12 octobre 2000, il est dit à l'article 37 que : « Il est interdit à tout fonctionnaire régi par le présent statut d'avoir, dans une entreprise ou dans un secteur soumis à son contrôle direct ou en relation avec lui, par lui-même ou par personne interposée et sous quelque domination que ce soit, des intérêts de nature à compromettre ou à restreindre son indépendance, d'exercer, à titre privé, une activité lucrative sauf dérogation spéciale par un texte. Lorsque le conjoint exerce à titre professionnel une activité privée lucrative, la déclaration doit être faite par le fonctionnaire au Ministre dont il relève. L'administration prend ainsi les mesures propres à sauvegarder l'intérêt du service. Le défaut de déclaration de telles activités constitue une faute professionnelle…». À l'article 38, on peut lire ceci : « L'obligation de désintéressement interdit au fonctionnaire d'avoir, dans une entreprise soumise à son contrôle direct ou en relation

prête-noms stipendiés ou des hommes de paille sur la scène des affaires mieux que par le passé. Ils sont discrets, habiles, furtifs, parfois ignorants du mode d'organisation de l'État et du système de fonctionnement des milieux d'affaires, mais présents et prêts à s'enrichir au nom de ceux qui leur ont donné l'opportunité ou la chance d'être là.

De plus, la révision du code des marchés fait émerger une classe de nouveaux acteurs : les « démarcheurs » ou les facilitateurs. Néanmoins, ces marchés publics, avec les prête-noms chargés entre autres de blanchir les fonds détournés sont parfois comme le feu de Prométhée, on peut l'utiliser pour s'éclairer, mais en voulant trop s'y rapprocher, on finit par se bruler et susciter la colère de Zeus, donc de l'État. Par conséquent, ils se retrouvent empêtrés dans les problèmes avec le fisc et la justice de leur pays.

Connus pour certains, inconnus pour d'autres, ces « démarcheurs » représentent des sortes de clandestins ou d'improvisateurs qui prennent place à la table des affaires économiques sans n'avoir jamais été conviés. Telle une engeance d'intrus dans la galaxie entrepreneuriale du pays, ils brillent souvent par des pratiques simoniaques et par un esprit d'opportunisme qui peuvent convaincre les plus sceptiques, compte tenu de ce que ces facilitateurs des affaires et inventeurs de relations sont des acteurs stratégiques même s'ils n'apparaissent pas toujours au premier plan. Ils opèrent en sous-marins chargés d'accompagner discrètement, mais efficacement les liens entre l'État camerounais et le milieu des affaires en ce qui concerne la passation des marchés publics, le blanchiment d'argent ou l'irrigation des flux de capitaux. Cependant, le rôle de ces sous-marins humains ne fait pas toujours l'unanimité au sein des cercles des hommes d'affaires dans le pays, ce d'autant plus qu'ils interviennent souvent dans des marchés exorbitants, chiffrés à hauteur des centaines de milliards de francs CFA, ce, sans aucun document juridique ou recommandation officielle. On les considère même parfois comme des mercenaires qui agissent dans l'ombre et en profitent pour amasser d'importantes prébendes : ce sont les acteurs centraux de ce que nous avons appelé la *Cameroon connexion* ou les réseaux d'alliances qui animent l'univers politico-économique dans le pays.

---

avec lui, par lui-même ou par personne interposée ou sous quelque domination que ce soit, des intérêts de nature à compromettre ou à restreindre son indépendance ».

Les entrepreneurs nationaux s'inquiétaient de l'intervention de certains courtiers proches du pouvoir comme M. Damase Omgba dans les marchés publics à l'instar de celui de construction de l'aéroport allemand Dywidag (DYCKERHOFF UND WIDMAN). Ces opérateurs s'interrogent aussi sur l'intérêt de M. Damase Omgba pour les entreprises à privatiser. Suspectant ce dernier d'intervenir par le biais du groupe français Laugier et Gillot intéressé par les perspectives de reprise du secteur des assurances au Cameroun[278].

Encore une permanence ou plus exactement une ligne de concaténation qui mérite une grande réflexion. La chaîne des affaires au Cameroun connaît en fait d'autres acteurs qu'il est parfois impossible de voir « à l'œil nu ». Il faut s'armer des lunettes d'analyse et d'observations particulières pour les détecter et mettre en avant leur rôle central dans la passation des marchés publics et, bientôt, dans le jeu des privatisations des sociétés étatiques.

Paradoxalement, la crise économique des années 1980 n'a pas fait que des malheureux. Elle a imposé une politique rigide avec des privatisations honteuses et insupportables[279] qui marquent la fermeture de certaines grandes sociétés d'État en entrainant l'affaiblissement ou la reconfiguration de plusieurs réseaux d'accumulation, ce qui eut aussi pour effet de faire germer de nouvelles poches de rente, tout en renforçant le pouvoir de décision du président de la République en tant que « principal distributeur des prébendes[280] » dans le pays.

Si l'on pousse le raisonnement jusqu'au bout, on doit accepter l'idée que le chef de l'État, du haut de toutes les prérogatives, de tous les pouvoirs qu'il concentre et à partir de l'instauration d'un système de gouvernance hyper centralisé qu'il pilote, est le véritable ordonnateur dans les relations entre son appareil administratif et le milieu des affaires. Tel que les dispositions administratives et politiques sont

---

[278] Owona Nguini, « L'État et les milieux d'affaires au Cameroun…, p.56.

[279] Parlant des entreprises en voie de privatisation, il faut signaler que le 3 octobre 1990 et le 14 juillet 1994, le président de la République du Cameroun signe des décrets plaçant une trentaine d'entreprises sur la liste des privatisables. Il s'agit des entreprises au sein desquelles l'État du Cameroun détient un capital total ou partiel. On peut, entre autres, citer : le Centre d'Édition et de Production pour l'Enseignement et la Recherche (CEPER), l'Imprimerie Nationale, la Cameroon Development Coorporation (CDC), La Société Camerounaise de Tourisme (SOCATOUR), la Cameroon Sugar Compagny (CAMSUCO), les Contreplaqués du Cameroun (COCAM), La Société des Palmeraies de la Ferme Suisse (SPFS), la Société Forestière et Industrielle de Belabo (SOFIBEL), la Cameroon Airlines (CAMAIR), la Société des Transports Urbains du Cameroun (SOTUC), la Cameroon Shipping Lines (CAMSHIP) ou encore Hévéa du Cameroun (HEVECAM).

[280] Bayart, *L'État en Afrique…*, p.358.

prises, il est l'*alpha* et l'*oméga* de la relation État/entreprise au Cameroun et en Afrique post coloniale.

La privatisation, un « banquet d'Orléans » ?

La privatisation des sociétés d'État marque également un moment clé dans l'histoire économique récente du Cameroun, avec des retentissements dans le monde des affaires. Les changements administratifs et stratégiques qui surviennent n'altèrent cependant en rien les enjeux sous-jacents qui accompagnent ce processus de privatisation plutôt atroce des entreprises publiques dans le pays. Il faut d'emblée rappeler que les sociétés publiques et parapubliques ne pouvaient être rachetées que par les investisseurs étrangers tel que le stipulent les termes du PAS[281]. Cela revient à dire qu'il s'agit là des rapports directs entre l'État du Cameroun et les entrepreneurs ou les industries étrangères. Ici, on s'adonne aux plus offrants. Point besoin de porter un masque pour prendre position pour telle ou telle société, pour telle ou telle compagnie, pour un homme d'affaires français, anglais, américains, allemands ou canadiens, tout simplement parce que le désir de contrôler les privatisations par certains pontes du régime et certains opérateurs économiques locaux cache mal une recherche exaltée d'accumulation, d'embourgeoisement, de positionnement et de pouvoir. On assiste alors parfois à des conflits d'intérêts entre les membres d'un même gouvernement et d'une même formation politique, offrant définitivement le spectacle et l'impression que la course à l'accumulation au Cameroun est impitoyable et peut avoir lieu à tout moment, sur n'importe quel terrain de jeu.

La perspective des privatisations allait relancer des conflits au sein de l'État et des milieux d'affaires. C'est ainsi que la question de la reprise de la PAMOL Limited Compagny, une filiale de la multinationale agro-industrielle UNILEVER que celle-ci décida de liquider en 1987, constitua un enjeu important entre les élites politiques et économiques du Sud-Ouest et du Nord-Ouest avec la controverse suscitée par l'offre d'achat de MM. Nangah Awah et Nguifor. La privatisation de l'Ex OCB (Organisation Camerounaise de Banane) qui intéressait le groupe français Compagnie Fruitière de Marseille avait également suscité des conflits au sein même

[281] Sur ce point, on note par exemple l'action des sociétés pétrolières étrangères comme Texaco, Mobil, Elf, Shell ou encore Total qui intervenaient dans la distribution des produits pétroliers et détenaient plus de 20% du marché camerounais. On peut aussi citer la société française Rivaud (Terres Rouges) ou la Britannique Commonwealth Developement Corporation, désireuses d'entrer respectivement en possession de la CDC et de HEVECAM.F

de la présidence entre M. Robert Mbella Mbappe (Directeur du cabinet civil) et Jean Nkuete (Secrétaire général du gouvernement). M. Mbella Mbappe qui disposait d'intérêts dans la filière bananière aurait reproché à M. Nkuete d'avoir presque exclusivement proposé des repreneurs issus des milieux d'affaires Bamiléké [...] La privatisation de certaines sociétés suscita des controverses comme l'a montré la reprise de la COCAM (Société des contreplaqués du Cameroun) par un opérateur libanais de la filière bois, M. Michel Khouri, et fut considérée comme une opération au profit d'acteurs du pouvoir présentés de façon polémique comme des lobbies «rdépécistes »[282].

Cette citation d'Owona Nguini est lourde de symboles. Elle est la preuve que les conflits d'intérêts au Cameroun de Paul Biya sont à placer dans le registre de la permanence. À peine passée la crise de succession que surgissent déjà des batailles qui régulent vraisemblablement le fonctionnement de ce régime-État que nous nommerons plus loin « État-gâteau ». Tout porte à croire qu'il n'y a aucun segment de l'administration ou de la société qui souhaiterait être absent autour de la longue table du « banquet de l'enrichissement ». Les pulsions d'accumulation sont si insaisissables que tout le monde compte gagner « sa part » dans les affaires. Même à la présidence de la République c'est-à-dire au plus haut sommet de l'administration publique, chacun travaille avec des idées de rente bien enfouies dans un coin de sa tête. On aurait dit un pays où la majorité des décideurs a refoulé son esprit prébendier qui, par moment, revient dans les pensées et dans la pratique tel un violent boomerang. Il faudrait peut-être imaginer une thérapie de groupe pour endiguer cette addiction à l'accumulation dans ce pays, ce d'autant que la chasse aux rentes tend à représenter une drogue, un puissant stupéfiant qui crée une dépendance généralisée des affaires[283].

Restons dans le langage imagé en relevant qu'il y a parmi ces acteurs que nous étudions depuis le début de cette réflexion, ceux qui semblent avoir fait le choix, volontairement ou pas, de découper le gâteau national de manière réservée avec des canifs ou des rasoirs, et d'autres, plus audacieux et plus impérieux, utilisent un matériel plus lourd, plus puissant comme les haches ou les tronçonneuses afin de s'emparer de la plus grosse part de cette irrésistible galette nationale qui ne représente rien d'autre que l'essentiel des richesses du pays.

---

[282] Owona Nguini, « L'État et les milieux d'affaires au Cameroun…, pp.54-55.

[283] Une lecture et une analyse s'inscrivant dans le même sens, mais dans un contexte différent et concernant particulièrement la France, sont proposées dans : M. Druon, *Ordonnances pour un État malade*, Paris, Éditions De Fallois, 2002.

Cela permet d'avancer que le problème du Cameroun n'est peut-être pas tout à fait fondé sur le système de management ou sur la gouvernance politique. La vraie épée de Damoclès qui plane sur les décideurs de cette nation demeure certainement celle de la comptabilité, plus exactement de la comptabilité financière. La question de la comptabilité est d'autant plus récurrente que ce n'est que quand les intérêts financiers deviennent importants que tout le monde se pose en sentinelle de la république, dissimulant ainsi un vieux désir de contrôler les circuits d'argent de tel ou tel projet. L'*establishment* au pouvoir pratique de ce fait une sorte de veille informationnelle une fois que l'argent entre en jeu, à tel point que l'on pourrait penser à une culture institutionnalisée de la gloutonnerie.

Dans cette atmosphère, on se demande bien où sont passés les grands entrepreneurs dominants nordistes lors de l'opération de privatisation qui cristallise les intérêts de tout le système politico-économique au Cameroun.

Disons que les commerçants originaires du septentrion et leurs multiples soutiens au sein du gouvernement, auxquels ils sont restés savamment accolés depuis l'époque d'Ahidjo, ne pouvaient en aucun cas jouer aux abonnés absents dans cette grand-messe dédiée aux privatisations des principales entreprises publiques et parapubliques de leur pays. Aucun convive réfléchi ne peut d'ailleurs résister à l'idée de porter un toast lors de l'organisation du « grand banquet ». Ces amis intimes des cercles du pouvoir de Yaoundé restent très impliqués dans le monde des affaires, quels que soient la période et le contexte. Ils n'ont jamais « perdu le Nord », au contraire ! Ils maîtrisent exactement la position de l'étoile polaire qui guide le sens de l'accumulation lorsqu'il s'agit de naviguer dans le firmament des réseaux de la république.

> *C'est dans la même logique que fut envisagée l'opération de rachat de la SODECOTON (Société de Développement du Coton) par les acteurs du holding de la SMIC (Société Mobilière d'Investissements du Cameroun) dirigée par l'homme d'affaires Baba Ahmadou (membre du comité central du RDPC et comprenant des personnalités influentes comme MM. Djibril Cavaye Yeguié (président de l'Assemblée nationale), Hamadou Moustapha (vice-premier ministre chargé de l'habitat) Sadou Hayatou (ancien premier ministre), et le lamido de Rey Bouba, Abdoulaye Bouba. Cette opération stoppée en 1995 par le président Biya sur les conseils de M. Marafa Hamidou Yaya (conseiller spécial à la présidence) et sous la pression des bailleurs de fonds internationaux allait pourtant être confirmée par la décision de justice en 1996*[284].

[284] Owona Nguini, « L'État et les milieux d'affaires au Cameroun..., p.50.

Le processus de privatisation lancé par l'État sous la pression du FMI et de la Banque Mondiale ne laissa donc aucune faction économique, administrative ou politique hors du champ des affaires. Le pays est victime d'une sorte de libido incontrôlée d'accumulation qui atteint toutes les strates de la république. Nous sommes dans une sorte de nexus c'est-à-dire dans un grand édifice, une vaste jungle où toutes les espèces se mélangent, s'entremêlent, se bousculent et s'exhibent dans un système tellement complexe que l'on ne sait plus exactement qui est la proie et qui est le prédateur, qui est le représentant de l'État, qui est le particulier ou le chasseur de primes. Le spectacle d'une orgie qui s'en suit est tout simplement ahurissant. Puisque, autant « les gens de la présidence » revendiquent leurs intérêts dans l'univers des affaires comme nous l'avons montré il y a un instant, autant les entreprises portées par le président de l'Assemblée nationale, les Premiers ministres et vice-premiers ministres et les autorités traditionnelles comme les lamidos comptent avoir leur mot à dire dans le processus de privatisation, et donc jouir des retro commissions qui en découlent.

Nous sommes à la vérité en permanence dans un triste bal des paradoxes. Il a été prescrit par les bailleurs de fonds et les partenaires extérieurs du Cameroun que la nouvelle orientation économique et sociale de ce pays malade de sa gestion économique et tenu sous la perfusion du FMI à travers une potion prétendue prodigieuse nommée PAS, passerait sans condition par la diminution de la quantité de l'État dans plusieurs secteurs majeurs du pays. Le slogan à la mode était « moins d'État, plus de marché ». Les célèbres institutions de Bretton Woods préconisaient pour cela de baisser fortement l'interventionnisme de l'État camerounais sur le marché, de diminuer les dépenses publiques, de réduire le nombre d'agents publics et celui des entreprises publiques en élaborant une politique de privatisation[285]. Une fois encore, on nous imposait des modèles importés, cette fois-ci basés sur un « tout libéral », un libéralisme tous azimuts[286] .

---

[285] Pour mieux apprécier le cadre juridique et administratif de ces dispositions, il faut lire la loi n°89/030 du 29 décembre 1989 autorisant le président de la République à définir par ordonnance le régime de la privatisation des entreprises publiques et parapubliques. Dans ce domaine, on peut ouvrir le débat en consultant : l'ordonnance n°90/004 du 22 juin 1990 relative à la privatisation des entreprises du secteur public et parapublic au Cameroun.

[286] Pour exprimer cette idée de libéralisme généralisé, Courad utilise l'expression de « révolution libérale » dans l'objectif de démontrer que la crise économique des années 1980 au Cameroun a amené le pays à s'ouvrir à toutes les exigences libérales du FMI et de la BM (au plan socio-économique, avec des répercussions sur le domaine

Sauf que, et à rebours de toutes ces recommandations, on se rend vite compte que l'interventionnisme de l'État du Cameroun et des hommes qui l'incarnent n'a jamais été aussi sémillant que pendant l'ère de la privatisation des sociétés publiques et parapubliques[287]. Il est très rare de voir un malade qui se moque de la charité de ses médecins traitants en foulant au pied les prescriptions élémentaires de ces derniers. Au fur et à mesure qu'on avance, les ministres et autres caciques du régime de Yaoundé interviennent subrepticement dans le processus de privatisation dans l'idée d'influencer cette action pour en tirer le maximum de bénéfices personnels en positionnant les entreprises amies ou les multinationales les plus réputées dans le versement des retro commissions[288].

Dans tous les cas, il faut bien se garder d'être prudent, car le risque de collision des intérêts des uns et des autres devient bien réel. Les métastases nées du choc des rentes entre les forces dominantes pourraient, à tout moment, engendrer un malaise au plus haut sommet de l'État. La recherche farouche de rentes et de contrôle des appareils de production de la nation peut donc s'avérer dommageable pour la bonne marche du pays et surtout pour la cohabitation entre les communautés.

---

politique, culturel et psychologique), avec à l'horizon, l'idée de l'instauration d'un système démocratique libéral de type occidental. Voir : G. Courad (Dir.), *Le désarroi camerounais, l'épreuve de l'économie-monde*, Yaoundé, Ifrikiya, 2011, pp.17-18.

[287] Lire sans relâche : J.M. Tedga, *Les entreprises publiques, État et crise au Cameroun : faillite d'un système*, Paris, L'Harmattan, 1992 ; J. Dubois De Gaudusson, « Crise de l'État interventionniste dans les pays en développement », *RJPIC,* n°1, janvier 1989.

[288] *Ibid.*

CHAPITRE 8 :
Pouvoirs de connexion, connexions de pouvoir : entre interstices, néo réseaux et réverbérations

Nous venons de voir comment les relations entre le pouvoir politique et le milieu des entreprises ont souvent balloté d'un côté comme de l'autre selon que l'État a connu telle secousse politique ou tel changement économique. À présent, occupons-nous des changements de fond qui en découlent en prenant des illustrations dans le paysage administratif qui nous révèle l'existence des fonctionnaires attirés par les affaires et des hommes d'affaires engagés dans une course effrénée vers le militantisme politique.

Dans les lignes qui suivent, nous allons nous efforcer d'écrire l'histoire des relations entre homme politique et entrepreneur économique au Cameroun à travers une analyse fondée sur le questionnement, lui-même tourné vers une tentative de bilan. L'idée phare est de mettre en avant les réseaux de connexion qui y sont nés et de voir comment est-ce que ceux-ci jouent, se déploient et se transforment dans un monde où chaque jour apporte sinon une, mais des multitudes d'éléments nouveaux dans la société camerounaise.

Deux arlésiennes, finalement

Avec l'arrivée au pouvoir du président Paul Biya et les différentes mutations des organigrammes de ses ministères apparus au cours des multiples remaniements ministériels dans ce pays, on constate que la majorité des ministères dits « techniques » a prévu des cadres et des lignes d'appui à l'entrepreneuriat privé. Mais, le plus grand problème dans cette relation dite de coopération réside dans l'inégalité d'accès aux subventions et aux appuis de l'État vis-à-vis des entreprises ou des hommes d'affaires. Il s'agit d'une situation qui tend à s'aggraver à mesure que le pays se noie dans une corruption abyssale et endémique. Tout porte à penser que la lumière qui a abondamment jailli de l'axiome *Rigueur* et *Moralisation* s'assombrit peu à peu. Le concept est évoqué, mais son application s'éloigne de manière à s'apparenter à une énigme ou à un mythe. L'économiste camerounais, Dieudonné Essomba, ancien haut cadre du ministère de l'économie, de la planification et de l'aménagement du territoire appréhende cette situation avec les termes qui lui sont propres :

Tous les citoyens et toutes les communautés n'ont pas le même accès aux appuis de l'État. Cela vient d'abord de l'ignorance des possibilités d'appuis et de procédures. Mais pas seulement ! La sociologie du Cameroun va aussi jouer un rôle central dans l'asymétrie des appuis. En effet, dans une ambiance de corruption généralisée, les gestionnaires ne vivent que de retro commissions qu'ils réclament aux bénéficiaires des appuis. Comme ils se méfient de ces bénéficiaires, ils préfèrent se faire payer avant d'octroyer l'appui. Dans ces conditions, les communautés qui sont les mieux organisées pour mobiliser les liquidités réclamées par les gestionnaires publics sont les plus avantagées dans cette compétition pour les fonds publics. Et c'est cela qui explique en priorité qu'une seule communauté se trouve avec 70% des appuis de l'État, suivie de 20%, les maigres 10% restants étant éparpillés entre les autres. Certains sont même totalement exclus, à l'instar des Bassas, des Sawa, des Bamoun, des Baya, des Kirdis ou des Bakwéri. Ils n'ont rien de cet argent, Absolument rien![289].

Le moins que l'on puisse dire après lecture de ce texte c'est qu'au Cameroun, la corruption est une arme de réussite maniée avec dextérité par les hommes d'affaires les mieux organisés et les plus nantis. Si notre examen et nos analyses sont exacts, cela signifie que comme Ahidjo avait décidé d'apporter des soutiens sans faille aux commerçants bamiléké et nordistes qui ont profité d'un épais « matelas d'avantages » pour mieux construire et dominer des oligopoles entiers dans l'import/export tout en élargissant leur envergure financière au passage, ceux qui étaient absents lors de l'appel à la camerounisation, pour une raison ou pour une autre, ne verront jamais le « paradis des subventions » de l'État, à moins d'opérer de grands miracles ou alors d'attendre que le hasard ou la chance tienne compte de leur situation. Puisque les 70%, quoique sans références exactes, auxquels fait allusion cet ancien fonctionnaire, représentent à n'en point douter celui des entrepreneurs bamiléké qui sont la première force économique du Cameroun, et celui de 20% renvoie certainement à l'élite économique originaire du Nord du pays.

Pourtant, en prenant un peu de recul, on constate que le président Paul Biya a longtemps fustigé ces pratiques malsaines des fonctionnaires qui s'enrichissent sans vergogne sur le dos de n'importe quel usager et surtout sur celui des acteurs du secteur économique privé plus enclins à dépenser d'importantes sommes d'argent contre un service jugé avantageux :

C'est de Yaoundé aussi, centre nerveux de l'appareil de l'État, que le gouvernement donne les impulsions nécessaires aux actions qu'appelle la réalisation de nos objectifs de développement, social et culturel rapide de la nation, un développement fondé sur la solidarité, l'équilibre et la justice. Je ne saurais donc

---

[289] Dieudonné Essomba, compte facebook, texte publié et consulté le 19 février 2019.

manquer d'évoquer le problème lié à notre système d'administration, ainsi que le comportement de certains de ceux qui en ont la charge. Il faut en effet déplorer, pour le dénoncer, le comportement de ceux des fonctionnaires qui, si tôt investis d'une part plus ou moins grande de l'autorité de l'État, non seulement relèguent au second plan les devoirs qu'impliquent leurs nouvelles fonctions, mais détournent à leur profit ou au profit de quelques-uns, tout ou partie du pouvoir qui leur ont été confié pour servir l'intérêt public, pour servir la nation. Le désir d'enrichissement à tout prix, notamment à travers des pratiques essentiellement frauduleuses, crée une atmosphère de laxisme généralisé, et d'injustice sociale pour des personnes besogneuses et porte atteinte à l'éthique du service public[290].

Paul Biya s'inspire beaucoup d'Ahidjo pour s'adresser à ses concitoyens. Ce speech nous rappelle les propos tenus par le premier président du Cameroun quand il dénonçait les pratiques peu orthodoxes des Camerounais au lendemain des indépendances. Ce qui revient à dire que le phénomène d'enrichissement illicite et de corruption effrénée dans la fonction publique qui est mis en avant dans ce discours est au moins aussi vieux que la naissance de la République du Cameroun. Si en 1983, Paul Biya l'évoque encore avec insistance, et bien avant lui le président Ahidjo, il faut reconnaître qu'une partie des relations entre le pouvoir politico-administratif et le secteur de l'investissement privé ne pouvait que se bâtir autour de ce système de mafia, de clientélisme et de gabegie à ciel ouvert. Il s'agit certes des relations de coopération, d'hégémonie et de privilèges, mais aussi par moment, des liens d'affaires tissés autour de la concussion, ce qui nous éloigne davantage du monde idyllique de la rigueur et de la moralisation.

C'est cette thèse qu'expose Ebélé Onana lorsqu'il fait formellement remarquer que :

Au fur et à mesure que le ton, le discours sur la rigueur et la moralisation se dévalorisait et des actions de sanction n'étaient pas entreprises, les comportements qui sapaient la bonne gouvernance, gagnaient en intensité sur le terrain en s'amplifiant dans les champs politiques, administratifs et économiques sous forme de fraude, de favoritisme, de corruption, des détournements des deniers publics, de clientélisme, de népotisme, etc. De nombreux commis et agents de l'État, au lieu d'œuvrer pour l'intérêt général dans le cadre de l'exercice de leur fonction, vont plutôt se consacrer à la sauvegarde de leurs avantages et privilèges en utilisant ce que Habermas appelle la « rationalité instrumentale » c'est-à-dire tout bénéfice que leurs actions pourraient leur procurer. Dès lors, la majorité des fonctionnaires, d'hommes d'affaires et des politiciens camerounais vont se retourner vers la recherche effrénée du gain au mépris de la nouvelle politique managériale du Cameroun axée sur la rigueur, la moralisation et la recherche du développement. Ainsi, avec ce relâchement, le déclin de la morale publique va devenir une évidence

[290] *Le Message du Renouveau, Discours et interviews...*, p.187.

dans les administrations publiques et dans le champ politique camerounais au point d'attirer l'attention de la communauté internationale et même des bailleurs de fonds internationaux[291].

On comprend avec ce dernier extrait que le slogan de *Rigueur* et *Moralisation* a perdu une bonne dose de sa juteuse substance originelle. Toute la valeur du mantra a été sacrifiée sur l'autel de la corruption. Il n'a pas fallu attendre longtemps pour que le monde s'en rende compte, surtout au niveau international avec l'interpellation des partenaires étrangers du Cameroun. Les effets d'annonce politique des premiers jours de pouvoir ne peuvent donc pas/plus arrêter cette pernicieuse machine de concussion mise en marche pour défier l'État dans ses missions régaliennes. En quelques années, le système de contrôle des rentes est devenu tout aussi immuable que pervers, abominant du même coup les désormais fameux concepts de *Rigueur* et de *Moralisation.*

Le tropisme d'accumulation

On ne peut pas/plus, surtout sous le Renouveau, esquiver la question sur la politique d'équilibre régional économique au Cameroun, tant il est vrai que des chiffres et des pourcentages sur ce système au plan administratif existent et continuent à être brandis, bien que querellés, lorsqu'on fait allusion à un recrutement dans l'administration publique[292]. La presse et certains milieux intellectuels, pour apporter un semblant d'équilibre dans le partage des richesses du pays, proposent la mise sur pied et l'application des pourcentages et des quotas. Mais, ces chiffres ne peuvent qu'être considérés comme officieux ou personnels, car on attend, de notre point de vue, qu'un État qui entretient et assume une politique d'équilibre régional au plan administratif, nous propose au moins une ébauche de projet sur un système d'équilibre régional économique et financier singulièrement en ce qui concerne l'accompagnement et l'appui aux hommes d'affaires ou de manière plus large à l'entreprise privée. À défaut de trouver mieux, l'absence et la non-application d'un tel document officialisé ne pourraient que créer des débats et donc susciter des revendications sous fond de déséquilibre

---

[291] R.D. Ebélé Onana, « L'évolution managériale du Cameroun entre 1982 et 2020 ou le paroxysme de l'application du discours de la rigueur et de la moralisation », *American Internationl Journal of Contempory Reasearch,* Vol n°13, n°2, June, 2023, p.38.

[292] Il s'agit d'un décret signé par le président Ahidjo et qui reste en application dans le pays. C'est un décret présidentiel porteur du n°82-407, article 56.

dans la société actuelle. L'implémentation effective du processus de décentralisation que prévoit la constitution camerounaise de 1996 aurait peut-être pu apporter un début de solution à cette difficile équation, mais la politique de décentralisation de l'État au Cameroun n'est encore qu'à sa phase de bégaiement.

De deux choses l'une : soit on organise, dans le monde des affaires, un environnement concurrentiel en laissant à tous les acteurs (principalement nationaux) la possibilité de conquérir le marché en fonction de leurs moyens et de leurs stratégies, soit alors on établit un jeu de partage des subsides et allocations d'aide à ces entrepreneurs sur la base d'un texte officiel prévoyant un partage équilibré autant que faire se peut, le tout dans le but de permettre à tous de goûter à ce gâteau national qui paraît si lointain pour certains et si familier pour d'autres.

Il est certain que les nostalgiques nous répondraient que maints hommes d'affaires bénéficiaires de ces aides depuis la période Ahidjo ont déjà largement investi et se trouvent dans une telle position de force économique qu'ils ne pourraient plus jamais être côtoyés par les nouveaux venus qui ne disposent ni de la même expérience, ni des mêmes réseaux, ce qui conduirait certainement au mieux à une classe d'hommes d'affaires locaux divisés entre les plus influents et les moins représentés. À cela, nous répondrons que notre objectif n'est pas tant de procéder à l'application des mesures de communisme dans les relations entre l'État et les hommes d'affaires au Cameroun, mais plutôt de rechercher une position d'équilibre, un sentiment d'équité dans une société qui ne cesse de se diviser et de se tribaliser, en tenant par moment compte des choix initiaux, chers à l'État du Cameroun depuis plus d'un demi-siècle à travers l'utilisation des slogans enflammés sur l'unité nationale, le vivre-ensemble qui sont plus que jamais de retour dans le pays depuis l'éclatement de la crise socio-politique dans les deux régions anglophones dès 2016[293].

---

[293] La littérature consacrée à ce thème est de plus en plus abondante. Elle fait par exemple la une des différents journaux du pays en l'occurrence le journal Cameroon-Tribune qui revient largement dans ces numéros de publication au moins depuis l'année 2017 sur le concept du vivre-ensemble. On peut de ce fait consulter www.cameroon-tribune.cm, Mais aussi J.F. Belibi, « Régions du Nord-Ouest et du Sud-Ouest, le gouvernement dénonce la surenchère », Cameroon-Tribune, n°11266, du mercredi 18 janvier 2017 ou encore D. Mbarga, « Le Challenge du vivre ensemble dans un contexte pluriethnique : cas du Cameroun », *Revue française des sciences politiques*, Hal Archiv, 2020.

En fait, c'est ce que nous avons passé le temps à relever depuis les premières lignes de cet ouvrage, un État, quel qu'il soit, se doit d'apprendre à bien distribuer, au moins à partager avec équité les richesses nationales, car les appuis des pouvoirs publics notamment les ressources financières font bel et bien partie du gâteau national camerounais devant être partagé entre tous. Le tribalisme financier avec sa cohorte de conséquences socio-culturelles nocives ne sera pas toujours endigué si on ne change pas de logiciel de gestion de la *res publica.* Chacun voudrait se maintenir à son poste administratif ou politique en soulageant d'abord la panse des siens qui lui ont apporté ou lui assurent un soutien inconditionnel sur le plan financier principalement. Pourtant, dans un État qui se divise autant, la crise financière et donc sociale ne serait certainement pas une génération spontanée surtout quand une minorité nantie s'est mise en tête de s'enrichir à tout prix et à tout moment, au détriment de la majorité, à travers des stratégies d'accumulation et de gestion qui rappellent souvent les pratiques coloniales[294].

Les nouveaux elfes de la corruption

En conservant une certaine constance dans notre argumentation, relevons que l'un des aspects les plus frappants dans cette relation entre les bénéficiaires des rétro-commissions, c'est-à-dire des fonctionnaires et les hommes d'affaires réside dans la nomenklatura spécialement créée par ces derniers pour baptiser leur pot-de-vin, on parle souvent de *payer le taxi*, *payer le crédit pour le téléphone*, *payer la bière*, *prendre son whisky*, *recevoir ses 15 ou ses 20%* , *mouiller la barbe*, tout ceci pour exprimer une seule réalité : les *bakchichs,* les pourboires. Le second aspect réside sur la nature des allocataires astucieusement choisis par les administrateurs qui sont généralement leurs progénitures, leurs épouses, leurs copains intimes ou alors les amis et la famille du ministre ou du secrétaire général du ministère. Point de cachoterie donc : les affaires de l'État se gèrent aussi et très souvent dans des cercles familiers et intimes au Cameroun en ce 21e siècle, ce au moins autant qu'on l'avait observé sous le régime Ahidjo, voire beaucoup plus[295].

---

[294] Pour ce genre de critique, lire : E. Meyomesse, *La question tribale et la politique au Cameroun,* Yaoundé, Éditions du Kamerun, 2010.

[295] Voir, sur cette question, C. Tchagneno, *L'idéologie du tribalisme au Cameroun : une menace pour la paix sociale,* Paris, L'Harmattan, 2014.

On ne devrait plus dissimuler une situation réelle, tous ces mécanismes de fonctionnement ont largement engraissé la corruption dans le secteur économique à travers l'existence des réseaux d'affaires habilement entretenus par le binôme État/entreprise. Jadis refoulée ou volontairement ignorée, cette malheureuse pratique qui s'apparente à un article non écrit de la constitution camerounaise, va de pair avec l'esprit de prévarication qui habite imperturbablement le corps de l'État postcolonial[296]. La première génération de cette corruption est coloniale, la seconde apparaît avec le premier État indépendant. Ce qui fait qu'on peut sous-entendre que celle visible sous le Renouveau est une corruption de troisième génération qui étouffe, elle aussi, le monde des affaires.

Pour prouver tout le sens endémique de cette corruption et cette propension sauvage à l'enrichissement, prêtons la plume à la Française F. Pigeaud dont les analyses montrent que la concussion n'épargne pas le milieu des affaires des étrangers surtout celui de ses compatriotes au Cameroun. Cette auteure ne s'embarrasse pas de périphrases pour décrire sa vision du monde de l'entreprise dans le pays dès l'aube des années 2000 :

En 2008, le groupe Bolloré a pour sa part apporté un soutien financier à la fondation de lutte contre le Sida de la première dame, Chantal Biya, ces liens étroits sont souvent troubles : plusieurs affaires de corruption impliquant des entrepreneurs français ont fait ou font l'objet d'investigations. En 2007, par exemple, une enquête préliminaire a été ouverte pour « corruption d'agents publics étrangers » à propos de Total au Cameroun, après une dénonciation de Trancfin, la cellule anti-blanchiment du ministère français de l'économie et des finances. Bolloré a également été visé au Cameroun par une plainte pour corruption, lors de l'attribution de la concession du terminal à containeurs du port de Douala, qu'il a obtenu en 2003[297].

Ses dernières phrases sur ce sujet laissent entrevoir que :

Les sociétés françaises « n'agissent pas différemment des autres entreprises » qui évoluent au Cameroun, l'un des pays les plus corrompus au monde, commente un homme d'affaires de Douala. Mais, « elles ont la particularité de jouer dans la catégorie supérieure » ; sous-entendu : elles ont les moyens de payer des pots-de-vin plus élevés que les autres. Certains sont ainsi accusés de collusion avec la justice. C'est le cas pour Plantation du Haut Penja, qui compte parmi ses cadres un député

---

[296] Cette situation n'est pas l'apanage des seuls États africains. Une enquête allant dans le même sens a été menée et publiée sous la forme d'un ouvrage au titre fort révélateur par des journalistes français dans leur pays à travers : S. Coignard et R. Cubert, *L'oligarchie des incapables,* Paris, Albin Michel, 2012.

[297] F. Pigeaud, *Au Cameroun de Biya*, Paris, L'Harmattan, 2011, p.239.

du parti au pouvoir et loue des terres appartenant notamment à des hauts gradés de l'armée[298].

Comme dans un combat de boxe, la corruption dans les milieux d'affaires au Cameroun se joue par catégorie. Si l'on s'en tient aux propos ci-dessus, il existe la classe des poids lourds corrompus dans laquelle sont bien logés les grands entrepreneurs, surtout les hommes d'affaires venus de France, celle des mi lourds qui est aux prises avec la justice, et celle des poids légers où se masseraient les sous-entrepreneurs: une vraie ingéniosité !

Du reste, on remarque que l'ombre des hommes d'affaires et des hommes politiques plane partout au Cameroun. Ces deux entités ne laissent aucun endroit où le *business* ne passe et repasse. Ils aiment le *cash* c'est-à-dire qu'ils préfèrent consommer leurs « revenus » sous forme numéraire. L'épargne classique s'apparente à une procédure trop laborieuse et expositoire, susceptible de les révéler aux yeux du monde, contrairement aux *feymen*[299], la majorité préfère ordinairement l'ombre à la lumière. Quand on croit les rencontrer seulement dans les grandes surfaces d'échange, on se rend compte qu'ils ont également tissé des toiles depuis des décennies dans l'arrière-pays plus exactement dans les hautes et riches terres de Njombé-Penja dans le Moungo, avec en prime les signes annonciateurs d'une « armée-business » qui ne compte pas rater le train des affaires, dans un pays où la majorité des décideurs semble désormais obsédée par les affaires et les subsides qu'on en tire. Tout le monde caresse le rêve sublime de se présenter devant le guichet doré que symbolise l'État.

Une fois de plus, nous sommes au Cameroun dans un environnement extraordinaire dans lequel plusieurs individus semblent avoir fait allégeance à l'improvisation. Autant Ahidjo et son envoyé spécial Kodock avaient imaginé la création des hommes d'affaires locaux dans l'import/export par décret présidentiel, autant de nombreux Camerounais s'autoproclament hommes d'affaires sans jamais vraiment avoir été initiés, formés ou avoir fait leurs preuves par le passé.

---

[298] *Ibid.*

[299] Nous reviendrons largement sur ce mot et sa signification dans les parties suivantes.

« L'État, notre chose »

La mode au Cameroun n'est plus automatiquement à l'enrichissement rapide et sauvage ; on a déjà suffisamment accumulé dans ce sens[300]. Les temps évoluent. Désormais ce n'est plus l'argent public qui est au centre des enjeux de l'élite dominante, mais plutôt l'accaparement des biens publics, de la chose publique, en un mot de la *Res publica* c'est-à-dire du pouvoir tout court. Nous avons des hommes et des femmes qui se confondent à l'État. Ils symbolisent de vrais individus-États qui ne sont plus simplement ses représentants comme par le passé, mais plutôt sa personnification, son avatar, bref des petits empereurs. Leurs patronymes, à eux tous seuls, font référence à toute une population, toute une région, tout un ministère, toute une société d'État ou, plus énigmatique encore, toute une institution républicaine. Certains commis de l'État vont plus loin en endossant honorablement la paternité ou la maternité d'une institution publique à travers des termes brumeux comme « le Père de tel ministère… », « la Mère de telle société d'État... », juste parce qu'ils en ont momentanément la charge. Et, le plus étonnant reste le fait que ces incarnations de l'État se comportent effectivement comme tel, c'est-à-dire en des démembrements étatiques au sens le plus administratif et le plus protocolaire du terme, avec une prise en charge financière stricte de toutes leurs responsabilités officielles ou officieuses. Pour couronner le tout, on s'échine, coût qu'au coût, à inventer et à façonner un service public des privilèges et des rentes dont on se réserve l'usage exclusif. Ce n'est rien d'autre que du népotisme d'État travesti. Jamais la politique de confiscation de l'État n'a autant scintillé au firmament de la république, jamais non plus le culte de la personnalité des hommes-États n'a été autant célébré et acclamé.

Ebélé Onana s'insurge énergiquement contre cette réalité en pointant du doigt le pinacle des institutions républicaines. Il avance que :

> *La gestion de l'État au Cameroun ressemble de plus en plus à une gestion familiale au sens d'un « État mou » […] La gestion de l'État au Cameroun s'apparente à une forme de domination personnelle dont la principale personne au cœur de tout, est le Chef. Dans la gestion du Cameroun, tout semble être personnalisé puisque le Chef traite des affaires de l'État comme des choses, des « propriétés privées » personnelles. Cette personnalisation de l'État impacte l'administration*

---

[300] Des illustrations et analyses sur ce sujet peuvent être retrouvées chez : Ateba Eyené, *Les paradoxes du « pays organisateur ». Élites productrices ou prédatrices : le cas de la province du Sud-Cameroun à l'ère Biya (1982-2007)*, Yaoundé, Éditions Saint-Paul, 2008.

publique qui va progressivement se politiser. La politisation de l'administration publique a encouragé des pratiques de clanisme, de népotisme, du tribalisme, de corruption, etc. Cette situation a laissé quelques traces vicieuses sur le comportement des agents de l'État qui sont devenus irrespectueux de la réglementation en vigueur, des normes des institutions. La conséquence de cette nouvelle aventure de l'administration publique fondée sur le Chef du Cameroun est la prédation de l'économie nationale [...] C'est-à-dire que le Chef politique, le Chef de l'État au Cameroun a fondé son pouvoir sur une cohorte d'officiels, d'amis, de fonctionnaires, de politiciens parfois sans éthique, sans compétence, des hommes d'affaires, des commerçants et des fidèles, proches du pouvoir ou au pouvoir, en échange de récompenses, au mépris de sa propre vision managériale, de la situation générale du pays, qui elle, se veut de plus en plus dramatique, voire chaotique[301].

Ceci dit, quand on regarde la société camerounaise de plus près en prenant appui sur le fondement des rapports entre l'État et le milieu des affaires, on s'aperçoit sans grands écueils que de nombreux administrateurs qui détiennent une portion de pouvoir la gèrent comme une propriété privée[302]. Ils ne rendent compte qu'à celui ou ceux qui ont eu la gentillesse de les nommer, mieux de les « positionner » dans cet État-régime[303]. Nous sommes dans un nouveau modèle républicain qui nous plonge en pleine patrimonialisation de l'État et dans une féodalisation pure et simple de la chose publique. De ce fait, les heureux nommés qui profitent à suffisance de l'effondrement de l'autorité publique et de la toute-puissance d'une nouvelle oligarchie, voire d'une ploutocratie dans le pays, prennent souvent l'« habitude administrative » de trier sur le volet leurs amitiés et leurs « partenaires » économiques et sociaux, tout en remodelant la structuration de leur nouvel entourage. L'attribution des marchés publics obéit parfaitement à cette règle. À défaut de trouver un partenaire commercial fiable, ces détenteurs du sceau de l'administration réussissent souvent à transformer leur propre progéniture, à la mine innocente, en hommes d'affaires conquérants, en opérateurs économiques théoriquement expérimentés, à qui ces marchés échoient automatiquement : même le colon n'avait pas fait mieux !

Ainsi, cet État est-il devenu semblable à une maison familiale dans laquelle les relations entre les membres du groupe sont régulées par les

---

301 Ebélé Onana, « L'évolution managériale du Cameroun…, p.39.

302 Cf. J-F. Médard, *L'État sous-développé en Afrique noire : clientélisme politique et néopatrimonialisme*, Bordeaux, CEAN, 1982 et J-F Médard (Dir.), *États d'Afrique noire, formation, mécanismes et crise*, Paris, Karthala, 1991.

303 Pour une lecture encore plus large, lire abondamment : L. Sangaré, *Les défis de la renaissance africaine au début du 21*e *siècle. Du pouvoir patrimonial à la souveraineté collective,* Paris, L'Harmatan, 2004.

affaires où tous les ayants-droit plongent pieds et mains liés, parfois indépendamment de la tranche d'âge. Les descendants des grands commis de l'État, qui ont tôt fait d'abréger leur chemin de croix scolaire, académique et/ou professionnel pour des raisons diverses, trouvent facilement refuge dans le gîte des affaires. Les héritiers des « grands du pays » issus tous de la *cuisse de Jupiter* c'est-à-dire des citoyens camerounais prétendument supérieurs aux autres, ne rêvent donc plus que d'une chose, croquer une part du gâteau national qui se trouve dans l'exploitation du bois et des minerais, dans l'achat des concessions, l'accaparement des titres fonciers et surtout dans le monde de la finance sous le cachet nominatif paternel, bien sûr. Tout cela n'est peut-être pas très glorieux pour le *business*, mais n'est pas interdit ou ignoré non plus.

Jean-Marc Ela rappelle sur ce point que :

> *Il faut bien s'en rendre compte : des formations sociales sont en cours à partir de l'État postcolonial à l'intérieur duquel les positions de pouvoir tendent à devenir des facteurs d'accumulation et d'enrichissement. Sous couvert étatique, se dissimulent des intérêts divergents qui expliquent les conflits internes dans la société en mutation. Dans les pays où le mimétisme et la perversion du sens des institutions élaborées en Occident à partir de l'État jacobin ne sont pas rares, ces changements sont importants*[304].

Rien d'étonnant donc. Et, parmi les intérêts divergents dont parle Ela, il faut aussi nommer celui des héritiers politiques qui foisonnent dans le paysage économique de ce pays. Bénéficiaires pour la plupart d'un legs politico-administratif qui ne tire parfois sa légitimité que sur leur seul patronyme ou sur une fortune à l'origine douteuse, ils arrivent sur le champ entrepreneurial en hommes d'affaires arborant des costumes hollywoodiens, ornés d'attributs enflés par l'unique galon qu'on leur reconnaît estampillé « Fils de tel... », « Fille de... », « Gendre de... », « Belle-mère de... » ou « Neveu de... »[305].

D'ailleurs, la chefferie traditionnelle n'est pas/plus en reste. Plusieurs « princes » estiment être *de facto* des hommes d'affaires qui devraient occuper l'espace économique comme un patrimoine traditionnel. Ce qui implique aussi le phénomène des grandes familles dites bourgeoises dans le pays. Le fait pour un parent d'être roi, sultan,

---

304 Ela, *Quand l'État pénètre en brousse...*, p.30.

305 Lire avec beaucoup d'intérêts et dans un contexte plus large : C. Ateba Eyené, *Le management de l'opacité et les drames de la société camerounaise : l'insolite et la complaisance au détriment du mérite et de la compétence*, Yaoundé, Éditions Saint-Paul, 2010.

lamido, *nkunkuma*, *zomloa* ou *nfôn,* confèrerait automatiquement à son fils la légitimité d'être un homme politique ou/et un homme d'affaires, car l'environnement appartiendrait à son géniteur de roi ou de chef de tribu[306].

Que deviennent nos partenaires français ? Bolloré, le magnétique

Les hommes d'affaires et les sociétés françaises sont toujours actifs au Cameroun en ce début du 21e siècle. Ils investissent dans des secteurs importants comme la banque, l'assurance, l'industrie du bois, l'industrie brassicole, l'industrie agro-alimentaire ou même la téléphonie mobile[307]. Parmi eux, celui qui a, au moins récemment, le plus créé la sensation se nomme Vincent Bolloré, un industriel français dont les liens intimes avec le pouvoir de Yaoundé semblent de plus en plus intéressés la presse et le monde de l'entreprise tout entier[308]. Son magnétisme est si puissant que les rapports d'« amitié » entre cet homme d'affaires et les autorités camerounaises (comme c'est le cas dans d'autres pays francophones du continent) n'ont pas manqué de susciter une grande curiosité de la presse française, camerounaise et africaine singulièrement dans ce qui convient de nommer ici l'« Affaire du port de Kribi et l'attribution du terminal à Containers au Groupe Bolloré[309]».

En fait, en août 2015, le consortium franco-chinois Bolloré/CMA-CGM/China Harbour Enginering Compagny devient, comme par enchantement, attributaire du terminal à containers du port en eaux profondes de Kribi au Sud-Cameroun. La nouvelle crée un effet de

---

[306] Se référer au travail sur la patrimonialisation de l'État au Cameroun en Afrique mené par : Médard, J-F., « L'État sous-développé au Cameroun », L'année africaine, Paris, Pédone, 1978 et Médard J-F., *L'État sous-développé en Afrique noire : clientélisme politique et néopatrimonialisme*, Bordeaux, CEAN, 1982.

[307] Plus concrètement, il faut relever qu'en 2011, le Cameroun continue d'abriter plusieurs entreprises et filiales de l'industrie française avec un chiffre de 110 filiales et plus de 200 entreprises tenues par des hommes d'affaires originaires de la France. Ils sont disséminés dans des secteurs aussi variés comme le BTP, la banque, les assurances, les énergies, l'exploitation du ciment, la télécommunication, le transport, etc.

[308] Il en est de même pour d'autres entrepreneurs français stars au Cameroun tels Castel et Bouygues que l'on place parmi les *primus inter pares* du business français sur le continent africain.

[309] Jeuneafrique.com consulté du 1er juin 2022.

tonnerre dans la presse, ce d'autant que plus le dossier du groupe Bolloré qui est déjà présent au Port Autonome de Douala n'aurait jamais été retenu lors de l'étude des dossiers d'appel d'offres depuis le mois de janvier 2014[310]. Un témoin déclare à ce sujet que Bolloré : « n'était même pas classé. Son offre était devenue économiquement peu viable »[311].

Selon la presse française, le choix premier du gagnant de cet appel d'offres échoyait d'abord à une entreprise philippine nommée ICTSI et à son associée Amp Terminals, une structure de l'armateur danois A.P. Moller-Maersk. Le plus étonnant dans cette affaire, réside sur le fait que c'est quelques semaines s après une visite éclair du président français François Hollande à Yaoundé et celle du ministre des Affaires étrangères le nommé Yves Le Drian[312] que le Groupe Bolloré se voit attribuer « naturellement » la gestion du terminal à containers du port de Kribi au grand dam des soumissionnaires concurrents, nationaux comme étrangers[313].

En ne prenant que l'exemple ci-dessus, on pourrait orienter notre argumentation sur le fait que les imbrications entre le monde de l'entreprise et la sphère politique peuvent, à tout moment, revêtir un aspect diplomatique, c'est-à-dire prendre une place importante dans la politique internationale. Dès cet instant, on remarque que le curseur des relations entre les États reste toujours pointé sur le sens des intérêts. L'un des acteurs qui irriguent le mieux ce jeu d'intérêts dans les liens entre les pays africains et leurs anciennes métropoles se nomme la multinationale. Pour s'en convaincre, accordons une attention particulière aux conclusions du journaliste et écrivain français Antoine Glaser, l'un des éminents spécialistes de la françafrique ces dernières années. Celui-ci fait une description ahurissante du rôle du chef de l'État français dans l'animation des réseaux entre les pays africains, les firmes internationales et l'Élysée en 2015 :

Sensibilisé à ce nouveau paradoxe français en Afrique –une armée sur le pont et des affaires en dérive- François Hollande s'est transformé en coach du business tricolore. Le 6 février 2015, dans le centre de conférence Pierre Mendès France, au

[310] *Ibid.*

[311] France 2, Émission télévisée : *Complément d'enquête*, diffusée le 7 avril 2016, à 21h40.

[312] On peut lire, dans cette perspective : A. Wickam, *Nomenklatura française, pouvoirs et privilèges des élites*, Paris, Belfond, 1986.

[313] Le même scénario aurait été mené en Guinée avec le port de Konakry, en Côte d'Ivoire ou encore au Togo.

ministère de l'économie et des finances, il a présidé un forum franco-africain pour une croissance partagée et a promis, pour remobiliser les troupes, de nouvelles aides financières. Un parrainage aussi réconfortant qu'inutile. « On vous aime bien, mais maintenant il y a les appels d'offres », a déclaré en substance Alassane Ouattara [le président de la Côte d'Ivoire] au cours de cette réunion. Une pierre dans le jardin français jetée par celui-là même qui a bénéficié d'un vigoureux coup de main de l'armée française pour accéder au pouvoir le 6 mai 2011. Quant à la ministre nigériane des affaires des finances, Ngozi Okonjo-Iweala, elle a souligné le manque de réactivité des entreprises françaises sans « parachute politique »[314].

Mais, le président Hollande n'est pas du genre à laisser les entreprises de son pays subir la concurrence des autres sociétés dans ce qu'une majorité de la classe dirigeante au pouvoir en France pense encore être le pré carré de l'ancienne métropole. Malgré le temps qui passe, on est contraint d'admettre que la France s'agrippe encore farouchement sur l'Afrique à l'instar d'un État-sangsue qui a découvert sa plus prolifique banque de sang au monde depuis l'époque de la colonisation. Le plus grand symbole de cette réserve de sang, plus connu sous le nom de l'empire de la françafrique (qui ne veut décidément pas mourir[315]), se trouve dans l'action des multinationales françaises installées pour certaines sur le continent depuis au moins le siècle dernier.

Quiconque tente donc de rivaliser avec les sociétés françaises en Afrique doit s'attendre à une réaction directe et foudroyante de Paris. Avec la France, on concurrence même les entreprises africaines sur le sol africain. Contrairement à la majorité des pays occidentaux qui l'applique *at litteram*, la politique commerciale stratégique sensée favoriser les entreprises locales par rapport à leurs chalengeuses étrangères ne devrait pas, selon l'Élysée, être de mise en Afrique : d'abord la France, ensuite la France, enfin la France. C'est ce qu'il faut comprendre de la note finale ci-dessous :

La politique c'est justement le métier de François Hollande. Comme tous ses prédécesseurs, il n'hésite pas à pousser, parfois un peu trop loin, les dossiers qui lui tiennent à cœur. Le chef de l'État suit ainsi attentivement le conflit qui oppose, au Sénégal, le Sococim, filiale du groupe cimentier français Vicat, à Dangote Cemen, propriété du milliardaire nigérian Aliko Dangote. Vicat qui contrôle 65% du marché sénégalais du ciment, reproche à Dangote, qui a lancé une nouvelle cimenterie, de ne pas respecter les réglementations fiscales, sociales et environnementales. Après avoir évoqué cette affaire avec Macky Sall [le président sénégalais], avec lequel il entretient les meilleures relations, François Hollande a convié, le 17 janvier 2014,

---

314 A. Glaser, *Arrogant comme un Français en Afrique*, Paris, Fayard, 2016, p.47.
315 Cette expression fait référence à l'ouvrage de : T. Borrel et al. (Dir.), *Une Histoire de la françafrique. L'empire qui ne veut pas mourir*, Paris, Points, 2023.

les dirigeants de Vicat (Jacques Marceron-Vicat, président, et Guy Sidos, directeur général) à rencontrer Emmanuel Macron, alors chargé des questions économiques à l'Élysée. L'avocat de Vicat, Thierry Oriol, suivait l'entretien depuis Dakar par vidéoconférence. François Hollande a présenté aux responsables de Vicat une ébauche de lettre rédigée par sa conseillère Afrique et destinée à sensibiliser Macky Sall aux difficultés que connaîtrait le groupe français si Dangote lançait son projet. Une telle sollicitude ne s'explique pas seulement par la volonté de soutenir une entreprise française confrontée à une concurrence africaine « virile » : il faut rappeler que, le 30 juin 2011, les dirigeants de Vicat avaient chaleureusement accueilli dans leur fief de L'Isle-d'Abeau (Isère) celui qui n'était encore qu'un outsider dans la primaire socialiste pour la présidentielle de 2012. [316]

Le *business* joue donc un rôle hautement stratégique qui fait qu'avec un carnet d'adresses truffé de contacts de diplomates, de fonctionnaires internationaux, de ministres ou de chefs de gouvernement, les opérateurs économiques autant que les multinationales peuvent influencer l'ordre du jour des discussions entre les chefs d'État ou tout au moins s'inviter au débat dans les chancelleries. Sur ce point bien précis, on doit reconnaître que le cas Bolloré[317], comme celui de bien d'autres en Afrique et au Cameroun, fait école : c'est un nouvel appendice de la françafrique[318].

Le siècle des hommes d'affaires chinois

Ils sont devenus de vraies vedettes au sein de la communauté d'opérateurs économiques étrangers au Cameroun[319]. Il ne serait pas erroné de dire que ces derniers dégagent, dans les mêmes proportions

---

[316] Glaser, *Arrogant comme un Français...*, p.47.

[317] Lire également : N. Vescovacci et J-P. Canet, *Vincent Tout puissant*, Paris, JC Lattès, 2018.

[318] Pour le cas des relations entre la France et l'Afrique, le lecteur trouvera encore plus de détails de ce système dit de mafia en s'appuyant sur la littérature suivante : P. Péan, *Affaires africaines,* Paris, Broché, 1983 ; A. Glaser et S. Smith, *Ces Messieurs Afrique : le Paris-Village du continent noir*, T. I, Paris, Calmann-Lévy, 1992 ; A. Glaser et S. Smith, *Ces Messieurs Afrique : des réseaux et des Lobbies*, T. II, Paris, Calmann-Lévy, 1997 ; A. Glaser, *Africafrance. Quand les dirigeants africains deviennent les maîtres du jeu*, Paris, Fayard, 2014 ; F.X. Verschave, *La Françafrique. Le plus long scandale de la république,* Paris, Stock, 1998.

[319] Un petit nombre de Libanais, Grecs, Américains, Indopakistanais ou Italiens est encore présent dans le secteur privé au Cameroun. Mais, leur action se fait davantage ressentir à travers le dynamisme d'une poignée d'entreprises en particulier dans l'import/export ou dans l'exploitation du sous-sol. Les relations que ces derniers entretiennent avec les pouvoirs publics sont à classer dans le cadre des rapports « classiques » c'est-à-dire qu'elles évoluent ou se modélisent selon l'environnement des affaires au Cameroun sur lequel nous avons déjà longuement insisté.

et même peut être plus, un magnétisme identique à celui que l'on reconnaît à Bolloré dans le monde des affaires au Cameroun depuis au moins le début des années 2000. En plus de leur nombre sans cesse grandissant, les opérateurs économiques chinois ont construit leur renommée sur la quantité et la qualité –approximative parfois- de marchandises qu'ils mettent à la disposition des clients camerounais. Ils ont inondé le pays des produits électroniques, du textile, des produits *high tech* et surtout des produits mécaniques *Made in China*[320].

Ainsi, les marchands chinois du Cameroun créent la curiosité, dérangent et fascinent en même temps. Dans cette diaspora d'entrepreneurs, commerciaux comme exploitants forestiers et miniers, il n'y a pas d'hommes d'affaires stars comme chez les Camerounais avec Victor Fotso, Ndongo Essomba, Sohaing, Kadji Defosso ou chez les Français avec Vincent Bolloré. Non pas qu'aucun nom ne sorte du lot, mais ces businessmen sont individuellement très peu connus. On les nomme sommairement *Les commerçants chinois*[321]. Les liens qu'ils entretiennent avec les pouvoirs publics ont pourtant une trajectoire inhabituelle ; ils passent par les accords de partenariat signés entre l'État chinois et le gouvernement du Cameroun, donc par le volet de la coopération. Ce sont ces alliances économiques et commerciales qui ont positionné les Chinois parmi les premiers opérateurs économiques non africains depuis leur pénétration sur le marché camerounais[322].

Particulièrement appréciés et adoubés par le gouvernement, les Chinois réussissent l'exploit de détenir des permis d'exploitation du bois et surtout des minerais à l'Est et au Sud du pays sans coup férir, le tout sous bonne escorte des partenaires et des employés d'origine

---

[320] Sur ce sujet : Hilaire De Prince Pokam explique que : « Selon le premier conseiller de l'ambassade de Chine à Yaoundé, l'immense majorité des 4.000 ressortissants chinois installés au Cameroun a pour activité le commerce. En effet, les migrants chinois sont désormais présents dans plusieurs secteurs commerciaux et commencent à acquérir une importance économique considérable. Ils sont dans le commerce général, l'agroalimentaire, l'habillement et la maroquinerie, l'industrie mécanique et dans bien d'autres secteurs tels que les articles sanitaires, les produits plastiques, etc. Ces activités se développent avec méthode et précision en s'adaptant au secteur informel qui caractérise l'économie camerounaise. Cela leur permet de ne pas briser les liens avec les acteurs de la vente dans la rue. Leur stratégie de pénétration du marché touche aussi bien la vente des denrées périssables, le petit commerce, le commerce à la sauvette, la production industrielle et les prestations de service ». Voir plus en lisant : H.D.P. Pokam, *Migration chinoise et développement au Cameroun,* Paris, L'Harmattan, 2015, p.14.

[321] *Ibid.*

[322] *Ibid.* p.15-17.

camerounaise[323]. La presse autant qu'un grand nombre de concurrents crient au favoritisme à outrance, à la braderie des richesses du sous-sol, tandis que certains milieux intellectuels n'hésitent pas à parler de *recolonisation* de l'espace économique camerounais par les hommes d'affaires de l'Empire du Milieu[324]. L'assistance technique, la panoplie des contrats signés entre les deux pays et le niveau très élevé de la dette du Cameroun vis-à-vis de la Chine, avec pour bailleur de fonds central *Exim Bank of China*[325], expliqueraient sans doute mieux cette position de favorisés dont jouissent les entrepreneurs commerciaux chinois au moment où l'essentiel des observateurs du marché local s'accordent au moins sur un fait : l'histoire entrepreneuriale chinoise dans ce pays est juste en train de s'écrire au vu de nombreux engagements financiers que l'État a signés avec la République Populaire de Chine depuis plusieurs années.

Le mouvement patronal : entre coopération et dénonciation

Doté de plus de 200 membres, le Groupement Inter patronal du Cameroun (GICAM), principal mouvement patronal du pays, couvre les secteurs économiques divers. Il est placé sous le pilotage quotidien d'un conseil exécutif qui supervise l'ensemble des activités du groupement. De manière concrète, le GICAM est le premier défenseur du monde patronal au Cameroun :

> *Le travail est conduit par un secrétariat exécutif et des commissions spécialisées. Celles-ci sont au nombre de 11 et se penchent sur des questions aussi diverses que l'agro-industrie, l'entreprenariat féminin, les infrastructures et les PPP, la responsabilité sociale de l'entreprise ou l'environnement et le développement durable. Le GICAM se veut être un organe de défense de l'intérêt du patronat, en même temps qu'une force de conseil et de proposition en matière économique, juridique et sociale pour tout ce qui a trait à l'entreprise et à l'investissement. Il est*

---

[323] Des informations dignes de foi sur ce sujet sont à découvrir dans : S. Amadou, « La présence chinoise au Cameroun : cas des provinces du Centre et du Littoral (1971-2008) », Thèse de Doctorat Ph. D. en Histoire, Université de Ngaoundéré, 2009, pp.72-77.

[324] *Ibid.*

[325] Selon le journal camerounais ÉcoMatin, spécialisé dans l'analyse de l'actualité économique et financière du Cameroun, *Exim Bank of China* est le premier partenaire financier du pays en 2023 avec un volume d'engagements qui s'élèvent à 3000 milliards de francs CFA et un encours à la dette projeté à 1.280 milliard de francs CFA. Elle intervient dans la réalisation des projets comme : la construction des routes, la téléphonie mobile, l'édification des barrages hydro-électriques, l'industrie du textile, l'agroalimentaire, etc.

représenté dans toutes les commissions bipartites État-secteur privé, notamment dans le Comité interministériel élargi au secteur privé, le Comité de compétitivité, le Comité de lutte anticorruption, et le Comité national de facilitation du trafic maritime international (FAL). Il est également membre de plusieurs conseils d'administration d'établissements publics, et notamment du Fonds routier, de l'Agence de régulation de l'électricité, de l'Agence de régulation des marchés publics, et de la Caisse nationale de prévoyance sociale. Le GICAM est également actif aux plans sous régional, régional et international. Il représente notamment le patronat camerounais au sein de l'OIT et est également membre de l'Union du patronat d'Afrique centrale (UPACE). Le GICAM a à son actif de nombreuses initiatives, comme la mise en place en 2007 d'une cellule de lutte contre le commerce illicite et la création d'un centre d'arbitrage. Il est également très actif et présent dans le domaine de la formation et de la mise à niveau générale des entreprises membres, à travers un cycle de formation interne[326].

En juillet 2023, le patronat camerounais, jadis principalement représenté par le GICAM[327] a opéré une fusion-création en une seule unité avec Entreprises du Cameroun (ECAM). Ces deux organisations patronales sont les plus représentatives du secteur privé dans le pays avec plus de 1000 membres pour le premier et près de 600 adhérents pour le second[328].

---

[326] www.legicam.cm (consulté le 2 juillet 2023).

[327] Créé en 1957, c'est-à-dire avant les indépendances du Cameroun, le GICAM était, comme on pouvait s'en douter, le cadre de travail idoine pour les hommes d'affaires occidentaux, qui étaient les plus influents dans le pays à cette époque. Il se définissait comme le Groupement Interprofessionnel pour l'Étude et la Coordination des Intérêts Économiques au Cameroun. Il prend définitivement le nom Groupement Inter patronal du Cameroun le 10 novembre 1992 sous l'impulsion de son président d'origine française le nommé Claude Maitrehenry. En 1995, le GICAM devient une organisation gérée par un bureau de 24 membres élus par leurs pairs pour un mandat de trois ans. Il compte : un président, plusieurs vice-présidents chargés notamment de l'encadrement des comités d'étude, un secrétaire général, les représentants des syndicats professionnels adhérents au GICAM, etc. Avec le temps, il a évolué et s'est donné pour mission de représenter le secteur privé en défendant les intérêts des entreprises et en promouvant la libre entreprise dans le pays. De ce fait, il est apparu comme le lien de premier choix entre les pouvoirs publics et le monde des affaires au Cameroun. Parmi les noms des présidents d'origine camerounaise ayant présidé aux destinées de cette institution récemment, figurent ceux d'André Siaka, Stephen Eken, Claude Monthé, Célestin Tawamba…

[328] En effet, cette fusion a lieu suite au travail mené en amont par une instance de concertation dénommée « Coordination Patronale » créée en 2019 et chargée d'étudier les modalités de ce mariage. Cette union concerne cinq domaines principaux : la fiscalité, les questions macroéconomiques, les PME, le dialogue État-secteur privé et le dialogue employé employeur.

L'assemblée générale du GICAM approuve alors cette fusion à 73,7% et celle de l'ECAM à plus de 96%[329]. Cela revient à dire que le représentant privilégié du patronat camerounais dès 2023 se nomme GICAM-ECAM. Il est le premier interlocuteur de l'État avec le secteur des hommes d'affaires dans le pays sous l'appellation du Groupement des Entreprises du Cameroun (GECAM) dès le 14 décembre 2023.

Toutefois, la question d'une coopération harmonieuse entre le secteur privé et les pouvoirs publics au Cameroun demeure. Cette relation reste marquée par un sentiment d'incompréhension qui frise la méfiance. Le point d'orgue de ce délicat rapport se situe très certainement lors des échanges entre ces deux entités à l'occasion de ce que l'on nomme *Le Cameroon Business Forum* (CBF), un cadre d'échange public-privé qui a déjà été mentionné antérieurement.

En 2019 par exemple, l'ancien patron du GICAM, Célestin Tawamba[330], remet au goût du jour l'épineuse question de la corruption qui, visiblement, est loin d'être maîtrisée par l'administration publique et avance à grandes enjambées dans le secteur privé. Il fustige spécialement ce phénomène qui gangrène le secteur économique camerounais et qui profite à certaines entreprises sous l'œil impuissant du gouvernement. Ses propos sont sans ambiguïté :

> *Nous envisageons de mettre en place des dispositifs devant exclure de nos rangs des entreprises qui seront convaincues de s'être livrées à des actes de corruption manifeste [...] Des acteurs économiques se singularisent par des réflexes les poussant de chercher à corrompre, parfois, alors même qu'ils ont le droit avec eux [...] Ce sont là, autant de manquements qui nuisent à l'image de l'entreprise et fragilisent la marche annoncée vers l'émergence de notre pays*[331].

---

[329] Communiqué officiel du président du GICAM, Douala, le 11 juillet 2023.

[330] Ancien patron du GICAM et désormais président du GECAM, Célestin Kamanou Tawamba est d'abord un homme d'affaires au parcours élogieux au Cameroun et en Afrique. Né en 1966, il est connu comme un chef d'entreprise à succès qui a d'abord travaillé aux côtés des entrepreneurs économiques libanais présents au Cameroun dès l'aube des années 1990, avant de se lancer dans la création de la Pasta, spécialisée dans la production de farine et des pâtes alimentaires. Il dirige aujourd'hui un conglomérat nommé *Cadyst Invest*, présent dans la pharmacie et l'agroalimentaire. En 2005 déjà, il rachète la filiale camerounaise de Panzani, leader dans la fabrication et la mise en vente des pâtes alimentaires dans le pays depuis plusieurs années. En fin d'année 2024, il est devenu le patron des unités meunières de l'entreprise *Somdia* au Cameroun et au Congo voisin. Il a parallèlement dirigé le syndicat des patrons d'Afrique centrale, tout en étant consul honoraire de la république du Rwanda au Cameroun.

[331] *Le Bulletin du patronat,* n°77, décembre 2019, p.4.

À bien observer, l'ex président du GICAM stigmatise la politique de lutte contre la corruption menée par le gouvernement. En fait, c'est l'État qui a fixé le fameux cap de l'émergence du Cameroun à l'horizon 2035, mais c'est lui qui peine, à défaut d'être incapable, à combattre l'un des plus grands fléaux économiques auquel fait face le pays depuis plusieurs décennies à savoir : la corruption. M. Tawamba appelle purement et simplement les dirigeants du Cameroun à prendre leurs responsabilités en assainissant le milieu des affaires, en combattant la corruption, bref en respectant leurs engagements régaliens.

En sus, avec la création du GECAM, le mouvement patronal va aller plus loin dans l'expression de son malaise. Il critique, entre autres, vertement la stagnation du taux de croissance du Cameroun qui reste bloqué à moins de 5% depuis plus de 10 ans, malgré toutes les promesses gouvernementales et les différentes annonces des politiques économiques révolutionnaires[332]. À cela s'ajoute la persistance du déficit criard en infrastructures sur le plan routier, énergétique, infrastructurel ou télécommunicationel[333]. Enfin, le patronat décrie le difficile décollage de l'industrie face à une croissance de plus en plus forte du secteur tertiaire, tout autant que la manipulation du secteur privé qui croule sous le poids des contraintes et pressions administratives de tous genres[334].

Pour mieux marquer son désarroi, le patronat dresse un bilan encore plus mitigé de l'action gouvernementale dans la politique de relance économique du Cameroun, particulièrement sur son volet fiscal pour le compte de l'année 2024. Le ton utilisé ici ne laisse aucun doute sur l'indisposition du patronat camerounais face aux actions de l'État :

> *Dans ce contexte où les entreprises doivent faire face à la baisse généralisée de la rentabilité, de l'activité, on note avec regret, la très faible propension des pouvoirs publics à mettre en place de véritables politiques de relance. Ainsi, la loi des finances de 2024 consacre à elle seule la mise en place de près de 120 nouvelles mesures (douanières, fiscales, et parafiscales), qui vont sans aucun doute fragiliser davantage les entreprises. Les entreprises ne peuvent pas, sans risque de disparaître sous le poids des contraintes bureaucratiques, continuer d'être cette vache à lait des pouvoirs publics, sans aucune contrepartie*[335].

Le discours du GECAM brosse un tableau sombre des perspectives économiques et fiscales pour les entreprises du pays. La rigueur des

[332] *Le Bulletin du patronat,* n°91, décembre 2023, p.3.
[333] *Ibid.*
[334] *Ibid.*
[335] *Ibid.* pp.3-4.

propos traduit, s'il en fallait encore, tout le désarroi et toute la complexité de la relation entre le patronat et les pouvoirs publics au Cameroun. La seule question qui mérite d'être (re) posée est celle de savoir si le gouvernement prête une oreille attentive à ces réclamations qui concernent autant les hommes d'affaires que les femmes cheffes d'entreprise sur lesquelles nous nous penchons dans les lignes qui suivent.

Femmes où êtes-vous ?

Les relations entre l'État et le monde des affaires sont-elles finalement misogynes ? Que ce soit dans la liste des noms cités par Frederick Kodock ou sur les tableaux que nous avons proposés jusqu'ici, on remarque une absence criarde des femmes d'affaires au Cameroun, au moins durant la période des indépendances et dans les premières décennies marquant l'entrée sur la scène politique du président Paul Biya. Est-ce à dire que le terme hommes d'affaires n'inclurait pas aussi les femmes ? À supposer que ce ne soit pas le cas, où trouve-t-on donc les femmes d'affaires ou les cheffes d'entreprise au Cameroun ? Et quels rapports professionnels entretiennent-elles avec les pouvoirs publics ?

Il est vrai que les noms de plusieurs femmes apparaissent au tableau n°13, portant sur les listes des candidatures à la CCIM à Douala à l'occasion des élections consulaires de 1988, mais cela ne reflète pas vraiment le dynamisme féminin dans le monde des affaires au Cameroun[336]. C'est plutôt avec le Groupement des Femmes d'Affaires du Cameroun (GFAC) que la présence féminine dans le monde des affaires va le mieux se faire ressentir.

Créé en 1984 par Françoise Foning[337], le GFAC est une organisation multifonctionnelle ayant pour vocation première d'assurer

[336] Confère, de manière complète, les résultats de la recherche de : G.P. Nkolo Asse Sosso, « Les femmes entrepreneurs dans la société politique camerounaise », Thèse de doctorat Ph. D. en science politique, Université de Bordeaux, 2015.

[337] www.legefaccameroun.com. S'agissant de Françoise Foning, il y a lieu de noter qu'elle représente une grande figure de l'entrepreneuriat féminin au Cameroun. Elle compte incontestablement parmi les entrepreneurs les plus importants dans son fief de Douala d'abord, puis sur l'étendue du territoire camerounais et sur la scène économique mondiale. Femme d'affaires originaire de Bafou à l'Ouest-Cameroun, Foning a également connu une brillante carrière politique durant laquelle elle a été élue député pour le compte du département du Wouri dans le Littoral et Maire de la commune de Douala V sous l'étiquette du RDPC, le parti au pouvoir au Cameroun. Née en 1949, elle a été, entre autres, présidente de l'Organisation des Femmes chefs

la présence des femmes actives dans le secteur privé et de nouer des relations de travail avec des pouvoirs publics, tout en garantissant les droits des femmes d'affaires dans le secteur économique au Cameroun à travers la promotion et la consolidation de l'investissement féminin dans les activités commerciales[338]. Adepte des motions de soutien détonantes adressées au président de la République et à son gouvernement toutes les fois que l'occasion s'est présentée, le GFAC n'est pas moins un instrument de lobbying des femmes dans leur insertion au sein des cercles politiques proches du pouvoir et dans les hautes sphères de décision de l'État. Certaines entrepreneures y voient même un *startingblock* pour accéder au parlement en tant que député ou sénatrice ou un tremplin pour s'octroyer une étiquette éblouissante capable de faciliter l'obtention d'un marché public ou de figurer dans le carnet d'adresses et l'agenda d'un ministre ou d'un directeur général d'un établissement public[339]. En un mot, et cela est une lapalissade, le GFAC n'est pas plus proche du monde de l'économie qu'il ne l'est du macrocosme politique au Cameroun : c'est le *stradding*.

Dans tous les cas, si elles ne sont pas, à tort d'ailleurs, présentées comme des actrices de premier plan dans les relations entre l'entité étatique et le milieu des affaires, il n'en demeure pas moins vrai que plusieurs entrepreneures camerounaises ont entretenu des liens étroits avec le monde politico-administratif, ce qui leur a garanti des succès plus ou moins probants, une fois engagées sur le terrain électoral :

Comme parlementaire de passage, on peut faire allusion à Tsafack née Biele et à Kankany Marie-Claire de la législature de 1988 ou encore à Mbouh Mengue ou Mokeba Namondo Elisabeth de la législature de 1992. Dans la catégorie des professionnelles de la politique aux trajectoires continues ou permanentes, se trouve en tête de liste Françoise Foning qui a accumulé trois mandats de député et quatre mandats consécutifs de maire. Elle est aussi cumulativement présidente de la section RDPC de Wouri V et membre du comité central du RDPC depuis 1997. Entre aussi dans cette dernière catégorie Madeleine Tong Tong qui a occupé successivement trois

---

d'entreprises mondiales, présidente et fondatrice du réseau africain pour le soutien à l'entrepreneuriat féminin, présidente fondatrice des femmes d'affaires du Cameroun. Après une formation en secrétariat, elle se lance dans les affaires notamment dans le transport urbain où elle dirige une entreprise de taxis à Douala dotée de plus de 150 véhicules, puis dans la restauration, et dans le secteur touristique. Par la suite, elle s'illustre dans le secteur de l'import/export, l'exploitation du bois ou encore de la santé et de l'éducation à travers le collège de la Fraternité à Douala. Elle meurt en janvier 2015 des suites d'un accident de circulation.

[338] www.legefaccameroun.com.

[339] Moumifack Marie-Paule, 63 ans, femme d'affaires, ancienne sympathisante du GFAC et ancienne conseillère municipale RDPC, Yaoundé le 12 décembre 2022.

mandats de député de 1975 à 1990. Par ailleurs, elle a été présidente de section de l'organisation des femmes du RDPC pendant plus de dix ans. Ainsi, elle aura évolué pendant près de 36 ans de façon continue dans la société politique camerounaise. On peut également citer Rose Abunaw (trois mandats) et plus récemment, Kegne Joséphine (trois mandats de député) et Halia Moufta (deux mandats de député), qui ont réussi à se faire réélire pour le mandat en cours[340].

Comme certains hommes avant elles, des femmes entrepreneures se sont aussi lancées dans une carrière politique en s'appuyant sur la flamboyance de leurs activités économiques et commerciales au sein des partis politiques d'opposition ou en créant leurs propres formations politiques. Le cas le plus intéressant est certainement celui de Nicole Okala[341], entrepreneure économique et femme politique reconnue :

On dénombre quelques femmes entrepreneures au rang des réélues aux trajectoires discontinues ou intermittentes. Référence peut être faite ici à Nicole Okala. Cette femme entrepreneure économique, après avoir créé en 1991 son propre parti, l'Union Sociale Camerounaise (USC) va intégrer quelques années plus tard, l'Union Nationale pour la Démocratie et le Progrès (UNDP) où elle fut membre du bureau politique. En 2011, elle change une nouvelle fois de camp politique et retourne au RDPC en tant que simple militante pour être élue un an après présidente de sous-section RDPC de Mbangassina dans la région du Centre. En 2007, elle devient maire et présidente de la section RDPC du Mbam et Kim-Centre. Aujourd'hui, elle compte parmi les premières femmes sénatrices élues du Cameroun[342].

Ajoutons, pour élargir notre champ de compréhension, l'analyse de Tsana Nguegang qui livre des informations sur les défis des femmes entrepreneures originaires de l'Ouest du pays dans cet extrait :

Clémentine Tiako a été investie par le RDPC en 2002 dans l'arrondissement de Dschang. Par ses actions oblatives en faveur du développement du département de la Menoua, elle a su capter et apprivoiser le processus électoral à son avantage à travers sa popularité et son influence. Avec le soutien qu'elle apportait au parti au pouvoir, les minibus de son agence de voyages ont été choisis pour le transport des personnalités lors du Sommet France-Afrique de 2001 à Yaoundé. Certes « Bon Pied La Route » [agence de voyages] bénéficiait déjà d'une certaine popularité dans la

---

[340] Nkolo Asse Sosso, « Les femmes entrepreneurs…, p.130.

[341] Nicole Okala Bilaï est née en 1949 à Dang dans le Centre du Cameroun. Elle est la fille de l'homme politique et ancien ministre camerounais le nommé Charles Guy Okala qui a fait les beaux jours du parlement et du gouvernement camerounais entre la fin de la colonisation française et le début des années 1960. Femme d'affaires engagée, Nicole Okala a notamment œuvré dans le secteur de la restauration. Ancienne consultante commerciale en France, elle a exercé comme délégué médical pour le compte du groupement des pharmaciens du Cameroun. Elle compte également parmi des membres fondateurs du GFAC.

[342] Nkolo Asse Sosso, « Les femmes entrepreneurs…, p.130.

localité de Dschang, mais le soutien de ses parrains a constitué un atout non négligeable. [...] Ainsi, si le RDPC a remporté les cinq sièges du département de la Menoua, il les doit en grande partie à Clémentine Tiako. Capitalisant sur la croissance de ses entreprises, elle revendiquait alors la reproduction de cette réussite rapide et « durable » à l'échelle politique locale et nationale. Si les populations ont voté le RDPC dans l'arrondissement de Dschang lors des élections législatives du 30 juin 2002, c'était plus la manifestation de la confiance à une femme que la fidélité partisane. Cette raison du vote des populations peut rappeler celle de Bandjoun où lors des municipales, les populations votaient le RDPC, moins par fidélité partisane que pour la confiance en un homme, Victor Fotso en l'occurrence. [Les populations] avaient un grand espoir en cette femme d'affaires qui avait résorbé le chômage dans la ville de Dschang en donnant notamment du travail à de nombreux « convoyeurs» de la gare routière, en augmentant le salaire du personnel de son agence de transport par rapport à d'autres, elle avait parcouru tout le département et était de ce fait très proche des populations. Celles-ci espéraient qu'elle continuerait à les « aider » comme par le passé et ferait même mieux une fois arrivée au poste convoité. C'est ce qui peut expliquer le score élevé obtenu par le RDPC lors des élections législatives du 30 juin 2002. Car sur 99 048 votants, 47 647 ont voté pour le RDPC contre 26 443 pour le SDF (Social Democratic Front). Soit une majorité absolue pour le RDPC avec 61,20 % contre 33,96 % pour le SDF. Si l'on prolonge ces résultats à ceux des municipales du même jour, on peut comprendre le rôle de Clémentine Tiako dans la victoire du RDPC[343].

En réalité, l'âge d'or de l'entrepreneuriat féminin au Cameroun se situe au lendemain de la prise de pouvoir du président Biya. Non pas qu'il en fut la cause principale, mais surtout parce que cette période a été la plus favorable du fait de la valorisation générale de l'action des femmes et des transformations de l'environnement national et international[344]. Car, les explications qui éclairent sur le boom de femmes opérateurs économiques sont d'abord exogènes et culturelles. Sur ce point, voici le chapelet des initiatives publiques en faveur du développement de l'entrepreneuriat féminin égrené par Nkolo Asse :

---

[343] R. Tsana Nguegang « Entrepreneurs-politiciens et populations locales au Cameroun : entre clientélisme et échanges mutuels » *Cahiers d'études africaines*, n°220, 2015, pp.829-830.

[344] On fait allusion ici au retour de la démocratie dans plusieurs pays africains suite à la chute du mur de Berlin, à l'émancipation tous azimuts des femmes liée à la croissance d'un taux d'alphabétisation, au rôle des ONG et des associations de défense des droits de la femme ou encore aux facilités d'obtention des financements extérieur et intérieur privés de l'entrepreneuriat féminin. Cela est complété par l'apport des organisations internationales et des banques d'investissement telles que l'Organisation Internationale du Travail (OIT), le Bureau International du Travail (BIT), la Banque Africaine de Développement, la Société Financière Internationale et par de nombreuses ONG. Pour toutes ces raisons, il est conseillé de lire : M. Sineau, *Des femmes en politique*, Paris, Économica, 1988.

L'organigramme du MINPROFF prévoit en son chapitre IV, une direction de la promotion économique de la femme avec, en son sein, une sous-direction du suivi de la promotion de l'entrepreneuriat féminin. Cette dernière est chargée, entre autres, de l'élaboration et de la mise en œuvre des stratégies de développement de l'entrepreneuriat féminin et de l'appui au développement des activités génératrices de revenus (AGR) des femmes. À travers ses différentes structures, ce ministère a mis sur pied une matrice d'actions en vue de faciliter l'accès des femmes aux ressources productives, augmenter et encourager leur productivité au travail et par conséquent leurs revenus. Ce faisant, il œuvre pour l'empowerment économique des femmes entrepreneures qui pourrait être éventuellement suivi d'un empowerment politique. Le programme global pour l'avancement des femmes et l'égalité de genre mené par le MINPROFF a ainsi favorisé la mise à la disposition des femmes et/ou groupes de femmes promotrices des activités génératrices de revenus (AGR), des financements à travers les organisations non gouvernementales (ONG) de crédits. Le projet d'appui à l'intégration de la femme dans la micro-entreprise sur fonds propres du gouvernement camerounais s'inscrit dans la même lignée. Afin d'assurer l'empowerment des femmes entrepreneures, le ministère en question organise des séminaires et ateliers spécifiques en faveur de celles-ci, mais aussi des formations d'ordre général pour toutes les femmes. On peut citer la formation de près de 17000 femmes dans les centres de promotion de la femme en montage des projets, conservation des produits agricoles, technologie de l'information et de la communication, etc. Référence peut être aussi faite à la session de renforcement des capacités politiques à l'intention des femmes candidates au double scrutin du 30 octobre 2013. À l'actif du MINPROFF, on peut noter le financement des associations féminines à hauteur de 60.000 000 FCFA au cours de l'année 2013[345].

Elle termine sa longue citation en ces termes :

La chambre de Commerce, d'industrie et des mines du Cameroun, qui est une entité consultative et représentative des intérêts des communautés privées d'entreprises dans le domaine du commerce, de l'industrie, de l'artisanat, des mines et des services a également assuré des formations et séminaires pour les femmes entrepreneures, notamment en gestion des entreprises. Des initiatives intéressantes pour l'entrepreneuriat féminin ont été également développées au sein de certains ministères à l'instar du ministère du Commerce. Ce dernier a souvent organisé des missions commerciales dans les pays limitrophes du Cameroun, en faveur des femmes entrepreneures, surtout dans l'industrie de l'artisanat avec l'aide du projet d'appui aux femmes impliquées dans le commerce transfrontalier (PACIFIT). Grâce à ce programme, plusieurs femmes entrepreneures ont pu s'autonomiser. Elles ont bénéficié d'une subvention d'un montant de plus de 3,3 milliards de francs CFA (soit 6,6 millions de dollars), l'objectif visé étant de permettre aux femmes entrepreneures exerçant dans ce secteur d'activités d'augmenter leurs revenus de 50%[346].

En effet, et c'est paradoxal, l'application des PAS a été d'un grand apport dans l'émergence des femmes d'affaires au Cameroun. La baisse du prix des matières premières et des produits d'exportation de rentes

---

[345] Nkolo Asse Sosso, « Les femmes entrepreneurs…, pp.159-160.

[346] *Ibid.*

que sont le café et le cacao brise la dynamique industrielle dans ce secteur d'activité, jusqu'ici principalement réservé aux hommes. De nombreuses activités connaissent un souffle féminin ; il faut se « battre » pour survivre face à cette crise économique aux répercussions sociales et financières incontestables, il faut surtout se « débrouiller » pour ne pas demeurer éternellement à l'ombre du super pouvoir économico-financier tenu de main de maître par les hommes[347].

Les *Nymphes*

Le taux d'activités féminin est, on l'a dit, en pleine hausse dans les pays d'Afrique noire du fait des mutations économiques endogènes et des engagements externes dans les années 1980-1990[348]. La rigueur et le caractère drastique des mesures imposées par le FMI et la Banque Mondiale au Cameroun s'accompagnent d'un marasme social et économique qui amène plusieurs femmes à l'auto emploi et surtout au développement des techniques d'introduction sur le marché national, d'abord de manière informelle – avec la participation des tontines dans certains cas-, puis dans les secteurs d'activité formels – avec l'appui des micro finances et des banques- dans des secteurs comme le commerce, la gestion des magasins de vente et des points de stockage et surtout une présence de plus en plus honorable dans le secteur de l'industrie de transformation et de l'import/export : la « débrouillardise » se conjugue désormais aussi au féminin[349]. Le réseau des femmes d'affaires prend définitivement corps à partir du pouvoir économique et financier que détiennent dorénavant ces entrepreneures au Cameroun[350]. À défaut d'être détentrices d'un pouvoir économique qui tutoie celui du sexe opposé, les femmes deviennent au moins des actrices de choix dans la vie politique,

---

347 Cf. L. Tchamanbé Djiné et G. Tchouassi, « Renforcement des capacités entrepreneuriales des femmes par la formation : une analyse du cas du Cameroun », *Communication aux VIIème journées scientifiques du réseau entrepreneuriat de l'AUF*, Ile Maurice, 4, 5,6, juillet 2001.

348 Pour approfondir nos connaissances sur le sujet de l'engagement sociétal, économique et politique féminin en Afrique dans l'histoire de manière globale, on peut se pencher sur : C. Coquery-Vidrovitch, *Les Africaines*, Paris, La Découverte, 2013.

349 Cf., une fois encore, Courad, (Dir.), *Le désarroi camerounais*... pp.179-190.

350 L. Sindjoun, M. Owona Nguini, « Égalité oblige ! Sens et puissance dans les politiques publiques de la femme et les régimes de genre », in L. Sindjoun, (Dir.), *La biographie sociale du sexe. Genre, société et politique au Cameroun*, Paris, Karthala, 2003.

administrative et socio-économique dans le pays, c'est ce qui explique l'emploi du terme *Nymphes* qui symbolise les divinités secondaires, mais non moins considérées, dans la mythologie grecque.

À cette explication se greffent les arguments liés au retour au multipartisme qui représente une nouvelle fenêtre de déploiement de l'action féminine, mais également à l'application des accords internationaux visant à rapprocher l'égalité entre l'homme et la femme sur le plan économique, social et professionnel, signés par l'État du Cameroun en l'occurrence pour ce qui est du respect de l'aspect genre et de la reconnaissance des droits de la femme[351]. De plus, on ne saurait ignorer que de nombreuses femmes s'engagent aussi aujourd'hui dans le milieu des affaires à partir du phénomène de prête-noms ou de facilitatrices qu'elles jouent entre l'administration publique et le secteur économique (que nous allons voir plus loin), qui pousse, bon gré mal gré, plusieurs épouses, sœurs, filles, mères et belles-mères dans l'arène commerciale et économique.

Ce sont toutes ces raisons qui expliquent aussi la présence des femmes d'affaires lors de la conférence tripartite de Yaoundé en 1991. En effet, et contrairement à ce que l'on peut imaginer, la présence des femmes d'affaires a été remarquée durant cette grand-messe à travers l'action de l'Association des femmes entrepreneures en abrégée ASAFE[352].

---

[351] Le Cameroun a par exemple ratifié les textes de l'Union Africaine sur ce point, plus exactement à partir de la déclaration solennelle sur l'égalité entre l'homme et la femme qui porte au moins à 30%, la participation des femmes dans la quasi-totalité des instances de prises de décisions du pays et dans les postes sélectifs aux plans politique, administratif et économique.

[352] M.-L. Eteki Otabela, *Le totalitarisme des États africains : le cas du Cameroun*, Paris, L'Harmattan, 2001.pp.353-354.

CHAPITRE 9 :
Les noces de palissandre ou la plasticité d'une alliance : nouveaux enjeux, nouveaux faciès

Au fur et à mesure que le règne du président Biya se prolonge, les relations entre le milieu politique et le monde des affaires deviennent complexes, floues, voire complètement cabalistiques dans plusieurs cas, surtout pour ce qui est de l'accompagnement financier des activités de certains entrepreneurs[353]. Une opacité épaisse couvre de plus en plus les rapports entre le pouvoir et le secteur de l'entreprise. On ne sait plus exactement quelle est la différence entre l'opérateur économique, l'administrateur, l'entrepreneur politique, le « démarcheur » ou le facilitateur d'affaires[354]. Nous sommes parfois dans un capharnaüm si hurleur que le directeur d'administration centrale du ministère est également un militant politique engagé en journée, et dans l'après-midi il mute en homme d'affaires dynamique. Le lendemain, on découvre son activisme dans la prestation de service, et les jours d'après, il se présente comme le président de la section d'un parti politique à la mode ou alors comme un courtier de luxe au service de grandes firmes internationales ou des pontes du régime de Yaoundé, le tout sous une large casquette de conseiller municipal, de conseiller régional, de député ou de sénateur. Aujourd'hui, et plus que par le passé, les affaires ont fait une entrée fracassante au sein du parlement que l'on devrait parler des députés et des sénateurs du *business* pour un grand nombre d'entre eux qui ne cachent d'ailleurs plus la couleur de leur écharpe d'élu du peuple floqué à l'endroit des effigies de la République, et à l'envers de l'emblème de leurs activités économiques et commerciales[355].

---

[353] Nous faisons référence ici à toute l'actualité dont la presse se fait écho sur l'organisation et la gestion des fonds issus des lignes 65, 94 ou 54 logées au MINFI et au MINEPAT depuis au moins l'année 2020. Il s'agit entre autres des journaux Le Jour, Le Messager, Mutations, Kalara, L'Éssor, L'indépendant, Défis actuels, La Météo, L'œil du Sahel, La Voix du Centre, Quotidien l'Émergence, Info Matin et même le journal français Jeune Afrique.

[354] Il est conseillé d'examiner les observations de : V. Ngouyamsa, « Militantisme politique et Entrepreneuriat : relations de dépendance et enjeux dans le contexte camerounais » (consulté en ligne le 20 mai 2023).

[355] À ce propos, il serait important de lire l'ouvrage de E.S. Dzeukou, *Les députés au Cameroun (2007-2012),* Bafoussam, Les Éditions juridiques camerounaises, 2012, qui présente en image et sous forme de mini bibliographie, l'essentiel des visages des élus siégeant à l'Assemblée nationale camerounaise entre 2007 et 2012.

Si sous le président Ahidjo, les hommes d'affaires se ruaient en priorité vers la conquête de l'espace entrepreneurial, ce n'est plus exactement le cas de nos jours. Dorénavant, c'est le marché qui vient vers eux, c'est la sphère économique qui s'est carrément déportée chez de nombreux hommes d'affaires, des fonctionnaires ou des politiques. Par conséquent, ces derniers peuvent développer leurs petites affaires à condition de rester dans les bonnes grâces de l'élite politico-administrative dominante.

Les nouveaux hédonistes et l'« *État-gâteau* »

L'« *État-gâteau* » voudrait présenter de manière métaphorique l'idée que se font certaines forces dominantes de l'État dans la sphère socio-politique et économique au pouvoir au Cameroun. Ces grandes élites, au lieu de regarder l'État comme un symbole de construction, de protection, d'unité et de développement pour la société, l'entrevoient plutôt dans le sens d'un guichet, une *machine à sous*. Bien mieux, l'État est devenu pour eux un abreuvoir béni, un buffet chaud, un fruit de jouissance à consommer ou un soulage-panse qu'ils doivent grignoter, pourlécher, avaler, en recueillir les miettes surtout en y investissant le moins possible. Cela signifie que l'État est perçu comme un aliment de luxe qui doit à tout prix être dégusté, à la limite, partagé, non pas par tout le monde ou même par les plus entreprenants, mais seulement par les plus rusés, les plus proches de la cour, les amis-intimes, les frères, les neveux, les beaux-frères, les cousines ou encore les oncles du roi. C'est un peu à l'image du gâteau africain partagé par les champions de l'impérialisme européen à Berlin de novembre 1884 à février 1885, avec la nuance que les champions de la colonisation occidentale se partageaient l'espace et les richesses d'un autre continent, un continent lointain appelé Afrique. Or, certaines forces dominantes du Cameroun se partagent, entre elles seulement, le gâteau national, c'est-à-dire leur propre État, le pays de leurs ancêtres, l'espace de vie de leur progéniture actuelle et future[356]. Autrement dit, le Cameroun est un menu que les chefs Douala avaient, en guise d'entrée, cédé aux commerçants et aux colons allemands assoiffés d'espace qui, à leur tour, serviront le territoire aux mandataires pour une longue période d'exploitation sous forme de déjeuner, et le pouvoir postcolonial va se charger de se le partager à sa guise dans le sens d'un apéritif.

---

[356] Lire A. Mbembe, *De la postcolonie*, Paris, Khartala, 2000.

En résumé, si le régime colonial considérait la colonie comme un objet d'enrichissement pour la Métropole, il apparaît évident aujourd'hui que plusieurs administrateurs africains la perçoivent comme un symbole d'épanouissement, une ressource rare et prestigieuse à partager ou alors une mine d'extraction de plaisirs et de subsides au plan personnel et tribal. On doit donc garder une forte connexion fusionnelle à l'État pour assouvir ses pulsions d'accumulation et son désir de pouvoir au maximum, le plus longtemps possible.

C'est alors qu'on découvre, dans les années marquant le retour au multipartisme au Cameroun, des hommes d'affaires impliqués dans la politique tous azimuts. Ils comptent, eux aussi, occuper des places à la table du partage du fameux *État-gâteau*. De fait, les batailles socio-matérielles, les enjeux politico-financiers et les luttes de pouvoir ont fait prendre conscience au milieu des hommes d'affaires que l'une des solutions à leurs problèmes de financement et d'accompagnement par des mesures étatiques réside dans leur insertion au sein des cercles politiques, c'est-à-dire dans leur capacité à militer au sein des partis politiques. C'est cette proximité créée avec l'ancien cercle du président Ahmadou Ahidjo qui a définitivement transformé les grands clercs bamiléké et haoussa en entrepreneurs riches et puissants. Juste qu'à l'époque d'Ahidjo, il n'y avait qu'un seul parti politique. Sous le règne du président Paul Biya en ces années 1990, le multipartisme est de retour[357]. Cela revient à dire que chacun des hommes d'affaires camerounais est désormais, officiellement, libre de faire le choix de son prince ou de son futur prince.

L'effet du psychotrope

Le retour au multipartisme dans le pays n'a laissé personne insensible, surtout pas les hommes d'affaires. Ils étaient partagés entre le camp du pouvoir, celui des opposants politiques farouches et celui des nostalgiques de l'époque d'Ahidjo, selon les gains, les convictions et les ambitions des uns et des autres. En prenant faits et causes pour tel ou tel parti, ils ont ainsi participé, ne serait-ce que de manière indirecte ou symbolique, aux batailles de pouvoir qui sont incessantes au Cameroun depuis au moins le départ du président Ahidjo.

---

[357] Voir : S. Nkainfon Pefura, *Le Cameroun du multipartisme au multipartisme*, Paris, L'Harmattan, 1996 ou encore J.H. Tiengue Sepo, *Multipartisme et démocratie au Cameroun*, Paris, L'Harmattan, 2017.

Les plénipotentiaires les plus en vue et les plus connus, proches du camp au pouvoir, étaient par exemple James Onobiono, le directeur général de la SITABAC, Victor Fotso[358], Lévis Koloko[359] et Françoise Foning (présidente du groupement des femmes d'affaires du Cameroun) de l'Ouest et des originaires du Nord comme Youssouf Bachirou, Mohamadou Abbo[360], Ahmadou Tanke, Nana Bouba[361],

---

[358] Victor Fotso est né en 1926 à Stéla (Bandjoun). Il compte parmi les plus prospères et célèbres hommes d'affaires de sa génération. Originaire du département du Koung-Khi, Victor Fotso se signale dans le commerce à l'époque des Français où il a collaboré avec des marchands métropolitains et grecs, notamment dans la ville riche en cacao de Mbalmayo située dans la région du Centre-Cameroun à partir de 1947. Après 1950, ce commerçant camerounais se lance avec succès dans le transport en commun. Il crée la Société Africaine de Fabrication des Cahiers (SAFCA) en 1970, quatre ans plus tard, il est à l'origine de la société de fabrication des Piles du Cameroun PIlCAM. En 1983, il est cofondateur de la Compagnie Internationale de Service (CIS). Il est finalement à la tête d'un holding constitué des établissements bancaires, des sociétés agro-alimentaires, des sociétés de transport situées au Cameroun et en Afrique. Membre titulaire du comité central du RDPC à partir de 1990, Victor Fotso est élu maire de Bandjoun, sa ville natale, dès 1996. Il meurt en France en 2020. Lire à ce sujet, son autobiographie : en collaboration avec Jean Pierre Guyomard : V. Fotso, *Sur Les chemins de Hiala*, Paris, Éditions de Septembre, 1994.

[359] Acteur économique et politique de premier plan, Lévis Claude Koloko est originaire du Haut Nkam dans la région de l'Ouest-Cameroun. Surnommé le « roi de la ferraille », il a longtemps œuvré dans la ferraille, puis dans la poissonnerie. Il compte surtout parmi les plus importantes fortunes de son époque.

[360] Connu également sous le nom Alhadji Abbo, Mohamadou Abbo est né vers 1936 et meurt en octobre 2023 des suites de maladie. Originaire de l'Adamaoua dans la partie Nord du Cameroun, il compte parmi les *self-made men* les plus connus issus du Grand Nord. Il investit d'abord dans le transport, puis dans l'agriculture et surtout dans le secteur agro-alimentaire à travers la Maïserie du Cameroun (MAISCAM). Placé à la tête du Groupe Abbo, Le « roi du maïs » a pris le temps d'étendre ses activités dans la transformation des céréales avec la Société Camerounaise de Transformation des Céréales (SCTC), le sucre avec les Nouvelles Sucrières du Cameroun (NOSUCA), le sel avec la Cameroon Salt Compagny (CSC), la meunerie avec la Société Camerounaise des Moulins du Centre (SCMC), la sacherie avec la Cameroon Packing Compagny (CPC). Il est également connu comme un grand pasteur qui s'est illustré dans l'élevage des bœufs dont il est apparu comme l'un des plus importants du pays. Avant sa mort, plusieurs sociétés du groupe Abbo ont été mises en liquidation judiciaire comme la CPC du fait des importantes dettes non soldées par l'homme d'affaires. Il était l'un des hommes les plus influents du RDPC dans sa région natale.

[361] On le connait comme l'un des magnats de l'agroalimentaire au Cameroun depuis au moins la fin des années 1970. Placé aujourd'hui parmi les plus grandes fortunes du pays (sixième au classement FORBES en 2015), Nana Bouba est un peul originaire de la région de l'Adamaoua plus exactement de Meïganga où il voit le jour en 1948. Il est le propriétaire du groupe Nana Bouba Group (NBG). Il a débord investi dans

devenus tous membres du comité central du RDPC, le parti au pouvoir, et donc automatiquement des propriétaires des entreprises économiques amies de l'État[362].

Côté opposition, les hommes d'affaires qui s'affichaient avec les opposants au régime Biya se nommaient Kadji Defosso, Claude Djuimo, Mohamadou Catche ou encore Tanko Hassan, tous adhérents ou sympathisants de l'Union Nationale pour la Démocratie et le Progrès (UNDP)[363], créée par les anciens soutiens politiques et économiques du régime Ahidjo et placée sous la présidence de Samuel Eboua puis de Bello Bouba Maïgari[364].

On devrait logiquement parler de l'effet psychotropique des affaires au sein des systèmes de perception, de fonctionnement et de comportement des formations politiques qui tombent sous l'influence aigüe du *business*, car par la suite, d'autres entrepreneurs économiques vont se révéler et se positionner purement et simplement comme des patrons de formations politiques. Moussa Yaya, un ancien proche du président Ahidjo, devient le président d'honneur de l'Union Démocratique Camerounaise (UDC)[365], tandis que Noucti Tchokwago[366], ancien président de la chambre de commerce et ex

---

l'importation de riz, à travers l'entreprise NABO créée en 1985 qui prendra le nom de Société Alimentaire du Cameroun (SOACAM) en 1990. Puis, il crée la société SAGRI spécialisée dans la fabrication de concentré de tomate, la CAMBEEF orientée vers l'élevage de bovins, avant de devenir le fondateur de la société AZUR S.A., connue pour son succès dans la production et l'exploitation du palmier à huile et dans la fabrication et la vente du savon et des produits dérivés. Nana Bouba investit également dans la production et l'exploitation de l'huile rouge où il exploite plus de 500 hectares de terrain dans le Sud-ouest du pays. Malgré le fait que sa fortune soit estimée à plusieurs centaines de millions de dollars, la presse camerounaise nous apprend que l'État a décidé d'apporter une aide financière spéciale à cet homme d'affaires de renom afin de pouvoir relancer les activités de NBC en difficulté depuis quelques années. Lire sur cette question : Le *Quotidien de l'économie*, n°3077 du 3 septembre 2024, p.3.

[362] Cameroon-Tribune, du 11 janvier 1992.

[363] *Ibid.*

[364] Premier premier ministre du président Paul Biya du 6 novembre 1982 au 22 août 1983, membre du gouvernement camerounais depuis le 9 décembre 2011, Bello Bouba Maïgari est né en 1947 à Baschéo dans la Bénoué, région du Nord-Cameroun. Il est le président de l'UNDP depuis le 5 janvier 1992. Pour avoir plus de détails sur son parcours, consulter par exemple : F. Nkot (Dir.), *Dictionnaire Politique au Cameroun*, Laval, Presse de l'Université de Laval, 2018, pp.115-117.

[365] Voir l'essentiel des parutions du journal Le Messager du mois d'octobre 1992.

[366] Fondateur en 1975 du groupe Batoula spécialisé dans la fabrication des matelas, des chaussures et des emballages en plastique, Joseph Noucti Tchokwago est un

membre du parti au pouvoir de 1985 à 1990, fonde et préside le Congrès Panafricain du Cameroun (CPC)[367].

Mais, l'homme qui crée sans doute la plus grande sensation se nomme John Fru Ndi, un ancien responsable du RDPC, ancien propriétaire de la librairie *Ebibi Book Shop* qui a, tant bien que mal, tenté de se frayer un chemin dans les affaires et qui est devenu le président du plus grand parti d'opposition du Cameroun, après le retour au multipartisme, baptisé le Social Democratic Front (SDF)[368].

Il ne serait pas fastidieux d'ajouter les patronymes des hommes d'affaires dits anglophones, issus ou actifs dans le Sud-Ouest et le Nord-Ouest, en particulier celui de l'homme politique et *businessman* Victor Esemingsongo Mukete, un incontournable du RDPC[369]. À cela, devrait –naturellement- se greffer le nom d'un autre aristocrate de l'entrepreneuriat au Cameroun, le magnat des affaires Baba Ahmadou Danpullo, souvent présenté comme un fervent soutien de Paul Biya, que l'on classe parmi les plus grandes richesses d'Afrique francophone au 21e siècle[370]. Il est, entre autres, présent dans l'industrie agricole à

---

industriel camerounais bien connu du milieu des affaires et du monde politique dans le pays. Expert-comptable de formation, il décide de faire de Batoula un holding constitué de plusieurs entreprises comme la SONOPOL, LITTOCOL ou l'ADIC, toutes spécialisées dans l'importation et la vente de l'alcool et des liqueurs.

[367] Le Messager, octobre 1992.

[368] Plus connu comme le principal opposant de Paul Biya, il n'en demeure pas moins vrai que John Fru Ndi est également un homme d'affaires. Il est né en 1941 à Baba dans la région du Nord-Ouest. Il décède le 12 juin 2023 à Yaoundé. Fondateur du parti politique SDF en 1990, John Fru Ndi est aussi un homme d'affaires qui a développé ses talents dans la librairie à travers Ebibi Book Center, dans la promotion du football jeune au Cameroun et dans le secteur agricole.

[369] Victor Mukete fait partie de la génération des derniers camerounais nés à la fin de la Première Guerre mondiale. Il voit le jour en novembre 1918 à Kumba dans l'actuelle région du Sud-Ouest. Son père, Colin Ebarko Mukete, est un homme d'affaires prospère au Cameroun sous domination britannique qui va lui inculquer le sens des affaires. Il a présidé le conseil d'administration de la CDC, puis celui de la CAMTEL. Membre titulaire du comité central du RDPC, il est nommé sénateur de la région du Sud-Ouest en mai 2013. Il meurt à Yaoundé en 2021 des suites de maladie après plus de cent ans de vie sur terre.

[370] En effet, c'est le magazine américain Forbes qui le présente comme l'homme le plus riche d'Afrique francophone subsaharienne. Investisseur dans plusieurs secteurs économiques dans son pays, en Afrique et dans le reste du monde, Baba Danpullo compte parmi les hommes d'affaires les plus prospères d'Afrique au Sud du Sahara depuis au moins deux décennies. Originaire du Nord-Cameroun, Danpullo débute ses activités entrepreneuriales dans le transport avant de s'adonner à l'ouverture et à l'exploitation des points de vente disséminés dans sa région natale. Il fait fortune dans

travers la *Ndawara Tea Estates,* basée dans le Nord-Ouest du pays[371], spécialisée dans la culture et l'exportation du thé et dans la téléphonie mobile[372].

En réalité, et c'est cela qui a certainement fait problème, au moment où le pouvoir de Yaoundé attend les hommes d'affaires dans les marchés comme on attend les soldats dans les casernes, on les retrouve dans l'espace politique. Ce reproche leur a souvent été fait. Sauf que l'État du Cameroun, et surtout la bureaucratie étatique d'Ahidjo et Biya, n'ont pas toujours joué franc-jeu. Les grands pouvoirs de l'État lui ont souvent conféré des positions de prédation et d'accumulation de rentes sans partage. Les hommes de pouvoir ont de ce fait exploité, fragilisé, instrumentalisé les milieux d'affaires pour des logiques purement politiciennes. Mais, une fois que ces derniers se sont engagés en politique surtout au sein des partis politiques d'opposition, il leur est collé l'étiquette d'hommes d'affaires de l'opposition.

L'un des marqueurs qui illustrent l'influence des opérateurs économiques dans le monde politique au Cameroun est symbolisé par la participation d'une légion d'hommes d'affaires lors de la rencontre tripartite organisée à Yaoundé du 30 octobre au 17 novembre 1991, dans le but de trouver une solution aux revendications démocratiques du peuple camerounais[373]. Parmi les hommes d'affaires les plus visibles, on a vu passé Kadji Defosso, James Onobiono ou encore les vétérans Paul Soppo Priso, Mohamadou Bayero, André Sohaing, alors président du Groupement des importateurs du Cameroun et Aladji Garba Aoudou, le président du syndicat des commerçants importateurs et exportateurs du Cameroun, pour ne citer que ceux-là[374].

Pour démontrer tout leur génie politique, ces hommes d'affaires se montrent particulièrement actifs dans l'organisation et l'animation des campagnes électorales depuis 1991, une période qui marque le retour au multipartisme dans le pays. Certains furent élus au sein des mairies, mais surtout comme député, à l'instar de Ndongo Essomba, futur

---

l'immobilier, la télécommunication et l'agro-alimentaire. L'une de ses plus grandes œuvres au plan agricole se trouve dans l'exploitation d'immenses plantations de thé dans la région du Nord-Ouest qu'il exporte à travers le monde entier depuis plusieurs années.

371 Ajoutons qu'il existe d'autres grands noms du monde des affaires en zone anglophone au Cameroun tels que : Francis Young, Erimond Ngu, M. Muban, M. Longla ou encore M. Kilo

372 *Ibid.*

373 Cameroon-Tribune de novembre 1991.

374 *Ibid.*

président du groupe parlementaire du RDPC à l'Assemblée nationale, tandis que d'autres, réputés tout aussi proches du pouvoir de Yaoundé et particulièrement influents au sein des réseaux construits dans les hautes sphères de la république, choisirent de jouer la carte de la discrétion et du mystère : c'est le cas de l'homme d'affaires Henri Omgba Damase[375].

On se souvient aussi qu'en 1992, une délégation des forces vives du Cameroun, composée entre autres d'hommes d'affaires comme Kadji Defosso, James Onobiono, Mohamadou Fadil, Victor Fotso, Emmanuel Ze Mendoua alla rencontrer et présenter des propositions au président Paul Biya dans l'optique de l'organisation d'une élection présidentielle anticipée, ce qui fut fait en octobre de la même année[376].

Les entreprises ennemies

La situation que nous venons de décrire n'empêche pourtant pas de constater que de nombreux soupçons continuaient à peser sur plusieurs hommes d'affaires faisant mention de leur soutien à certains partis politiques d'opposition. Kadji Defosso était suspecté par les partisans

[375] Le journal panafricain Jeune Afrique, le présente comme un influent homme d'affaires singulièrement proche du président Paul Biya bien avant son accession à la magistrature suprême. Membre actif de la françafrique, Omgba Damase est un magnat du business originaire de Nsimeyong, un quartier situé en plein cœur de la capitale camerounaise, qui a su tisser sa toile dans le monde des affaires au Cameroun et en France. Il démarre sa carrière comme couturier professionnel, avant de se retrouver dans le monde de la mode parisienne. Négociant à la réputation internationale marquée, il ne cache pas ses amitiés avec les présidents Mobutu du Zaïre (actuelle République Démocratique du Congo), Houphouët Boigny de la Côte d'Ivoire ou encore avec l'homme politique français Charles Pasqua et l'énigmatique Jacques Foccart. Très actif dans l'investissement immobilier, l'import/export et dans le sport (il fut le propriétaire du célèbre club de football Olympique de Mvolyé à Yaoundé), Omgba Damase apparaît aussi au sein des salons politiques feutrés de Yaoundé à l'occasion du processus de privatisation des entreprises publiques et parapubliques dans son pays à la fin des années 1980 et dans les années 1990 au titre de démarcheur ou de représentant (officieux/officiel) de plusieurs multinationales occidentales. Par ailleurs, on lui a souvent collé l'étiquette d'un business man adepte de la politique du « grand écart » qui s'est employé à entretenir des rapports étroits avec les pontes du régime de Yaoundé (ministres, directeurs généraux, ambassadeurs, députés ou maires), tout en gardant des liens de « fraternité » avec certains opposants politiques d'origine béti, plus exactement à l'occasion des élections présidentielles tenues au Cameroun en 1997. Sa renommée dans la ville-capitale a atteint son apogée avec la naissance du « Quartier Damase » situé dans la partie Sud de Yaoundé. Il meurt le 7 mars 2013 à l'âge de 76 ans en France des suites de maladie.

[376] Le Messager n°190 du 10 décembre 1991.

du président Paul Biya de collusion avec le SDF de Fru Ndi auquel il aurait apporté un soutien matériel et financier conséquent durant l'élection présidentielle de 1992[377]. Les mêmes accusations étaient portées contre les entrepreneurs économiques comme Henri Tame Soumedjong, le directeur général et fondateur de la Société Africaine des Produits Laitiers (SAPLAIT)[378], Jean Djokou et Henry Njiwah, tous originaires de l'Ouest bamiléké et anglophone au Cameroun[379].

Notre opinion est, sans grande surprise pour le cas d'espèce, que la majorité des opérateurs économiques qui avait « osé » apporté un quelconque étai (financier, moral, économique ou matériel) à l'opposition dans les « années de braises » devait s'attendre à des représailles exemplaires de la part de l'État et de ses représentants. C'est le cas d'Henri Tama Soumedjong qui vit son usine de transformation de lait (SAPLAIT) fermée pour non-respect des mesures d'hygiène en 1992, suite à une lettre datant du 8 juillet du ministre du développement industriel et commercial, René Owona, adressée à son collègue de la santé, Joseph Mbedé, pour lui prescrire la conduite à suivre par rapport l'avenir de la société de Tame Soumedjong, accusé d'être l'un des grands financiers de l'Union des Forces Démocratiques du Cameroun (UFDC) opposée au RDPC.

---

[377] *Ibid.*

[378] Né en 1936, Henri Tame Soumedjong est un entrepreneur et industriel camerounais originaire de Bandenkop dans la région de l'Ouest. Ingénieur de formation, il se spécialise dans la biochimie alimentaire à Berlin en Allemagne. Il fait ses classes dans plusieurs sociétés commerciales allemandes et hollandaises. De retour au Cameroun, il ne se fait pas prier pour intégrer le monde de l'entreprise dans lequel il s'illustre comme cadre pour l'entreprise des argiles industrielles du Cameroun. Il devient directeur général d'une société nommée Mini Cap en 1977, puis il prend les rênes de la société des vivres frais un an plus tard. Dans les années 1980, il fait son entrée dans le cercle très fermé de la boulangerie et de la pâtisserie au Cameroun à travers la Boulangerie Bastos. En 1986, il est à l'origine de la société SAPLAIT spécialisée dans la transformation du lait et dans la fabrication des produits dérivés (yaourt, fromage, etc.). Jugé proche des partis de l'opposition plus spécifiquement de l'UPC après le retour au multipartisme, cet ancien activiste de l'Action Nationale pour le Libération du Kamerun (ANLK) avant l'indépendance, connaît de nombreux démêlés avec le fisc, l'administration et la justice dès le début de la décennie 1990. En 1992, SAPLAIT ferme ses portes et ses produits sont frappés d'une interdiction de consommation. En 2012, Henri Soumedjong rebondit en fondant la Wood & Metal Compagny à Douala spécialisée dans la transformation et la commercialisation du bois. Il rend l'âme en 2021 à Yaoundé des suites de maladie.

[379] Le Messager n°190 du 10 décembre 1991.

Alors que le Cameroun affronte une double mutation politique, nous appelant à la relance économique, certains coopérateurs économiques passent leur temps à militer dans l'opposition, non pas pour défendre le droit des Camerounais, mais pour y financer le vandalisme dans notre pays. C'est pourquoi, comptant sur votre dévouement, je vous prie de bien vouloir prendre à la lettre des résolutions que nous avons prises lors de notre dernier entretien. À savoir créer une situation à la société SAPLAIT afin que son directeur puisse payer les frais de sa cruauté. Je compte sur votre esprit patriotique[380].

Cette déclaration ressemble fortement aux écrits coloniaux qui décriaient pour le fustiger, l'action de l'UPC au sein des masses populaires au Cameroun. Elle est la preuve qu'il ne fallait pas aller se frotter à la machine gouvernementale à cette époque sous prétexte qu'on éprouvait de la sympathie à l'endroit d'un parti politique d'opposition. La seule note positive, selon nous, c'est l'utilisation par le ministre du terme de « coopérant économique », au moins à travers ce terme, on comprend qu'il s'agit d'anciens alliés qui se reconnaissent, mais se déchirent sur des questions de choix politique. Le message est on ne peut plus clair : le coopérant économique qui n'était pas avec le RDPC était contre lui, par conséquent, il devait s'attendre à subir les foudres de ses choix. La « chasse à l'homme » ou plutôt la chasse aux entreprises ennemies est lancée.

Ce ministre qui se soucie apparemment des Camerounais de manière spéciale, et qui en appelle au sens patriotique de son collègue, semble malgré tout avoir perdu de vue qu'en manœuvrant pour la chute de la SAPLAIT, la décision de fermer cette « entreprise ennemie » contribuait à gonfler les rangs des chômeurs dans le pays, tant il est vrai que cette société employait une main-d'œuvre directe et indirecte de plus de 100 personnes à cette époque[381].

Voici donc un gouvernement qui, englué dans une rigide politique de PAS avec ses exigences en termes de fermeture de plusieurs sociétés publiques, de licenciements massifs dans le secteur public et parapublic, de gèle des recrutements et de privatisation des sociétés d'État, trouve quand même le moyen d'appeler à la fermeture des rares entreprises privées qui emploient encore les Camerounais et contribuent à l'élargissement de l'assiette fiscale en ce qui concerne au moins le paiement des impôts.

Pour le cas de Kadji Defosso, les perceptions à son égard auraient amené l'État à travers le ministère des Finances à engager un

---

[380] Cameroun-info.net. (Consulté le 23 mars 2023).
[381] *Ibid.*

contentieux avec le fisc, ce qui eut pour effet immédiat la mise sous scellé de son entreprise phare, UCB en 1993[382]. Ayant visiblement appris des erreurs du passé et surtout après avoir bien cerné les enjeux stratégiques du moment, Kadji Defosso finit, à l'instar de plusieurs de ses congénères, par adhérer au RDPC, un parti politique au sein duquel il ne se fit pas prier pour se présenter comme l'un des membres les plus influents dans la région de l'Ouest-Cameroun où il a été élu maire de Bazou à plusieurs reprises. Le croisement entre la politique et l'économie est donc une fois encore remarquable dans notre monde. Kadji Defosso a parfaitement intégré le fait que l'on ne devient véritablement un homme d'affaires légitime et adulé qu'en fonction des rapports qu'on entretient avec le pouvoir en place et ses incarnations.

On assiste, en somme, à une division lente et irréversible d'une classe d'affaires qui se disloque plus sur des questions de soutiens à un parti politique ou à un homme que sur des idées ou sur un programme économique. Cela ne manquera pas d'avoir des répercussions sur l'économie et le marché du pays. Les logiques de concurrence politiques entrainant aussi de fortes oppositions dans le monde de l'entrepreneuriat.

Les hybrides et les transgenres

Lorsqu'on croit avoir suffisamment dit sur ce point que surviennent de nouveaux éléments d'analyse que nous ne saurions laisser passer singulièrement en ce qui concerne le rôle de plus en plus prégnant des fonctionnaires de la haute administration et des hommes politiques dans les milieux d'affaires. Aujourd'hui, les médias font état de ce que près de la moitié des élus locaux (conseillers municipaux, maires, députés, suppléants…) et des sénateurs camerounais seraient, à la base, des hommes d'affaires, des commerçants ou des chefs d'entreprises. Nous n'avons donc pas toujours affaire à des hommes politiques de métier, pétris d'une culture politique ; ce sont des politiciens d'occasion qui se comptent par centaines, voire par milliers. En face, on rencontre aussi une bonne panoplie d'hommes politiques et de nombreux hauts fonctionnaires qui se muent en entrepreneurs ou en grands acteurs du secteur des échanges. Ils arrivent, eux aussi, dans ce monde à l'improviste, comme des intrus opportunistes. Sauf qu'aucune loi ne le leur interdit jusqu'ici. Il se pourrait même que de nombreux hommes ou chefs d'entreprises qui s'essayent dans le jeu politique brillent par

---

[382] *Ibid.*

un style managérial plus efficace et plus productif[383]. Le hic réside dans les desseins des uns et des autres plus exactement quand on évoque le mélange de genres et l'antagonisme des intérêts. Militantisme politique et engagement dans les affaires font-ils bon ménage ? Que cache cet engouement qui s'érige sitôt en règle tacite dans l'environnement camerounais ?

En effet, derrière cet empressement des hommes d'affaires vers la politique, et vice versa, se cache généralement une logique rentière ; tout ce petit monde voudrait tracer son itinéraire d'accumulation. Pour les hommes d'affaires, l'engagement en politique et surtout au sein du parti au pouvoir représente une sorte de caution pour la préservation et le développement de leurs activités. Pour le bureaucrate étatique, il s'agit d'une appétence rentière recherchée et d'une volonté d'accumulation maximale autant que pour le politicien qui, au lieu de rechercher le pouvoir, s'engage dans une chasse immodérée aux subsides et à une quête acharnée aux retombées des marchés publics dont les plus prisés sont connus sous le nom de « 4.9 » c'est-à-dire des marchés à hauteur de quatre millions neuf cent mille francs accordés de gré à gré. Logique politique et logique économique au Cameroun semblent alors se retrouver. La citation suivante l'explique avec plus de détails :

Ainsi, en cooptant les opérateurs économiques, le président Biya et ses associés politiques envisageaient de capter leur attention pour le financement des activités politiques du parti gouvernant et surtout pour empêcher que les partis concurrents ne fassent de même. Une fois dans le RDPC, ces entrepreneurs économiques, détenteurs des finances, doivent participer financièrement et matériellement à la tenue des meetings politiques du parti, à la célébration des anniversaires de l'accession du Président Paul Biya à la magistrature suprême (le 6 novembre) et du RDPC (24 mars). À titre illustratif, on peut citer Clémentine Tiako qui a offert une somme de 1 000 000 FCFA aux populations lors de l'anniversaire du RDPC le 24 mars 2003. Françoise Foning, depuis son entrée dans le parti au pouvoir, continue, comme de nombreux autres entrepreneurs, à financer le RDPC. Au niveau matériel, les entrepreneurs membres du parti doivent assurer la logistique et notamment le transport des militants et sympathisants comme ce fut le cas le 24 mars 2001 avec le transport des militants RDPC des villages pour la ville de Dschang, par l'agence de voyage « Bon Pied La Route ». Pour ce qui est du SDF, les cars de transport et de l'auto-école d'Emmanuel Nguimatsa transportaient les militants du SDF des villages vers la ville de Dschang, lors de l'anniversaire du parti, le 26 mai, ainsi que lors des visites de Ni John Fru Ndi dans le département de la Menoua. Très souvent aussi, c'est lui qui assurait la nutrition (boisson notamment) des militants lors de ces fêtes[384].

---

[383] *Ibid.*

[384] Tsana Nguegang « Entrepreneurs-politiciens et populations locales…, p.820.

Ce qui s'apparente normalement à un fourre-tout ici est, à plus d'un titre, l'apanage d'une certaine élite camerounaise. Comment évoquer en fait ce melting pot dans le monde des affaires et ne pas garder en tête l'embouteillage des improvisés que l'on rencontre dans d'autres sphères de l'administration comme au parlement par exemple. Tout le monde voudrait, indépendamment de sa profession originelle, « siéger quelque part ». L'ancien secrétaire général du RDPC et ancien député de ce parti politique, Ebénézer Njoh-Mouelle, croit avoir décelé le mystère qui se cache derrière ces engagements de masse lorsqu'il indique pour le cas de l'Assemblée nationale que :

La loi n°91/020 du 16 décembre 1991 n'exige des candidats aux législatives que de savoir lire et écrire le français ou l'anglais. Exigence des plus minables qu'il soit. On peut affirmer, sans prendre de risque de se tromper, qu'au temps du parti unique, la majorité des députés remplissait tout juste cette exigence minimale, tandis qu'une minorité avait fait davantage que savoir lire et écrire. Cette proportion s'est considérablement renversée en 1997, en ce sens que désormais, c'est un petit nombre de députés qui se situe encore à ce niveau de culture minima, tandis que la plupart d'entre eux sont des gens venant d'une grande diversité professionnelle. Les enseignants y sont nombreux, de l'instituteur au professeur d'université, en passant par les professeurs de lycée dont certains sont d'anciens chefs d'établissement. Je ne pourrai pas citer de façon exhaustive toutes ces catégories professionnelles. Mais, les plus visibles sont les avocats, les médecins, les pharmaciens, les notaires, les économistes et les administrateurs civils, anciens sous-préfets et préfets, d'anciens inspecteurs de police, etc. [...] Parmi les administrateurs civils, on rencontre d'anciens préfets, tout comme on rencontre d'anciens conseillers des affaires culturelles auprès des ambassades du Cameroun à l'étranger et les professeurs de lycées et de collèges. Il s'agit pour la plupart des hommes et des femmes, de gens qui ont pratiqué l'administration publique et qui connaissent la marche des affaires. La chambre comprend aussi un nombre important d'hommes d'affaires qui ne connaissent l'administration publique que comme usagers[385].

De fait, les hommes d'affaires engagés en politique voient au moins leur carnet d'adresses s'allonger sur plusieurs pages, et donc l'éventualité de gagner plus de marchés publics tout en multipliant de manière exponentielle la chance d'obtention d'un permis d'exploitation des matières premières dans un contexte où le Cameroun commence officiellement à exploiter de manière abondante les richesses de son sous-sol. En plus, toutes ces cohortes d'« élus du peuple » recherchent la sacro-sainte immunité parlementaire ou immunité politique, qui représente une sorte de blindage contre tous les dangers de la société et

[385] E. Njoh-Mouelle, *Député de la nation,* Yaoundé, Presses de l'UCAC, 2001, p.36.

surtout qui les met, le cas échéant, dans un abri sûr contre la justice ou le fisc.

Les Janus et les cabotins

Aux côtés des opérateurs économiques plutôt reconnus, on note la présence d'une autre catégorie d'entrepreneurs, les « hommes d'affaires du dimanche » qui se révèlent la plupart du temps après la nomination par décret présidentiel ou par arrêté ministériel d'un parent, d'un frère ou d'un époux qui, une fois en fonction, leur propose de « se lancer dans les affaires » sous sa protection, bien sûr. Bien que sans expérience, ces hommes d'affaires nouvellement nés ne manquent pourtant pas d'ambitions. Décomplexés et souvent très acharnés, ils n'hésitent pas à postuler pour les marchés publics qui nécessitent pourtant une certaine expérience, une renommée, un savoir-faire technologique et un matériel logistique approprié portant sur la construction des routes, l'électrification rurale et urbaine, le Bâtiment-Travaux-Publics (BTP) ou encore dans la livraison du matériel roulant[386]. Seulement, il faut s'attendre à ce qu'une fois que le frère-protecteur aura perdu son poste, notre homme d'affaires aux potentiels démesurés, disparaisse aussi vite qu'il est apparu : de vrais hommes à double visage présentant officiellement tous les critères d'un acteur économique doué d'un côté, et de l'autre on découvre le visage d'un illustre pantin, un faux jeton dans la gestion des affaires qui use et abuse de tout autour de lui. Ils sont ainsi des champions des marchés publics non livrés, des chantiers administratifs non achevés ou de la livraison fictive du matériel roulant et des fournitures de bureau procurés sur le papier, mais jamais réceptionnés physiquement.

C'est ce qui a inspiré cette chronique satirique du journal *Le Messager* qui fait passer ce dialogue ainsi qu'il suit :

Takala : - Combien, d'après toi, y a-t-il de catégories d'hommes d'affaires au Cameroun ?

Muyenga : - À mon avis, il doit y en avoir plusieurs : il y a des hommes d'affaires de pure race qui gagnent leur argent à la sueur de leur front, il y a ceux qui le deviennent par la force des choses.

T. : - C'est-à-dire quoi ?

M. : - Je veux parler de ces hommes et ces femmes d'affaires accidentels qui se reconvertissent dans les affaires une fois qu'un décret a nommé le frère, le cousin ou le mari à un poste de responsabilité.

---

[386] Le Messager n°101 du 4 février 1989.

T. : - Quel rapport ?

M. : - Le rapport, justement, c'est que ce frère, ce cousin ou ce mari les inondera désormais de tous les marchés de gré à gré. Leur principale activité ? Entrepreneurs en bâtiment, en travaux publics, papeteries et fournitures de matériel de bureau. Décoration, etc.

T. : - Peut-on devenir tout cela du jour au lendemain ?

M. : - Tant que c'est le père, le cousin ou le mari qui est là et qui attribue les marchés. Il y a ceux qui deviennent hommes d'affaires parce qu'ils ont brigué un bon poste au sein du parti, parce qu'ils se serviront désormais de la couverture politique pour s'assurer une place honorable dans cette jungle qu'est le monde des affaires.

T. : - Et les autres ?

M. : - Les autres, ce sont ceux dont on se sert pour purifier, « nettoyer » et blanchir l'argent volé.

T. : - Je ne comprends pas très bien.

M. : - Tu sais qu'il y a eu dans ce pays, à un moment donné, une génération de pilleurs de tout poil et de tout acabit qui se sont amassés beaucoup de frics, beaucoup trop de frics qu'ils n'ont pas pu investir eux-mêmes.

T. : - Je vois.

M. : - Avec l'avènement du Renouveau ils ont trouvé dans leur entourage proche des cousins, oncles ou neveux qu'ils ont placés comme paravent au-devant de leurs business. Interroge l'un de ces pions aujourd'hui, il te dira comment il a vendu les bouteilles vides dans les quartiers de Douala ou fait le commerce à la sauvette pour être là où il est.

T. : - Je comprends donc »[387].

Ce long dialogue issu des médias populaires, mieux que d'abscons développements des ouvrages, révèle parfaitement l'image, l'idée et le visage même que la société camerounaise se fait déjà de ces connexions entre le monde des affaires et celui des hommes politiques ou des fonctionnaires de leur pays à la fin des années 1980. Il ne fait l'ombre d'aucun doute que leurs rapports sont scrutés de très près par la presse qui en expose ironiquement les contours et les incongruités. À travers ce dialogue, la presse camerounaise dénonce déjà les éructations liées au *façonnage* et à la vocation de devenir homme d'affaires dans l'environnement de ce pays. Les relations entre l'élite politico-administrative et le milieu de l'entreprise privée peuvent alors se targuer d'avoir donné vie et énergie à une progéniture appelée prête-noms, courtiers, hommes de main ou facilitateurs

Chez plusieurs hommes politiques et/ou fonctionnaires, on sait que leur engagement dans les affaires est généralement motivé par des raisons de rente et d'accumulation. Ils arrivent sur le champ économique avec les idées financières débordantes ; il faut s'enrichir,

[387] *Ibid.*

se bâtir, penser à une vie radieuse après la retraite ; il faut se faire de l'argent afin de bénéficier d'une place confortable au sein de la société.

L'armée n'est pas en reste. Au sein de celle-ci aussi, on « cultive » très profondément le sens des affaires. Grâce à la magie de l'environnement, plusieurs militaires sont devenus de grands officiers du business *mutatis mutandis.* C'est ce que révèle en tout cas la journaliste française Fanny Pigeaud lorsqu'elle explique que dans une logique de ménager le personnel de l'armée des crises financières que subit le Cameroun et de le détourner autant que faire se peut des affaires politiques le président :

> *Biya a aussi multiplié les avancements et donné un important budget au secteur de la Défense, qui occupait en 2010 la troisième ligne du budget national, sans compter les dépenses hors budget réalisées par la présidence à son profit. La haute hiérarchie est particulièrement privilégiée : pour l'éloigner du politique, Biya lui a donné des prébendes et la possibilité d'investir le champ économique, à tel point que la plupart des généraux et colonels sont devenus de véritables businessmen. Certains possèdent de vastes plantations, de gros hôtels, des immeubles, des concessions forestières tandis que d'autres ont fait des investissements dans le secteur minier ou celui de la sécurité privée*[388].

Le virus du *business* se répand tellement vite que tous les corps de métier semblent flattés à l'idée de le contracter. Tout laisse à penser que de nombreux hommes politiques, hauts gradés de l'armée, administrateurs ne rêvent que d'une chose : être détenteur d'un ou de plusieurs registres de commerce. La crise du dérèglement est telle que tout le monde ou presque ne voit bientôt plus le monde qu'en affaires. On ne réfléchit plus franchement pour autre chose que pour les affaires. L'entrepreneur économique devient un idéal tellement sublimé que l'on rencontre désormais les opérateurs économiques et les commerçants chez les universitaires, les académiciens, les chefs traditionnels, les chercheurs, les religieux, les sportifs, les artistes, les ingénieurs, les diplomates, les enseignants du secondaire et du primaire... Une telle monomanie pour le *business* dans un pays devrait quand même pouvoir s'expliquer à un moment donné de l'histoire du Cameroun.

Poussons la lecture plus loin. Il y est en effet des logiques qui devraient prévaloir dans la bonne marche d'une nation. L'une de celles-ci est le respect des équilibres entre les principales élites du pays. Dans une étude bien élaborée, le sociologue américain, Charles Mills, pointait déjà du doigt durant la seconde moitié du 20e siècle la question

[388] Pigeaud, *Au Cameroun de Paul Biya...*, p.67.

des liens entre l'élite politique, militaire et économique. D'après lui, un État gagnerait toujours à différencier le rôle et l'action de chacune de ces trois entités afin de rendre la frontière de leurs intérêts aussi éloignée que possible, tout ceci dans le but de leur assurer un contrôle mutuel, un équilibre réciproque et donc une bonne marche de la nation[389]. La mutualisation des intérêts et la conjugaison d'enjeux communs leur donnent l'occasion de coaliser leurs actions, de gagner en puissance et d'instrumentaliser l'appareil étatique jusqu'à l'absolu comme c'est le cas au Cameroun contemporain[390].

À la vérité, c'est qu'au lieu de satisfaire les besoins de la communauté nationale, une certaine classe dirigeante au Cameroun a fait vœu d'enrichissement personnel : il faut se gaver au maximum des subsides liés à la fonction et à la corporation, afin de garder le plus grand souvenir de cette accumulation qui se présente presque comme un trophée de guerre ou un butin dans l'esprit d'un soldat de retour du combat. L'État est perçu par certains comme une forêt vierge, un *no man's land* que l'on devrait fouiller, pister, piller et croquer au gré des avantages et des besoins des plus forts ou des mieux placés socialement. Nous sommes là dans une sorte d'évolutionnisme darwinien, car ce sont les plus forts, les plus puissants et surtout les plus adaptés à cet environnement politico-administratif et socio-politique atypique qui réussissent le mieux dans ce qui apparaît définitivement comme une jungle des affaires dans le pays. Les hommes d'affaires les moins nantis et les moins cotés au sein des réseaux politiques et administratifs sont appelés à disparaître de l'espace économique à défaut de se faire phagocyter par les plus puissants.

Pour d'autres par contre, la création des entrepreneurs artificiels obéit à des logiques plus stratégiques, plus politiciennes. En plus de tirer profit des avantages financiers et matériels que cela génère, on encourage aussi la naissance des hommes d'affaires ou alors on s'engage aussi soi-même dans les affaires pour mieux se positionner au sein de la classe dominante, pour alimenter certains réseaux ou tout simplement pour se doter des moyens conséquents afin d'être en mesure de « protéger » et satisfaire les besoins éventuels du roi et de sa cour.

Un autre argument tout aussi illustratif tient au fait que l'engagement dans les affaires augure d'un certain succès dans la vie politique, notamment pour un entrepreneur politique qui a pour ambition de

---

[389] Se référer à : C.W. Mills, *Élites du pouvoir,* Paris, Maspero, 1977.
[390] *Ibid.*

prendre le pouvoir, que ce soit au niveau communal, départemental, régional ou national. Par conséquent, le monde politique et la sphère économique ne peuvent qu'être infestés de parvenus politiques, d'opérateurs économiques, industriels et commerciaux arrivistes, bref des flibustiers dans le champ de développement de la cité[391]. D'ailleurs, ce qui vaut dans le monde politique et économique aujourd'hui comme hier, est également valable dans d'autres secteurs névralgiques de la société camerounaise, hélas !

Les thérianthropes

Malgré tout, on ne peut pas résister à la tentation de se poser la question relative à l'audience politique dont disposerait la couche d'entrepreneurs hybrides mi-hommes d'affaires, mi-entrepreneurs politiques ou mi-fonctionnaires. L'hypothèse la plus vraisemblable, et sans nul doute la plus admise, serait que ces nouveaux entrepreneurs économico-politico-bureaucrates profitent des rentes engrangées dans les affaires pour se tisser un sommier politique. Adeptes de la *politique business,* ce sont des hommes à tout faire, mais suffisamment nantis pour s'acheter les faveurs des décideurs du parti tout en recrutant autant que leurs moyens le leur permettent dans toutes les couches sociales à coup d'argent, de promesses d'emploi, de voyages ou de scolarisation dans un environnement où on rêve de tout, mais dans lequel on manque également de tout, surtout en milieu jeune. D'ailleurs, la plupart d'entre eux, ne disposent pas toujours d'un programme politique. Ils se construisent généralement une vision politique une fois élus pour les plus soigneux, ou une fois éjectés de leurs postes de maire, de député ou de sénateur après un mandat sans bilan. Néanmoins, il existe une catégorie plus ambitieuse, plus entreprenante ou plus chanceuse qui réussit à décrocher des marocains au sein du gouvernement ou des postes de nomination dans les grandes sociétés publiques et parapubliques : à chacun son style de recherche d'une accumulation politique.

À bien d'égards donc, la seule différence entre bureaucrates et grands hommes politiques qui amorcent une « carrière » d'homme d'affaires à partir de leurs fonctions et postes de nomination réside sur le fait que ces derniers le font de manière informelle, avec un tel sens de la discrétion qui fait que leurs noms n'apparaissent que très rarement,

---

391 Sur l'industrie, lire : D. Cogneau, « L'industrie camerounaise dans la crise : 1984-1992 », *Dial,* n°1993/07-E, 1993.

voire jamais dans les documents officiels de l'entreprise, du marché public, de la société ou de la boutique qui, pourtant, est en leur possession. Ils sont de ce fait, les maîtres-créateurs des prête-noms, les penseurs des marchés fictifs, les génies du blanchiment d'argent et les supers employeurs officieux de leurs épouses ou de leurs progénitures qui, munis juste d'un registre de commerce, gagnent un juteux marché public de manière détournée, sans coup férir et pourtant, le vrai bénéficiaire est ailleurs, assis derrière un bureau : nous sommes toujours dans l'État business.

Faisons un petit détour par l'histoire pour signaler que ce phénomène de prête-nom dont on parle tant au Cameroun aujourd'hui n'apparaît pas seulement avec l'avènement des indépendances. La pratique serait contemporaine à la colonisation française. Le journaliste et écrivain Philippe Gaillard prétend, pour le justifier, que l'ancien président de l'Assemblée Territoriale du Cameroun (ATCAM) et éminent homme d'affaires camerounais, Paul Soppo Priso, un géomètre de formation, aurait en grande partie bâti sa fortune à partir de sa casquette d'homme de main de certains administrateurs coloniaux français. Il mentionne à ce sujet que Soppo Priso « servait de prête-nom au directeur des travaux publics, Mauclère, pour une entreprise de bâtiment dont il a hérité au départ du territoire de ce fonctionnaire français[392] ».

Pour rester dans la même foulée, signalons qu'un certain Robert Messi Messi, patron de la SCB entre 1983 et 1988, qui avait été mis en débet pour un montant de plus de trois milliards de francs CFA et frappé de déchéance en mai 1992[393] par le conseil de discipline budgétaire et comptable du ministère de la fonction publique, allait admettre qu'il octroyait régulièrement des crédits bancaires à hauteur de plusieurs milliards de francs CFA aux « émissaires » de l'ancienne première dame du Cameroun. En essayant de mettre en lumière l'idée des prête-noms de luxe qui procèdent sous le couvert de la présidence de la république, Messi Messi profite en 1992 d'une interview-fleuve accordée au journal Jeune Afrique Économie depuis son exil canadien pour tenter une plaidoirie en faveur de son bilan tout en essayant d'expliquer l'origine de ses déboires avec le régime de Paul Biya durant son séjour à la tête de la SCB. Il gave ainsi le lecteur d'une série de faits qui laissent entrevoir que nous sommes au cœur de l'un des épisodes de

[392] Gaillard, *Le Cameroun...*, p.203.
[393] Jeune Afrique Économie n°155, mai 1992, p.1.

la funeste série sur « *le casse de la SCB* » au crépuscule des années « 80 ».

Aucun plafond aux décaissements n'était demandé à quelqu'un à qui Mme Biya avait donné une procuration (légalisée) en bonne et due forme pour agir en son nom à nos guichets. Je suis donc incapable de vous dire de manière précise combien les opérations effectuées sous la signature de M. Aze'e [envoyé de la première dame] ont coûté à la SCB. Tout ce que je peux vous dire avec certitude, c'est que le solde cumulé de ses débits compte se montait à plusieurs milliards de franc CFA au moment de mon départ[394].

Plus que jamais à l'aise dans son costume de revanchard, Messi Messi se lâche littéralement et va plus loin en donnant les détails sur les opérations d'argent effectuées en faveur de certains individus proches des cercles du pouvoir par la SCB. Il raconte alors que :

Il y a également les prélèvements en F CFA effectués aux guichets de la banque toujours sur les instructions de Jeanne-Irène Biya, et qui constituaient en réalité le gros des décaissements. Je peux citer un virement en faveur de maître Etienne-Gérard Kack Kack, notaire à Yaoundé, pour l'achat d'un terrain pour Mme Biya, de quelque 400 millions de F CFA. Il y a eu aussi le financement de la construction d'un immeuble d'habitation de haut standing au quartier Ekoudou à Yaoundé qui lui appartient. Cet achat nous a coûté des centaines de millions. Je peux aussi citer la prise en charge par ma banque des fastueuses cérémonies organisées à l'occasion du décès du frère aîné du président Biya. Nous avons payé, y compris la pierre tombale et le caveau de marbre à M'vomeka [village natal du chef de l'État]. La famille avait prélevé plus de 200 millions de F CFA ! Le financement des dépenses locales liées à la construction des logements de la garde présidentielle à M'vomeka, ainsi que des résidences de luxe pour les personnalités invitées par le président à la campagne. La prise en charge de tous les investissements locaux et frais de fonctionnement de la Ferme du Sud et des plantations de M'vomeka. Le retrait de plusieurs dizaines de millions pour le compte de Mme Owona Ndi, tante de Mme Biya. À cela, il faut ajouter divers retraits importants, échelonnés dans le temps, et dont la destination ne m'était même pas indiquée lors du prélèvement. Au moment où je quittais la SCB, le solde débiteur cumulé des différents comptes de Mva Albert [envoyé de la première dame] était de 3.551.149.501 F CFA. Pour Azé'e Jérémie, il m'est difficile de donner un montant aussi précis, car nous agissions au coup par coup. Un jour, il venait nous demander d'équiper la ferme présidentielle pour l'élevage des poulets ; je sautais dans un avion pour Bruxelles où je négociais un crédit-acheteur avec des banquiers belges, crédit contre garantie par la SCB. Mme Biya ne remboursait pas, et c'était à nous de casquer... D'autres fois, le sieur Aze'e venait effectuer des prélèvements dans nos caisses pour les dépenses courantes de fonctionnement de la ferme[395].

Les crédits concédés aux deux principales personnes qui agissaient au nom de la première dame, Jérémie Aze'e et Albert Mva, dans les transactions financières avec la SCB obéissent donc à des montages si

---

394 Ibid.p.17.

395 Jeune Afrique Économie n°155, mai 1992, pp.16-17.

amphigouriques que l'ancien patron de la banque a manifestement du mal à se retrouver dans les opérations qu'il avait lui-même initiées et réalisées. On découvre en même temps, et cela n'est jamais singulier dans de telles démarches, l'application d'un nouveau procédé bancaire baptisé le « coup par coup » c'est-à-dire une manipulation des fonds et un tripatouillage des procédures qui fournissent la preuve de l'extrême complexité de la machine de financement des prête-noms au Cameroun.

De toutes les façons, d'aucuns peuvent estimer que Messi Messi s'arcboute derrière des rosseries pour tenter de régler ses comptes à ses anciens affidés au pouvoir à Yaoundé en ce début de la décennie 1990. Mais, là n'est pas la question. Notre grille d'analyse reste limpide : mettre en première ligne les stratégies et les mécanismes de travail des prête-noms ou des hommes de main dans le mode de gouvernance économique au Cameroun. Les querelles de clans, les justificatifs ou les « coups de gueule » n'entrent pas dans notre champ de réflexion.

C'est pour cette raison qu'il nous est loisible de reprendre cet extrait tiré d'un monologue de la célèbre chronique du journal Le Messager, auquel nous avions déjà fait allusion plus haut, pour faire à nouveau parler le personnage imaginaire dénommé Takala qui exprime très bien cette situation :

> *Je crois, moi qui suis dans les affaires, qu'il est facile aux hauts fonctionnaires de s'enrichir très vite en nous faisant de la concurrence déloyale [...]. Ces messieurs créent partout dans les quartiers, sous les noms de leurs épouses, maîtresses ou d'autres hommes de paille, des sociétés fictives qui nous disputent tous les marchés de fourniture à l'État en mettant dans leur jeu les gestionnaires des crédits. L'argent de l'État passe ainsi du Trésor à leurs comptes bancaires privés, contre factures gonflées ou fausses. Je crois enfin que grâce aux centaines de millions ainsi gagnés en marge de son salaire et des avantages dus à ses fonctions, chaque fonctionnaire haut placé peut aisément entretenir son " réseau " des racines au sommet et jouir d'une assurance d'impunité - tous risques*[396].

Cette deuxième citation tirée de la presse camerounaise se passe de tout commentaire. Il est désormais reconnu de notoriété publique que le monde des affaires au Cameroun vers la fin du 20e siècle représente un fourre-tout où s'encombrent tout type d'espèces d'entrepreneurs : les *self-made-men*, les architectes des *businessmen,* « les créatures » du régime, les hommes et femmes d'affaires fictifs, les hommes de paille, les copains, les voisins, les beaux-frères, dont la plupart comptent s'abreuver dans les caisses de l'État. Il y en a qui crée des entreprises et des sociétés qui n'existent que dans leur esprit, appelant ainsi à

[396]Le Messager n°114 du 4 août 1987, p.2.

l'invention des scanners microscopiques spéciaux, seuls capables de détecter l'existence et/ou le siège de ce type d'entreprise, le tout indépendamment du sexe et du milieu d'origine de cet « entrepreneur ». Laissons le soin à Nkolo Asse de fermer la boucle à travers cet extrait qui est un véritable *no comment* :

...Certaines femmes [...] ont profité de leurs postes au sein de l'État pour entrer dans le monde des affaires. La plupart sont en service dans les ministères publics, les établissements publics et parapublics, et occupent par ailleurs des postes au sein du RDPC. Nous avons remarqué que près de 90% de ces femmes qui utilisent le cursus courant, sont des femmes des régions du Centre et du Sud que l'on regroupe habituellement sous le vocable de « Béti ». Ces femmes se sont spécialisées dans la prestation des services (marchés publics) qu'elles obtiennent à l'aide des informations détenues grâce à leur poste de travail. Comme on dit au Cameroun, « elles trainent leurs entreprises dans des sacs à main ». Leurs locaux sont pour la plupart des cas fictifs. Il s'agit là véritablement d'entreprise invisible à l'œil nu[397].

La série sur la fiction des entreprises imaginaires au Cameroun respecte parfaitement l'aspect genre. Les femmes imitent très bien les hommes, pour une fois. On devrait certainement parler d'un entrepreneuriat asexué ou alors universel qui, bientôt, prendra une couleur plus vive avec l'entrée en lice de nouveaux phénomènes que seul le Cameroun sait créer, afficher et valoriser.

Ambiance *feymen*

Il y est des facettes dans le monde de l'entrepreneuriat au Cameroun que l'on ne saurait ignorer. En dehors de la tradition bien ancrée dans le recrutement des prête-noms et/ou des facilitateurs que nous avons déjà mentionnés, il nous semble opportun de relever, ne serait-ce qu'en quelques mots, un nouveau type d'entrepreneurs capables d'ouvrir d'autres fenêtres de réflexion dans les relations entre l'État, les entreprises et les entrepreneurs au Cameroun : celui des *feymen,* adeptes du phénomène de la *feymania.* Dominique Malaquais qui a consacré une étude spécifique sur la *feymania* au Cameroun dans les années 1990 écrit que :

Dans les années 1990, un mot nouveau fait son apparition à Douala, capitale économique du Cameroun : « feyman ». Sur les marchés, dans les bars et les restaurants, on parle de « feymen » (pluriel) et de « feymania » (l'art de se comporter en feymen). L'étymologie du mot est incertaine. Le terme viendrait du pidgin linga franca introduite par les Britanniques avant l'annexion du Cameroun par

[397] Nkolo Asse Sosso, « Les femmes entrepreneurs..., p.199.

l'Allemagne en 1884. La seconde syllabe - « man » - est sans aucun doute d'origine pidgin. Ce serait le cas également de la première, mais par une voie quelque peu détournée. « Faire » dans l'argot des villes camerounaises, signifie « tromper » « gruger ». « Se faire faire » ou, mieux, « se faire fait », c'est « se faire avoir ». Sous l'influence du pidgin et du franglais, « faire » devient « fey ». À l'idée de berner ou de se faire berner, implicite dans le terme « fey », s'ajoutent d'autres significations, nées en partie d'homonymies. Les feymen, disent certains, sont comme des fées, il y a chez eux, quelque chose de magique. Ils sont aussi des hommes de feu, (« fiya » en pidgin), des « flambeurs » et des êtres liés au monde de la sorcellerie, dans lequel le feu occupe une place fondamentale[398].

Officiellement donc, les *feyman* sont des hommes d'affaires dynamiques, particulièrement exubérants qui se présentent comme d'illustres opérateurs économiques ou d'influents entrepreneurs capables de réaliser toutes les prouesses du *business* grâce à leurs carnets d'adresses prétendument fournis dans lesquels figurent en première ligne les patronymes de plusieurs grands hommes politiques et des hauts commis de l'État[399]. Très vibrionnant et rempli généralement d'un enthousiasme exceptionnel[400], le *feyman* camerounais se fait passer pour un homme « qui brûle de l'argent », un flambeur qui dépense et investit sans compter. Il n'hésite pas à se présenter comme le proche ami de la famille présidentielle, le frère d'un ministre ou d'un directeur général d'une société d'État, le secrétaire d'un ambassadeur exerçant à l'étranger, le neveu direct de la première dame ou alors comme la progéniture du président d'administration d'une société publique[401].

En effet, les *feymen* détiennent le don de se faire remarquer par leur accoutrement, leurs véhicules à la mode (voitures sport, 4 X4, voitures décapotables) ou leurs bijoux multicolores, passant ainsi pour des adeptes farouches du *bling-bling* c'est-à-dire des hommes amoureux d'un style ostentatoire et clinquant avec des objets et des parures

---

[398] D. Malaquais, « Anatomie d'une arnaque : feyman et feymania au Cameroun », *Les Études du CERI*, n°77, juin 2001, p.4.

[399] Nsimi Noel, 65 ans, entrepreneur camerounais, « ancien feyman », commerçant à Yaoundé et Douala depuis les années 1980, Yaoundé le 23 juillet 2022.

[400] E. Galland, « Enrichissements à Yaoundé, contribution à une analyse de la place et du rôle des économies occultes », Master recherche en Anthropologie sociale et culturelle, Université de Provence Aix-Marseille 1, 2009, p.215-220.

[401] Kamdem Kouamo Dieu Beni, 60 ans, commerçant, propriétaire d'un commerce de vente d'articles vestimentaires à Yaoundé, à Douala et en Afrique du Sud, Douala le 1er février 2021.

expansifs[402]. Bref, ce sont des hommes d'affaires d'un genre nouveau qui n'ont peur de rien et qui ont, au départ en tout cas, pour premier fonds de commerce leur charme vestimentaire, leur bagout (bilingue à l'occasion) et leur réputation dont seul leur entourage immédiat en a vraiment connaissance[403]. Personne ne connaît vraiment leur itinéraire dans les affaires, tant il est soudain, opaque, vertueux, voire vertigineux[404]. Il n'en demeure pas moins vrai que ces *OVNI* [405] dans le monde de l'entreprise au Cameroun ont, à un moment donné, joué un rôle remarquable dans l'histoire des rapports entre l'univers des affaires et l'écosystème politico-administratif, renforçant ainsi l'idée que la galaxie des entrepreneurs dans ce pays est remplie de planètes de toutes les caractéristiques qui tournent parfois, pour l'essentiel, toutes autour d'un même soleil qui est l'argent-roi et le pouvoir. C'est ce que révèle cette enquête qui met en avant les liens particulièrement étroits entre le patron des services de renseignement au Cameroun, Jean Fochivé[406] et

---

402 Malélé Faustin Adam, 68 ans, ancien propriétaire de snack-bar à Douala, à Yaoundé et à Bafoussam dans les années 1990, Yaoundé 1er mai 2021.

403 *Ibid.*

404 Le messager n°805 du 13 novembre 1998.

405 OVNI est un acronyme qui signifie *Objet Volant Non identifié.*

406 Originaire du département du Noun dans la région de l'Ouest-Cameroun, Jean Fochivé a longtemps incarné la figure du renseignement au Cameroun sous les régimes Ahidjo et Biya. Surnommé « Père Foche », Jean Fochivé est né à Foumban en 1931 sous le nom d'Aboubakarim Fochivé Féwou. Il entre dans le monde professionnel en qualité de secrétaire de brigade de police en service à Dschang dès l'entame des années 1951 au Cameroun sous tutelle française. En novembre 1952, il réussit au concours direct au grade d'agent de police, ce qui le propulse au grade d'inspecteur de police une année plus tard. Il est nommé commissaire centrale de la ville de Douala suite à la formation reçue à l'École Supérieure de Police de Dakar au Sénégal en 1959. Cette période marque l'ère de l'apogée professionnelle de Jean Fochivé qui est placé à la tête des renseignements camerounais à travers le Bureau des Études et de la Documentation (BEDOC), transformé en Service des Études de la Documentation (SEDOC) en 1964, en Direction de la Documentation (DIRDOC) en 1966, en Centre National de la Documentation (CND) en 1975, puis en Centre National des Études et des Recherches (CENER) dès 1989. À cela s'ajoute le fait que Jean Fochivé a également cumulé ces fonctions avec celles de chef de la sécurité présidentielle d'Ahmadou Ahidjo entre 1961 et 1978. Il quitte ses fonctions de patron du renseignement camerounais pour la première fois en 1984. Cette « retraite » n'est que de courtes durées, car le président Paul Biya le rappelle en 1989 au poste de directeur du CENER, sa fonction de prédilection. En 1991, il est nommé au poste de Délégué Général de la Sécurité Nationale, ensuite Secrétaire d'État à la Sécurité Intérieure, un poste qu'il va cumuler, comme cela a déjà été le cas plusieurs décennies auparavant, avec celui de Directeur Général du CENER transformé en Direction Générale de la Recherche Extérieure (DGRE). Il se fit également distingué comme

un homme d'affaires reconnu comme l'un des plus célèbres *feyman* camerounais, un certain Donatien Koagne[407], dont la renommée dépassa largement les frontières de son pays :

---

l'une des principales pièces sur laquelle s'était appuyé le régime Ahidjo pour réprimer l'UPC dans les années 1960 en usant notamment des méthodes de filature et de tortures rigides. Ses relations biscornues avec le monde des affaires n'ont pas échappé à la vigilance du monde de la presse qui le soupçonnait de jouer le rôle de couverture au profit de certains hommes d'affaires tels que les *feymen*. Il meurt le 11 avril 1997 à Yaoundé après une longue carrière qui l'aura positionné au cœur du renseignement du Cameroun pendant près de 40 ans. Pour plus d'informations, on peut lire : F. Fenkam, *Les révélations de Jean Fochivé : le chef de la police politique des présidents Ahidjo et Biya*, Paris, Minsi/Bondy, 2003.

[407] Donatien Koagne, alias le *King of Cameroon,* est certainement le plus connu, le plus prolifique et le plus controversé des hommes d'affaires-feymen de sa génération. Ses prouesses et son talent dans le monde des affaires ont dépassé les frontières du Cameroun. Ses actions et ses « exploits » sont relatés en France, en Afrique du Sud, aux États-Unis ou encore au Yémen. « Ami » des chefs d'État, Donatien Koagne est présenté en 1998 par le journal français *Libération* comme un homme d'affaires prospère et influent, propriétaire d'une villa à Champigny en France et d'un avion privé (Falcon 20) qui lui permet de voyager à travers le monde entier. En plus de son pays le Cameroun, il fréquente assidument les grands hôtels en Afrique du Sud, en République Démocratique du Congo, au Burkina Faso, au Gabon, au Kenya, au Benin, en République du Congo, en Tanzanie, aux États-Unis ou encore en Asie du Sud-Est. On lui reconnaît une grande fortune alimentée par les cercles de jeux à Douala, fructifiée dans l'exploitation de l'uranium et par des escroqueries multiples. Proche des hommes de pouvoir et des services de renseignement camerounais et français, il n'échappe pourtant pas aux mailles de la justice. En 1989 par exemple, Donatien Koagne est arrêté à Douala en possession d'une cargaison de mercure dont il aurait fait usage pour la fabrication de la fausse monnaie. Réputé pour être un homme particulièrement généreux, Koagne avait ouvert de grands et luxueux casinos à Douala et à Yaoundé. Il investit aussi dans la métallurgie, le sport, la chaudronnerie et l'hôtellerie. Il s'est illustré par un don d'une dizaine de millions de francs CFA à l'équipe nationale de son pays, les lions indomptables, lors d'une opération appelée « coup de cœur » organisée en 1994 à l'occasion de la coupe du monde de football aux États-Unis d'Amérique. Sa proximité et ses multiples cadeaux auprès des autorités traditionnelles de sa région de l'Ouest natale lui ont valu une forte sympathie envers les chefs supérieurs bamiléké et le sultan des Bamoun. Connu comme un « brillant multiplicateur de billets de banque », il use des techniques occultes ou malicieuses pour convaincre ses « clients » qu'il escroquera par la suite. Ses « exploits » dans ce domaine n'ont pas de frontières, car le « brillant » *feyman* est réputé d'avoir des clients dans toutes les hautes sphères de la société : hommes politiques, chefs d'États, collègues, opérateurs économiques, sportifs de haut niveau, artistes, etc. Après une « opération » qui aurait mal tourné au Yémen, il est arrêté par les autorités de ce pays où il serait emprisonné depuis lors dans une ferme à l'Est de Saana, la capitale yéménite. Lire pour plus de détails l'article de : Lask K., « Koagne, l'homme qui multipliait les dollars », *Journal Libération* du 14 novembre 1998.

Bien qu'aucune enquête officielle ne l'ait jamais établi, un homme en particulier au sein du gouvernement Biya joua un rôle de premier plan dans l'évolution de la feymania : Jean Fochivé (1931-1997). Chercheurs, journalistes et opposants le disent, plusieurs proches du pouvoir le confirment. Patron des services secrets (SEDOC/DIRDOC) sous Ahidjo, puis de 1989-1990 à 1996, sous Biya, le CENER (nouvelle appellation du service) et du Secrétariat d'État à la Sécurité Intérieure, il fut finalement limogé par le président, en partie sans doute parce que ses liens avec la feymania devenaient trop visibles, donc gênants [...] Mise en place dès les premiers jours de l'indépendance, le SEDOC bénéficia du solide soutien de la SDECE, le « père Foche » faisait partie du redoutable réseau Foccart. Donatien [Koagne] en particulier aurait été lié à Fochivé ; il est communément admis qu'il était le « protégé » du patron de la Sécurité. C'est de toute évidence grâce à ses liens avec Fochivé et aux liens de celui-ci avec le réseau Foccart que Koagne put si rapidement quitter Le Bourget [un restaurant de luxe parisien] après qu'on eut découvert les millions de dollars dissimulés dans son avion. D'après un proche du président Biya qui côtoya longtemps Fochivé, ce dernier voyait en Donatien et ses collègues une source de devises pour le pays, un moyen de combler le déficit affiché par les caisses de l'État à un moment où l'économie était au plus grand mal, non seulement en raison de la chute des cours des produits d'exportation et de la dévaluation, mais aussi à cause du mouvement « villes mortes » qui avait marqué le début d'une campagne d'incivisme fiscal remarquablement efficace[408].

Allant dans le même sens, le journal *Le Messager* publie en 1999 sur le fait que :

La feymania apparaît avec la démocratisation dans les années 1990 et cette concomitance n'est pas fortuite. Le pays est au bord de l'asphyxie financière et les nécessités de l'ordre public urgentes. Il faut trouver rapidement des fonds pour faire front à l'opposition et à la rue. L'argent sale des feymen est donc utilisé pour financer les opérations de police spéciale de père Foch. En retour, il assure aux feymen impunité et protection et les envoie aux quatre coins de la république et du monde à la recherche de « l'effort de guerre »[409].

Mais il faudrait, au moins de l'avis de certains défenseurs du régime, relativiser cette omniprésence des *feymen* dans le monde politico-économique au Cameroun. Le philosophe et homme politique Njoh-Mouelle, que nous avons déjà évoqué, invite ses lecteurs à minimiser le rôle de ces entrepreneurs d'un genre nouveau. Il n'hésite pas pour cela à s'en prendre ouvertement à la presse pour exprimer son désarroi sur le traitement de certains sujets d'actualité :

Le scrutin du 17 mai 1997 a conduit à l'Assemblée nationale une nouvelle qualité de représentant du peuple. La presse privée avait préféré ne mettre l'accent que sur ce qu'on appelle feymen au Cameroun. De ces feymen, aucun journal n'a pourtant osé citer expressément les noms. D'une manière générale, les journaux ne montent en

---

408 Malaquais, « Anatomie d'une arnaque..., pp.10-11.

409 Le Messager du 20 novembre 1998.

épingles que les informations empreintes de négativité. Même dans le registre du sensationnel, la presse s'attarde davantage sur le négatif que sur le positif. Les bonnes nouvelles existent aussi, mais on les donne tellement rapidement (quand on les donne) que les gens n'en retiennent souvent pas grand-chose. Dans notre pays, quand on s'adresse à un député, on l'appelle Honorable Un tel. C'est une pratique qui tire son origine de l'héritage culturel anglo-saxon. À cause de la présence supposée de quelques feymen, dans l'hémicycle, que n'a-t-on pas entendu d'ironique sur les Honorables peu honorables ! Comme si les cent quatre-vingts députés étaient tous des gens plus ou moins compromis dans les affaires louches par lesquelles se définissent les feymen[410].

Des *feymen* élus députés ? Njoh-Mouelle, au-delà de tout, admet ce qui ne pouvait être qu'une évidence, à savoir que l'assemblée nationale avait été infiltrée par des aigrefins qui ont confortablement siégé au sein de la chambre basse du parlement. Une telle présence au cœur des instances dirigeantes du pays ne signifie pour nous qu'une seule chose : le Cameroun a promu, accepté, hébergé et animé les réseaux de la *feymania*. Ces opérateurs économiques putatifs ont imperturbablement séjourné au sein des grandes institutions politico-administratives sous le regard atone des plus hautes autorités. Les *feymen* font donc, *ipso facto*, partie des acteurs politiques et surtout économiques du Cameroun que l'histoire ne saurait occulter.

Quand on remonte dans l'histoire récente du Cameroun, on se rend compte que le quart d'heure de gloire des *feymen* a lieu entre la fin des années 1980 et le début de la première décennie du siècle en cours. Le phénomène de *feymania* a ainsi vécu autant sous le président Ahidjo que sous le règne de son successeur[411]. Le récent extrait de Malaquais va au-delà de notre analyse de départ ; il tient à prouver que certains hommes d'affaires, en l'occurrence les *feymen,* avaient des attaches fortes avec les gouvernements étrangers particulièrement avec la France grâce aux réseaux Foccart et au Service de Documentation Extérieur et de Contre-Espionnage (SDECE) français.

Au total, l'action des *feymen* donne à reclasser les « hommes d'affaires du dimanche », car ceux-ci n'entrent pas à proprement parler dans la lignée des improvisateurs. Ils s'affichent certes à la base comme des investisseurs ou des commerçants reconnus, pourtant on pense qu'ils symbolisent purement et simplement une coterie d'escrocs, de truands qui portent l'étiquette d'hommes d'affaires pour mieux se

---

410 Njoh-Mouelle, *Député de la nation...*, p.35.

411 D. Malaquais, « Arts de feyre au Cameroun », *Politique Africaine*, n° 82, 2001, pp.101-118.

fondre dans la masse des entrepreneurs. De ce fait, il n'y a pas à proprement dire de place pour le *bling-bling* dans le monde des affaires singulièrement dans un pays pauvre où tout est encore en chantier. L'heure n'est pas plus aux paillettes qu'elle ne l'est pour les jeux de couleurs malveillants dans le microcosme entrepreneurial camerounais, surtout quand ailleurs on parle d'investissement stratégique, d'entrepreneuriat citoyen et de développement durable. Cette extravagance bancale des *feymen* et leurs attaches avec des pontes du régime qui laissent déjà entrevoir une forte odeur de soupçon et de « mafia », invitent alors le lecteur à nous suivre dans les analyses qui suivent.

Une bise de *Cosa nostras*

L'argument avancé par Malaquais selon lequel les hommes d'affaires-*feymen* auraient pu constituer une source de devises pour le Cameroun nous semble invraisemblable, voire très léger. On sait depuis le milieu des années 1980 que ce pays vit une crise économique inédite qui s'accentue avec l'imposition des PAS et la dévaluation du franc CFA en 1994. Le Cameroun croupit sous une dette abyssale et une crise de liquidité, mais de là à vouloir expliquer que les *feymen* auraient pu renflouer les caisses de cet État en difficulté ne saurait être pris comme un argument valable. La vérité est assurément celle-ci : les *feymen* qui bénéficiaient de l'attention particulière de certains dignitaires au pouvoir versaient régulièrement et de manière conséquente des subsides à ces parrains sous forme de petits cadeaux et d'enveloppes fournies en billets de banque. Il n'était aucunement question pour eux de jouer le rôle de « robin des bois »[412] ou de preux chevaliers économiques. L'essentiel de leurs activités consistait à soutirer de fortes sommes d'argent à des personnalités bien connues du Cameroun et du monde, en exécutant des manœuvres d'escroquerie savamment montées et bien exécutées. Ces escrocs symbolisaient à notre avis de menus leviers socio-financiers dont se servaient certains apparatchiks du système en place pour mieux spolier les biens de la nation et avoir une mainmise sur certains compatriotes que l'on avait aimé contrôler indirectement par personne interposée comme les opposants politiques ou les intellectuels critiques du régime de Yaoundé.

[412] En référence au personnage de la fiction britannique représentant un symbole de la résistance et de la générosité qui volait aux riches pour distribuer aux pauvres dans une société britannique très inégalitaire au moyen âge.

Par contre, l'idée selon laquelle certains *feymen* auraient été instrumentalisés à des fins politiques est régulièrement revenue dans nos enquêtes et surtout au sein de l'opinion publique. Selon toute vraisemblance, les *feymen* avaient également été utilisés comme des gadgets dont s'était servi le régime en place pour vendre le rêve d'une vie facile et tapageuse à une jeunesse profondément dysphorique, toujours au bord de la rébellion, hébétée par le chômage et désorientée par une misère étouffante.

De ce fait, il n'est pas, même de nos jours, exclu de voir certains jeunes Camerounais prendre les *feymen* en modèle de vie. C'est à ce niveau qu'il semble opportun de ne pas faire d'économie sur le rôle de Jean Fochivé et de ses camarades au pouvoir pendant et après l'ère Ahidjo au Cameroun.

C'est tout cela qui nous amène à parler de la *Cosa nostras* qui est une organisation mafieuse du Sud de l'Italie susceptible, de manière caricaturale peut-être, d'inspirer l'étude de certains liens entre les hommes au pouvoir et les milieux d'affaires au Cameroun. À la vérité, et si nous considérons ces rapports d'un œil encore plus froid, il est question dans cet ouvrage de procéder à un questionnement par hypothèses, plus qu'à autre chose. À bien y regarder en effet, certains liens se rapprochent de ce que l'on appelle la *mafia d'État*. Le fait seulement pour les plus hautes autorités de protéger et de détenir des liens étroits avec des truands, des criminels économiques ou des mercenaires de l'entrepreneuriat comme les *feymen* justifie bien l'emploi du terme *mafia*. La journaliste française Pigeaud s'y est penchée. Elle dénonce aussi le fait qu':

Un certain nombre de trafics avaient commencé à prospérer sous couvert des autorités pendant les années Ahidjo. Fraudes douanières et fiscales s'étaient développées au profit d'entrepreneurs de l'Ouest et du Nord, proches du pouvoir. Certains d'entre eux avaient aussi bénéficié d'autorisations d'importation et de crédits abusifs. Le climat d'impunité générale qui s'est installé après l'arrivée de Biya à la présidence a conduit les pontes du régime à créer ou à entrer eux-mêmes dans des réseaux de crime organisé. Jean Fochivé, le patron des services secrets pendant les années Ahidjo et pendant une partie des années Biya (1989 à 1996), a par exemple donné son appui à certains « feymen ». Ces escrocs de haut vol, qui ont particulièrement sévi au cours des années 1990, utilisent toutes sortes de techniques de persuasion pour soutirer à leurs victimes de fortes sommes d'argent. Ils parviennent notamment à faire croire qu'ils savent multiplier les billets de banque. De nombreux chefs d'État, comme le Zaïrois Mobutu, se sont fait prendre à leur jeu et leur ont confié des millions de dollars qu'ils n'ont jamais revus. Donatien Koagne, feyman sans doute le plus célèbre, a bénéficié de la protection de Fochivé [...] Certains ont vu derrière le soutien de Fochivé à Koagne, la volonté du régime de promouvoir la corruption, l'illégalité et l'argent facile pour supplanter le modèle de l'opposant vertueux, qui était alors l'idéal de la jeunesse[413].

L'évangile politique de la *rigueur* et de la *moralisation* a donc définitivement perdu toute sa sacralité. L'État camerounais semble vivre une effroyable crise d'aboulie sans précédent dans son histoire depuis au moins les années 1990. Les trafics et les magouilles politiques se multiplient à un rythme exponentiel. De nombreux gourmets politiques, administratifs et économiques se seraient ainsi emparés du milieu des affaires au Cameroun, et partant, de plusieurs segments importants de l'économie nationale. Leurs pulsions d'accumulation sont si irrésistibles que le besoin de contrôler le milieu des affaires, les hommes qui s'y investissent et surtout les subsides qui y circulent transforme parfois ce monde en une sorte de *mafia sicilienne* ou de *mafia calabraise,* en référence à la *ndrangheta* qui a longtemps sévi dans le Sud de l'Italie durant au moins tout le siècle dernier[414].

Liaisons fatales

Toutefois, les hommes d'affaires gagneraient souvent à prendre des distances, en temps opportun, avec le système dominant en place. Car, à force de trop vouloir se rapprocher des cercles de pouvoir, certains entrepreneurs ont beaucoup perdu. Yves Michel Fotso[415], un opérateur économique brillant, sorti tout droit de la bourgeoisie des affaires du clan Victor Fotso, a passé plusieurs années en prison dans une rocambolesque procédure judiciaire –qui est toujours en cours en 2025- sous fond d'un scandale politico-économique baptisé « Affaire Albatros » mettant en avant la mauvaise gestion et le détournement de l'argent destiné à l'achat d'un avion présidentiel, alors que l'aîné des Fotso occupait le poste de directeur général de la *Cameroon Air Lines*, principale compagnie aérienne du pays[416].

---

413 Pigeaud, *Au Cameroun de Paul Biya…*, pp.150-151.

414 L'un des livres-documents qui exposent, de manière détaillée l'histoire et le fonctionnement de cette mafia, se trouve être l'ouvrage de : J-F. Gayraud, *Le monde des mafias. Géopolitique du crime organisé,* Paris, Odile Jacob, 2005.

415 Fils de l'homme d'affaires Victor Fotso, Yves Michel Fotso est connu pour le succès de ses activités liées au secteur de l'immobilier, de la technologie et surtout des finances. Né le 1er janvier 1960, il est le fondateur de plusieurs entreprises dont certaines sont rattachées au Groupe Fotso dont la Cameroon Angels Network et la African Business Network. Une grande partie de ses activités est développée dans : Shanda Tonme, *J'ai compris Yves Michel Fotso*, Paris, L'Harmattan, 2016.

416 *Ibid.*

Depuis le début de l'année 2023, un autre opérateur économique, tout aussi célèbre, est empêtré dans une affaire de complicité d'enlèvement, de torture, suivie de mort d'un journaliste, du fait de ses liens supposés ou non avec les hautes autorités des services de renseignement du pays, le nommé Jean-Pierre Amougou Belinga[417].

Bien avant eux, T-Bella que nous avons déjà cité a aussi goûté aux fruits amers des liens trop étroits avec certains pontes du pouvoir à l'époque d'Ahidjo, ce qui serait l'une des causes de son emprisonnement dans une affaire de fausse monnaie durant les années 1970[418].

La presse a aussi titré sur le climat de rupture et le sentiment de méfiance qui se seraient instaurés entre l'énigmatique et influent homme d'affaires Damas Omgba et le président Paul Biya. Cette situation aurait, d'après plusieurs médias camerounais proches du monde des affaires, causé la fin d'une longue amitié et la mise sous éteignoir des affaires de l'ancien président de l'Olympique de Mvolyé[419].

Dans le sens opposé, l'on a évoqué le fait que l'étroitesse des liens entre l'ancien tout puissant secrétaire général de la présidence de la république, Titus Edzoa, et l'homme d'affaires franco-camerounais Michel Thierry Atangana, a pesé lourd dans la condamnation et la mise aux arrêts des deux hommes pendant 17 ans (1997-2014), pour corruption, complicité de détournement et tentatives de détournements des fonds publics[420]. Voici ce qu'écrit l'entrepreneur français M. T. Atangana sur les raisons de son arrestation et sur sa situation une fois dans les geôles de la police judiciaire à Yaoundé en ce milieu d'année 1997 :

> *J'ai compris que rien n'allait s'arranger. J'étais l'otage ou plutôt l'acteur principal d'un film dont personne ne m'avait donné le script. Si mon interpellation reposait, peut-être, sur une base légale, rien d'autre ne l'était*

---

[417] Jean Pierre Amougou Belinga est un des plus célèbres hommes d'affaires camerounais de ces dernières années. Né en 1965 à Nkoumadzap dans la région du Centre Cameroun, il est le propriétaire du groupe de presse l'Anecdote et possède plusieurs chaînes de télévision au Cameroun, en Centrafrique et en France. Il est aussi connu comme le fondateur de la micro finance *Vision Finances* et le promoteur d'un institut académique universitaire basé à Yaoundé et à Douala. Sa biographie est à retrouver dans : E. Meyomesse, *Amougou Belinga Jean Pierre. Portrait d'un battant*, S.L. Edkbook, 2019.

[418] www.camerounweb.live

[419] *Ibid.*

[420] Retrouver un vaste dossier consacré sur ce sujet sur : www.jeuneafrique.com

depuis mon arrivée ici [en cellule]. Qui était le responsable de cette folie ? La rumeur disait qu'il n'était pas bon de rester en lien avec Titus Edzoa depuis son départ du gouvernement. L'homme s'était déclaré candidat à la présidence à l'occasion d'une conférence de presse mémorable un mois auparavant (le 20 avril 1997), une conférence censée évoquer un projet de réforme du système de santé. En fait, Edzoa y avait déclaré que ne pouvant mener ces réformes, il se portait candidat à la présidence ! C'était un dimanche et j'avais eu le malheur d'accepter l'invitation à cette conférence. Ma présence allait nourrir les bulletins d'informations délivrés au président Biya par ceux de son entourage qui voulait la tête d'Edzoa : ce personnage était en passe de devenir un dangereux rival politique puisqu'il avait rallié à sa cause un homme qui avait de grands groupes industriels et financiers derrière lui ! Un raisonnement sûrement à l'origine de mon arrestation et qui servira de terreau à l'argument massue de la justice camerounaise pour se garantir de tout reproche : l'atteinte à la souveraineté, à la sécurité et à l'ordre public. J'allais être accusé d'être venu au Cameroun pour créer un désordre politique ! Mais ça, je ne le savais pas encore[421].

Dernière illustration : la famille de Françoise Foning, une des plus célèbres griottes du régime de Paul Biya, a vu ses biens saisis *manu militari* par la Société de Recouvrement des Créances du Cameroun (SRC) en septembre 2024 à Douala, neuf ans après la mort de l'ancienne dirigeante du GFAC[422]. La société publique chargée du recouvrement des créances réclame à la famille de la défunte une dette non soldée de deux milliards de francs CFA, contractée par l'ancien maire de Douala 5e pour le développement de ses activités entrepreneuriales et politiques plusieurs années avant sa mort[423]. Les ayants-droit de Françoise Foning crient directement au scandale. Ils accusent l'État d'acharnement, surtout quand ils se souviennent que l'ancienne présidente des femmes d'affaires mondiales et membre titulaire du comité central du RDPC fut aussi l'un des soutiens les plus spectaculaires qui n'hésitait pas à se mettre en scène pour exalter le régime de Paul Biya qu'elle n'a cessé de glorifier jusqu'à sa mort en 2015. Autrement dit, les louanges chantées par Mme Foning à l'endroit du président de la République n'ont pas suffi à la protéger des « griffes » des pouvoirs publics comme l'auraient certainement pensé ses légataires. Près de dix ans après son décès, Françoise Foning

---

421 M. T. Atangana et A.V. El Baze, *Otage judiciaire. 17 ans de prison pour rien*, Paris, Je Cherche Midi, 2021, p.34.

422 Cette information a abondamment été relayée par les médias nationaux, notamment au journal télévisé de 20h sur la chaîne Équinoxe TV du 23 septembre 2024.

423 *Ibid.*

continue ainsi d'entretenir des liens houleux avec l'État du Cameroun à titre posthume.

Des exemples comme ceux-ci pullulent dans l'étude des relations entre le pouvoir et le milieu des affaires. Que ce soit sous le règne d'Ahidjo que sous celui de son successeur encore en poste, la proximité des rapports entre ces deux entités a souvent donné lieu à des frottements spectaculaires au plan régional ou national. Ces rapprochements, trop poussés, prouvent qu'il existe, de part et d'autre, des périmètres de sécurité qu'il vaudrait mieux ne pas franchir. La frontière entre l'étreinte et l'étouffement n'est pas très loin. Aucun acteur ne peut vraiment se prévaloir de détenir l'immunité totale dans ce type de rapport. Il faut donc avancer vers le cratère du pouvoir avec prudence ; son magma n'est vraiment jamais dormant. Officiellement ou non, chaque espace détient des bornes qu'il serait préférable de ne pas franchir à la va-vite, quelles que soient les relations de confiance ou d'affection que l'on croit entretenir avec un camp ou un autre.

Le flou magistral

Il nous faut comprendre ce qui se passe au Cameroun dans les années 2000 à partir des opportunités et de la réalité qui se dégagent des modes de financement et d'acquisition des marchés publics par les entreprises privées. Pour y parvenir, levons tout de suite ce qui pourrait être vu comme une hypothèque sensible : l'État a pensé à des modes de financement spéciaux visant à accompagner certains projets gouvernementaux et à promouvoir l'investissement public et privé dans plusieurs segments économiques dans le pays. En ce qui concerne les structures et les cadres d'accompagnement et de dialogue, on peut citer l'Agence de Promotion des Investissements (API)[424], les Centres de

[424] Selon le rapport de la Banque Africaine pour le Développement sur l'environnement de l'entreprise privée au Cameroun, on doit comprendre que : *« Prévue par une loi du 19 avril 2004 portant Charte des investissements, l'API du Cameroun a officiellement été instituée par décret présidentiel le 17 septembre 2005. Cependant, elle n'est entrée dans la phase opérationnelle qu'en janvier 2010, avec la désignation de ses principaux responsables et la mise en place de son conseil d'administration. En tant que structure chargée de la promotion des investissements, l'API est appelée à accueillir, assister et orienter les investisseurs étrangers et nationaux dans la mise sur pied de leurs projets. Elle est chargée en particulier de mettre en place une banque de données sur les projets et d'en assurer la diffusion. Elle est également appelée à jouer un rôle actif dans l'élaboration de la politique gouvernementale en matière d'incitations ».* On peut approfondir ses analyses en consultant : Groupe de la Banque Africaine de Développement/Département Régional

Formalités de Création des entreprises (CFCE)[425] qui sert de facilitateur pour toute démarche initiée dans la création des entreprises, le Guichet Unique des Opérations du Commerce Extérieur (GUCE)[426], le Conseil

---

d'Afrique Centrale, « *Environnement de l'Investissement Privé au Cameroun* », 2013, p.16.

[425] *Ibid.* Le même rapport fait état de ce que : « *Les CFCE jouent le rôle de guichet unique dans la création des entreprises. Ils sont placés sous l'autorité du ministère des PME, de l'Économie sociale et de l'Artisanat (MINPEESA). Ils ont débuté leurs opérations en avril 2008. Un arrêté du Premier ministre, datant de 2005, avait mis en place un comité de pilotage des Centres de formalités des entreprises. Quatre administrations sont présentes au sein des Centres, à savoir les ministères des PME, des Finances et de la Justice, ainsi que la Caisse nationale de prévoyance sociale. Comme tout guichet unique, les CFCE devraient avoir trois missions principales: la facilitation de la création d'entreprises, l'assistance dans la transformation des activités des entreprises, et l'accompagnement administratif dans la cessation d'activités. Cependant, les CFCE limitent leurs activités à la seule création de nouvelles entreprises, suite à une instruction du Premier ministre, datée du 18 mars 2010. Ils sont considérés encore comme des centres pilotes. Depuis leur institution, les CFCE ont permis la création de plus de 5 000 entreprises. Ils ont contribué à faciliter le processus de création des entreprises, en regroupant les administrations concernées au même lieu et en amenant progressivement une simplification des procédures.*

[426] Créé en 1999, le GUCE est opérationnel pour la ville de Douala depuis l'année 2000. Il regroupe en un même lieu les opérateurs publics et privés impliqués dans l'accomplissement des formalités concernant le commerce extérieur. Son rôle premier consiste en la facilitation et l'exécution de ces formalités dans le but de réduire au maximum les délais et les coûts de leur accomplissement. Sa mise en place devait booster la performance d'ensemble, notamment parce que le port fluvial de Douala représente un point d'accès aux opérations d'échange des pays voisins que sont le Tchad et la République Centrafricaine.

d'Appui à la Réalisation des Contrats de Partenariat (CARPA) [427], le *Cameroon Business Forum* (CBF)[428].

Pour rester dans la même logique, mentionnons aussi l'ensemble des mesures prises dans le cadre des lignes budgétaires 94 et 65 logées respectivement au MINFI et au MINEPAT[429], mais qui, aussi importantes soient-elles, restent par moment très floues dans l'esprit de nombreux Camerounais[430]. Cette opacité alimente un sentiment de suspicion et d'instrumentalisation qui se justifie par le fait que la nature exacte des charges financées par ces chapitres budgétaires reste très peu

---

[427] La BAD estime que : « *Dans le cadre de la promotion du partenariat public-privé (PPP), principalement dans le domaine des infrastructures, et en vue d'attirer les investisseurs vers des projets d'intérêt public ou d'intérêt national, le Cameroun a institué le CARPA. Il a été créé par la Loi N° 2006/012 du 29 décembre 2006 fixant le régime général des contrats de partenariat. Son premier rôle est de conseiller le gouvernement en matière de PPP et d'assister également les partenaires privés dans leur démarche, depuis l'identification des projets jusqu'à leur exécution. Le CARPA est une entité indépendante agissant pour le compte de l'État. Il a pour vocation de devenir un centre d'expertise et d'information en matière de PPP [...] Le CARPA assume également la responsabilité de la mise à niveau des organismes publics et du secteur privé, ainsi que celle de la vulgarisation des meilleures pratiques en la matière. Le CARPA est un passage obligé pour l'État et ses démembrements dans l'évaluation, la conduite et la réalisation de tout projet de PPP, quel que soit le domaine considéré (santé, éducation, culture, transport, etc.). Le CARPA peut devenir très rapidement un maillon essentiel du processus de renforcement de l'investissement et du rôle du secteur privé, d'autant que les textes réglementaires introduisant le régime dérogatoire aux dispositions fiscales existent.*

[428] Selon les rapports de la BAD, le CBF qui a été institué en janvier 2009, a pour mission de servir de plateforme de dialogue et d'échanges directs entre le secteur privé et l'État du Cameroun. Son dessein principal est d'améliorer le climat des affaires et d'appuyer le développement du secteur privé dans un pays où les défis de l'entrepreneuriat privé restent en deçà des potentialités dont regorgent l'environnement et les hommes qui l'habitent. Le CBF est placé sous la présidence du Premier ministre et est ouvert aux structures représentatives du secteur privé, aux principaux opérateurs et acteurs du secteur public, aux représentants de la société civile, ainsi qu'à ceux des partenaires au développement tels que la BAD, la Banque Mondiale. On lui doit en particulier la mise en place des CFCE de Yaoundé et de Douala, les dispositions fiscales en faveur des PME à travers les centres de gestion agréés de Douala et de Yaoundé et la loi instituant des chambres commerciales près les tribunaux de première instance.

[429] Officiellement, ces deux lignes ont pour missions respectives de couvrir les charges non réparties de l'État en fonctionnement, et d'assurer la disponibilité des fonds de contreparties et couvrir les autres charges non réparties de l'État en investissement.

[430] Investiraucameroun.com, du 21 décembre 2023.

spécifiée[431], tout autant que les conditions d'acquisition de cet argent du contribuable et la répartition des dépenses y afférentes. Là n'est néanmoins peut-être pas le plus urgent, car la question à laquelle tout le monde attend vainement une réponse demeure celle liée à la qualité des bénéficiaires et surtout aux montants mis à leur disposition à travers ces deux lignes que l'on a choisi d'intituler « dépenses communes » pour le chapitre 65, et « intervention en investissement » pour le chapitre 94.

Voilà un pays dans lequel on publie par exemple les appels d'offres –ouverts ou restreints- lancés par les organismes publics, mais lorsqu'il s'agit d'officialiser les résultats, on retrouve parfois les noms des entreprises non soumissionnaires dès le départ[432]. C'est manifestement pour cette raison, et bien d'autres, que certains demandeurs qui sollicitent les financements des lignes budgétaires évoquées, parlent de mafia ou de flou total. N'allons néanmoins pas jusque-là. Essayons d'étudier la question sous l'angle qui nous a guidé jusqu'ici. Notre objectif reste, non pas de faire l'étude des lignes budgétaires ci-citées, mais de questionner ce processus de financement afin de mieux illustrer le régime des rapports entre les pouvoirs publics camerounais et le milieu des affaires.

À regarder de très près, l'État du Cameroun a consenti à mettre à la disposition des entrepreneurs des ressources financières pour encourager le développement du secteur privé. Il s'agit d'une politique qui se situe, à quelques nuances près, dans le prolongement de la stratégie de camerounisation initiée à l'indépendance par l'ancien homme fort du pays, Ahmadou Ahidjo. Pour y avoir accès, il suffit -officiellement- de formuler une demande et les détails du projet afin de le soumissionner dans les ministères qui hébergent ces lignes de financement. Sauf que les débats sur le mode de financement et sur les entreprises bénéficiaires restent très ouverts et très tendus depuis la publication par la presse de la liste de certaines entreprises ayant bénéficié de cette autre main tendue de l'État camerounais vis-à-vis des entrepreneurs privés.

Le discours administratif relatif à ce sujet défend l'idée selon laquelle le mode de financement par les chapitres budgétaires cités reposerait sur un système d'objectivité. Mais que non ! La presse privée

---

431 On évoque le financement dans le secteur de la sécurité, de la santé avec les évacuations sanitaires, la fourniture du matériel à la présidence et dans certains ministères,

432 P. Titi Nwel (Dir.), *De la corruption au Cameroun*, Yaoundé, Gerdes-Cameroun/Friedrich-Ebert-Stiftung-Cameroun, 1999, pp.43-49.

et internationale notamment y voit un système d'opacité tellement épais que le secret, l'esprit de clientélisme qui l'accompagnent et la politique de favoritisme sous fond de corruption aggravée en constituent le véritable fondement[433]. On parle de financement de projets économiques et sociaux imaginaires, d'entreprises écrans, de délit d'initié, de sociétés fictives, sans oublier les financements des hommes d'affaires proches des ministres ou des fonctionnaires en service à la présidence de la république[434]. C'est d'ailleurs pour cette raison que l'on indique un audit de ces chapitres budgétaires par les services de la présidence de la république[435].

Mieux encore, Titi Nwel, suite à une vaste enquête sur la corruption au Cameroun menée sous sa direction en collaboration avec des chercheurs, des universitaires et des journalistes camerounais par le truchement de la Friedrich-Ebert-Stiftung-Cameroun, met le doigt sur l'un des aspects de cette emprise de la corruption dans l'attribution des marchés publics aux entreprises privées :

Normalement, les marchés publics sont passés sur appel d'offres. L'appel est, soit ouvert à tout soumissionnaire, soit restreint, pour des raisons de spécialité technique. Puisqu'il faut consulter au moins trois prestataires dont deux doivent nécessairement avoir répondu par un appel fructueux, l'usage des gestionnaires de crédit est le dédoublement ou le triplement d'une seule et même personne, à travers des raisons sociales différentes, voire des sociétés fictives. De la sorte, le corrupteur identifié est sûr de gagner le marché. Il verse dès lors une somme d'argent convenue ou non, au gestionnaire-ordonnateur, dans le plus grand secret [...] Avant d'attribuer les marchés, la commission (chargé d'étudier les dossiers des soumissionnaires) examine

[433] Lors d'une séance de questions-réponses à l'Assemblée nationale, l'actuel ministre camerounais en charge des finances, Louis Paul Motaze, a lui-même mentionné le terme « secret » lorsqu'il lui a été demandé de citer des noms et les secteurs de financement de la ligne 65.

[434] Aboudi Ottou, « Les lignes 65 et 94 : révélations sur plus de 5.400 milliards de dépenses publiques réalisées entre 2010 et 2021 » *investiraucameroun.com* du 15 janvier octobre 2024 (consulté le 1er février 2024).

[435] Selon le journal en ligne *investiraucameroun.com*, le contrôle lancé par la présidence de la république et notamment par le ministère en charge du contrôle supérieur de l'État s'étend sur douze exercices budgétaires allant de 2010 à 2021. L'audit porte sur des dépenses faisant l'objet de suspicions de détournements de fonds publics, le manque de transparence et de favoritisme pour une somme estimée à 5 milliards 400 millions de franc CFA pour les chapitres budgétaires 65 et 94, soit près de 12% des dépenses générales de l'État sur la période susmentionnée. Il s'agit concrètement de mener un travail à la direction générale du Budget du MINFI et à la direction générale de l'économie et de la programmation des investissements publics du MINEPAT.

les offres. À ce niveau, la corruption permet de biaiser le jeu de la concurrence dans la mesure où les corrupteurs ont préalablement reçu des informations sur le prix maximum et ont pu fixer le leur le plus bas acceptable. Le dédoublement d'un offreur au moyen des raisons sociales différentes, mais fictives aura permis, moyennant finances, que le corrupteur se place dans la gamme des plus favorablement éligibles. À l'intérieur d'une commission, des membres s'entendent lorsqu'il y a plusieurs lots, à se soutenir dans la salle de délibération, en faveur de tel ou de tel candidat. Naturellement, cela est en général basé sur l'argent perçu ou les promesses reçues par les ou ledit membre de la commission. Être membre d'une commission des marchés n'est déjà pas le fait du hasard. La corruption se situe souvent en amont. Dans la phase de l'attribution de marché de gré à gré, la corruption se passe plus aisément grâce à la latitude laissée au gestionnaire de crédits pour choisir l'attributaire. L'entente autour des parts à partager est plus sereinement obtenue entre l'attributaire et le gestionnaire des crédits[436].

Également, cette même enquête indique qu'il n'est pas exclu de voir un même entrepreneur, propriétaire de plusieurs sociétés, bénéficier concomitamment des financements pour le compte de toutes ses entreprises, le tout à travers des tournures très sophistiquées qui passent par l'attribution des marchés publics[437].

Disons donc les choses très clairement : le flou dont il est question ici, peut se vérifier au moins sur quatre aspects. Les techniques pour alimenter ses réseaux ne manquent pas, surtout dans un système dont on dit évolué sous la forme d'une mafia.

Le premier, et certainement le plus simple de ces aspects, reste l'attribution des marchés de gré à gré entre les services compétents et certains hommes d'affaires ou entreprises amies c'est-à-dire sans protocole et sans bruit aucun. Le deuxième est un stratagème savamment mis sur pied qui autorise à lancer un appel à candidatures pour une offre publique plusieurs semaines/mois à l'avance, et le publier seulement quelques heures avant la date limite de dépôt des dossiers de candidature, ce qui permet d'éliminer *de facto*, tous les soumissionnaires non désirés. Le troisième aspect consiste à ne lancer aucun appel, mais à publier les résultats sur les entreprises ou les entrepreneurs sélectionnés à un moment jugé opportun. Enfin, la dernière astuce, plus ancrée sur la technologie de la malice, amène à découvrir les modes de financement et des bénéficiaires des lignes 94 ou 65 qu'après plusieurs années dans la presse ou alors dans le cadre du procès en justice d'un bénéficiaire ou de l'initiateur du projet de financement.

---

[436] Titi Nwel (Dir.), *De la corruption au Cameroun...*, pp.43-46.
[437] *Ibid.* p.47.

Seules les archives, s'il y en aura, nous relèveront peut-être la vérité sur le nombre exact des projets de financement, les vrais bénéficiaires et surtout sur l'ampleur des sommes allouées dans le cadre de cet accompagnement à l'initiative publique et privée au Cameroun.

Terminons cette sous-partie par cette citation de l'ancien ministre de la fonction publique et de la réforme administrative du Cameroun, Sali Daïrou, qui dressait un constat désolant des effets de la corruption dans le monde des affaires au Cameroun et dans toute la société en son temps dans les années 1990. Il déclare dans une interview au journal Cameroon-Tribune que :

> *L'État perd énormément du fait de cette corruption. Les marchés conclus, que ce soit par des nationaux ou des étrangers, passent toujours par des enveloppes laissées dans les circuits d'attribution, de paiement et de contrôle. Tout ce qui est ainsi payé dans les poches des fonctionnaires se répercute sur le coût global du marché. Ainsi, une réalisation qui devait coûter un milliard est facturée à deux milliards ou à deux milliards et demi*[438].

Et la communauté dans tout ça ?

Les alliances nées des relations entre l'État central et le milieu des affaires laissent entrevoir une lutte tribale ou communautaire pour le contrôle des ressources produites dans le pays et partagées par l'État au moins depuis la tentative du coup d'État d'avril 1984. Tous les acteurs impliqués dans cette union ont pris conscience que celui qui contrôle l'État central a une mainmise absolue sur l'administration et surtout sur les richesses du pays, c'est-à-dire le président de la République. C'est ce dernier qui les partage comme bon lui semble, nomme qui il veut à des postes stratégiques et juteux, révoque qui il veut quand il veut : on parle généralement de pouvoir discrétionnaire.

De plus, le modèle politique au Cameroun étant hyper centralisé (malgré toutes les annonces sur la décentralisation), les avantages et les privilèges qu'offre l'État ne peuvent guère être éparpillés comme dans un système de décentralisation ou de fédération. Le roi (le chef de l'État) détient entre ses seules mains, l'essentiel du pouvoir régalien[439], par conséquent, l'omnipotence du chef de l'État n'est plus à prouver, ce qui fait plus que jamais de l'État un enjeu communautaire et tribal par excellence.

---

[438] Cameroon-Tribune du 9 avril 1998.

[439] Voir constitution du Cameroun de 1996.

Certes, l'économie du Cameroun est à plus de 50% contrôlée par les étrangers et l'État en possède plus de 30%, c'est la dizaine de pourcentages restants qui est au centre de tous les enjeux de pouvoir. Les alliances économiques et politiques qui se font et se transforment ont alors aussi pour objectif premier la conservation des hommes et du système en place. Par conséquent, on n'est pas surpris d'assister à la construction des dynasties bureaucratique et politique au sein desquelles, le fils remplace le père, la fille remplace la mère, pie encore l'épouse remplace le mari à un poste administratif. C'est ainsi qu'on en arrive à la création des « axes » politiques officieux au Cameroun : Axe Nord-Sud, Axe Sud-Ouest, Axe Sud-Littoral, Axe Sud-Est. Tous ces axes ne renvoient en réalité qu'à une seule chose : les alliances pour la conquête ou la conservation du pouvoir et de ses ressources. L'axe Nord-Sud renverrait par exemple à une alliance qui mettrait aux prises les hommes influents du Nord et ceux du Sud, chacun devant soutenir l'autre le moment venu notamment lors du partage de l'*État-gâteau.*

L'axe Sud-Ouest stipulerait que les commerçants de l'Ouest devraient soutenir les tenants du pouvoir du Sud dans le domaine politique, en retour, l'élite sudiste qui occupe les plus stratégiques postes administratifs depuis l'arrivée d'un des leurs au pouvoir, soutiendrait économiquement les initiatives commerciales et économiques des entrepreneurs économiques de l'Ouest. Ce qui donne parfois une facette multi tribale du pouvoir de Yaoundé. La meilleure manière d'équilibrer ces axes qui dévoilent une nouvelle face des jeux de pouvoir voudrait que chacun commence à reconnaître sa place qu'il se doit d'occuper jalousement avec patience et éveil. C'est en tout cas ce que l'on peut retenir de cette adresse fort « instructive » que l'industriel Fotso Victor tint à ses congénères en marge d'une cérémonie officielle tenue à l'Ouest-Cameroun à l'occasion de la dédicace de la cathédrale qu'il offre au Diocèse de Bafoussam quelque temps avant sa mort :

Le Bon Dieu a dit que je dois être là. Il fallait que je sois là, aujourd'hui. J'ai risqué la mort quatre fois. Mais jamais entré au coma. C'est pour ça que j'ai tenu à dire à tous les nouveaux politiciens, particulièrement à mes frères bamiléké qu'il y a des places qu'on peut vous donner ou vous refuser parce que ça vous dépasse (Sic). Mettez ça dans vos têtes, parce que, une panthère, pour attraper le gibier, ne saurait faufiler au milieu des lions. C'est impossible. Si on vous dit aujourd'hui qu'il y a quelqu'un qui peut sortir parmi vous et aller à Etoudi [Présidence de république], je vous jure on vous ment. Ce n'est pas encore votre temps. Je vous le dis et vous allez voir. Mais je ne serai pas là. C'est Ahidjo qui nous avait dit, pour le moment non, mais allez doucement. Vous êtes pressez et vous allez voir. Le pouvoir ne se partage pas. On fait semblant[440].

Ces propos tenus au lendemain de l'élection présidentielle de 2018, dont l'issue fut contestée principalement par le Mouvement pour la Renaissance du Cameroun du leader Maurice Kamto (originaire de l'Ouest), arrivé second après le RDPC de Paul Biya, valent tout leur pesant d'or dans un environnement aux pesanteurs spéciales et surtout pour une relation aussi délicate que celle qui met aux prises la société politique et le secteur de l'entreprise privée dominé par les opérateurs économiques bamiléké dans le pays.

En clair, Fotso Victor, sans doute dans sa posture de vétéran du secteur économico-politique dans le pays, exhorte sous une forme testamentaire ses compatriotes particulièrement ceux originaires de l'Ouest à bien saisir les contours et les rapports qui existent entre le monde politique et le secteur économique. Mieux qu'une mise en garde, le patron du Groupe Fotso prodigue des conseils à ses compatriotes et leur rappelle l'existence d'une ligne de démarcation entre pouvoir politique et réalités socio-économiques : c'est le pouvoir de l'axe, ses compromis et ses compromissions.

Toutefois, cette partie ne saurait s'achever avec ces mots. Avant de terminer, prêtons une oreille attentive aux dernières analyses du banquier Robert Messi Messi dont le nom a été auparavant mentionné. Dans l'interview accordée à Jeune Afrique Économie, l'ancien banquier vedette de la SCB tente une lecture différente de celle proposée jusqu'ici par de nombreux observateurs de la vie politico-économique camerounaise. Il pense qu' :

Il faudrait donc reconquérir la confiance des hommes d'affaires. Il appartient au personnel politique de rétablir ce préalable. Tout le monde sait par exemple qu'il y a un problème bamiléké au Cameroun. Les populations de l'Ouest ont l'impression que certaines dispositions de politique économique (fiscales et douanières) ont été adoptées pour leur barrer le chemin vers la réussite. C'est un problème qui mérite d'être examiné soigneusement. Sinon, il y aura toujours une coupure avec le milieu des affaires de l'Ouest, qui représente quand même un noyau important de la vie économique. On a beau signé les accords avec le FMI et la Banque mondiale, tant que l'on n'aura pas apaisé les craintes de ceux qui ont les moyens de stimuler ou de bloquer le processus de développement, ce sera peine perdue[441].

---

[440]Libertepresse.com/au-dela-de-la-polemique-et-si-la-sortie-du-patriarche-fotso-victor-était-une-inspiration-divine (consulté le 29 décembre 2022).

[441] Jeune Afrique Économie n°155, mai 1992, p.21.

Messi Messi sait bien de quoi il est question lorsqu'il évoque le malaise des hommes d'affaires originaires de l'Ouest dans les années 1990 d'une part, et d'autre part quand il fait allusion à la véritable portée des accords signés entre le Cameroun et les institutions de Bretton Woods pour ce qui est de l'archéologie des relations entre certains acteurs économiques clés et les décideurs politiques. Contrairement à Fotso Victor qui renvoie systématiquement son auditoire à un futur incertain, ce patron de banque bénéficie d'une forte expérience dans le monde de la finance, dans les transactions et dans les trafics multiples qui entourent cet environnement. Ses analyses sont susceptibles de constituer un thermomètre de la vie socio-financière au Cameroun du 21e siècle, tant il est évident que les acteurs, les méthodes et les technologies de gestion mis en place par le système dominant dont il fait référence restent exactement les mêmes plus de 30 ans après cette déclaration.

Conclusion

L'ouvrage qui s'achève par ces lignes n'est qu'une énième « bouteille à la mer ». Tout n'a pas été dit, mais le débat s'est au moins prolongé à travers notre réflexion participative. Ce livre revient ainsi, et avec plusieurs détails, sur un fait clair : l'État camerounais n'a jamais failli à son sacro-saint principe d'accompagnement et d'organisation du milieu des affaires. Tout État vit du commerce, que ce soit au niveau des échanges intérieurs ou des transactions extérieures. La politique de camerounisation initiée et conduite par Ahidjo a posé de l'assistance financière et matérielle des pouvoirs publics auprès des opérateurs économiques nationaux.

Nous le disons fort, il n'y a pas un homme d'affaires camerounais qui n'ait entretenu des relations particulières avec le gouvernement de ce pays. La majorité s'est abreuvée aux sources financières et matérielles de l'État, c'est-à-dire qu'elle a bénéficié des subventions budgétaires du Cameroun autant sous le règne d'Ahmadou Ahidjo que sous celui de Paul Biya. La stricte application d'une politique commerciale stratégique visant à favoriser les entreprises nationales ou l'assistance plurielle accordée aux entrepreneurs locaux a donné lieu à un nœud de relations singulières et biscornues parfois, avec des acteurs tout-venant arborant les couleurs d'opérateurs économiques connus, d'administratifs, d'hommes politiques, de membres de la tribu, de récalcitrants économiques ou de femmes et d'hommes venus de partout et de nulle part.

Ahidjo a donc peut-être proposé et entretenu un modèle de relation basée sur la camerounisation. Le système d'administration et les choix de son successeur n'ont pas pu le changer ou du moins l'améliorer. Au contraire, ils l'ont remodelé à coup de discours, d'argent, d'enjeux nouveaux, de concussion, de favoritisme et de clientélisme, le tout sous fond d'intérêts personnels et politiques.

L'idée centrale qui vient conclure notre réflexion est que le système politico-économique du régime Ahidjo et celui du président Paul Biya sont identiques et demeurent tous subjugués par la philosophie coloniale. C'est ce qui justifie l'usage du terme monozygote qui renvoie à ce qu'on appelle trivialement « les vrais jumeaux » à la ressemblance saisissante, issus d'un même œuf, dotés d'un sexe identique.

Après lecture, on voit tout de suite poindre à l'horizon une catégorisation de privilégiés dans ces systèmes jumeaux. Contrairement à ce que l'on voudrait nous faire croire, les plus grands hommes d'affaires sont d'abord ceux qui ont su se trouver un strapontin douillet dans l'immense cour du roi. Même les mieux nantis et les mieux préparés ont compris qu'il fallait se trouver une place « au chaud » près du souverain, de ses conseillers et de ses missionnaires. En face, les hommes du roi n'ont jamais été aussi émerveillés par les affaires à telle enseigne qu'ils ont voulu se couvrir, eux aussi, de la tunique d'opérateurs économiques.

Mais à bien y voir, ces deux systèmes ont au moins une dissemblance : sous Ahidjo, on créait d'abord les hommes d'affaires pour bousculer l'hégémonie des Européens sur le marché camerounais et pour colorer l'économie avec le dynamisme des nationaux. Sous le règne du président Biya, on encourage l'action des opérateurs économiques pour des raisons personnelles, stratégiques et surtout politiciennes, en priorité dans un contexte où l'heure est à l'annonce des mutations politiques majeures au plus haut sommet de l'État en cette seconde décennie des années 2000.

Pour y remédier (ne serait-ce qu'à minima), il faut d'abord commencer par faire différemment à l'image de ce qui se passe dans les pays anglo-saxons d'Afrique (Nigéria, Kenya, Afrique du Sud, Ghana, etc.). On ne le dira jamais suffisamment, au lieu d'entretenir des relations fusionnelles ultra intéressées, il faudrait plutôt encourager le développement des rapports de travail entre l'État et le monde de l'entreprise avec pour objectif de construire une identité entrepreneuriale camerounaise et d'asseoir une culture d'entreprise pérenne et opérante. Étant donné que les innovateurs sont rares, nous jugeons nécessaire de poser les premières solutions en invitant les forces dominantes du Cameroun à emmener les hommes d'affaires vers la voie de la créativité, c'est-à-dire vers la production de richesses, de biens et de services. Pour cela, ces derniers gagneraient à s'émanciper du monde politique pour créer une vraie relation de partenariat et non le contraire.

On ne doit plus simplement « se battre » et « jongler » ; on doit « se battre et jongler » pour non seulement réussir, mais surtout pour faire du Cameroun un terrain de prospérité, un univers de l'innovation entrepreneuriale ainsi que le lieu par excellence de la compétition économique en Afrique noire, surtout avec l'influence de plus en plus accrue de la mondialisation. Pour y parvenir, il faut savoir accepter et prendre le risque entrepreneurial afin de façonner le monde de l'industrie pour que nos entreprises soient effectivement des laboratoires d'innovation, des bases de lancement de l'industrie nationale et des pôles d'emplois décents sur lesquels l'État du Cameroun peut s'appuyer. Il faut le faire en gardant à l'idée que l'environnement des affaires devrait, au moins au plan juridique et fiscal, être favorable à la création, à la coopération et à la concurrence, le tout sous la supervision des pouvoirs publics qui ont par exemple ratifié les Accords de Partenariat Économique (APE) qui appellent urgemment les entreprises nationales à se procurer les armes pour intégrer l'espace économique européen et à rivaliser, le cas échéant, avec les manufactures des pays membres de l'Union Européenne (UE).

De plus, nous semblons être aujourd'hui dans une situation prérévolutionnaire au Cameroun qui nous impose des changements dans tous les secteurs d'activité. On pense singulièrement à nos relations avec l'argent-roi, avec la chose publique et davantage au rôle de nos élites (politique et économique principalement) : il faut faire quelque chose !

Au lieu de promouvoir les relations de privilège avec les hommes d'affaires membres de la tribu créés de toutes pièces, il faudrait certainement solliciter la compétence et le savoir-faire qui apparaissent désormais comme des denrées rares au Cameroun en plein 21e siècle. D'ailleurs, où apprend-on à aimer son pays ?

Si le divorce entre le peuple et l'élite semble ne pas être prononcé officiellement, sa consommation ne fait pourtant aucun doute. Ce constat peut paraître sévère, mais pour qui lit la presse du Cameroun, écoute les hommes et les femmes qui y vivent, arpente les rues des différentes villes et les coins reculés du pays, cette dernière phrase est à inscrire dans le registre de l'euphémisme, car les mots peuvent sembler durs, mais les Camerounais rêvent, comme bien d'autres, d'une élite économique et politique forte, dynamique, créatrice et résolument patriotique. On ne veut plus de cette élite consommatrice des projets et des richesses de la nation. Il est temps que nos hommes d'affaires, tout comme nos gouvernants, accèdent dans le monde de l'innovation, qu'ils surprennent le peuple de la plus saine des manières. On peut par exemple associer les universités dans les cadres des réflexions stratégiques au sein des entreprises privées comme cela se fait ailleurs avec succès, plus précisément en Europe ou en Asie. Qu'est-ce qui explique que nos entreprises n'envisagent pas la création des comités scientifiques dans leur structure ?

Il est important de savoir que la gestion de l'entreprise est un art ; elle n'est point une improvisation permanente. Ailleurs, l'entreprise travaille avec les syndicats et met l'accent sur des outils comme la presse d'entreprise. En effet, le journal d'entreprise, qui ne doit pas être confondu à un journal hagiographique dédié au patron d'entreprise et à ses partenaires, rapporte les succès relatifs aux innovations de l'entreprise, à la vie de l'entreprise, à son organisation, aux desseins à atteindre, à ses relations, aux relations publiques et aux relations (e-commerce) entre l'entreprise et ses employés (B2E), l'entreprise et le client (B2C), l'entreprise et l'entreprise (B2B), l'entreprise et le gouvernement (B2G).

Pour aller dans le même sens, laissons place à cette recommandation de la Banque Africaine de Développement qui indique dans son rapport sur l'environnement de l'entreprise privée au Cameroun que :

> *La question de la gouvernance interne des entreprises se pose pour un grand nombre d'entre elles. En dehors d'un nombre limité, le reste a besoin d'un accompagnement et d'une mise à niveau en matière de gouvernance d'entreprise pour pouvoir améliorer leur compétitivité et faire face à la concurrence. À côté des grandes entreprises et des entreprises moyennes, on retrouve une masse importante de petites et de très petites entreprises individuelles. Elles sont largement orientées vers le tertiaire, principalement vers les activités de commerce. Elles obéissent dans leur gestion, voire leur gouvernance interne, à un mode peu favorable à la prise de risque ou à la promotion de la croissance. Elles sont faiblement ouvertes sur l'extérieur, comme semble en témoigner le taux de pénétration des Technologies de l'Information et de la Communication. Ce sous-secteur de la petite et de la très petite entreprise nécessite un encadrement, un accompagnement et des instruments de financement spécifiques pour le faire évoluer et le transformer en chaînon d'un développement structurant et d'une croissance à long terme*[442].

Nous militons donc pour la fin des opérateurs économiques acheteurs-revendeurs. On en appelle à une classe d'hommes d'affaires capables d'inventer et de concurrencer avec les autres. Il est temps que la veille stratégique et l'intelligence économique prennent une place prépondérante dans le fonctionnement de nos entreprises ou de nos sociétés de transformation. Le champ d'action des acteurs économiques privés au Cameroun devrait de ce fait s'élargir et être dépouillé de toutes les tares politiques ou de toutes les malheureuses logiques de favoritisme et de tribalisme. Il faut investir pour une innovation disruptive en construisant un modèle d'affaires cohérent, fondé sur une relation de plus en plus désintéressée entre les hommes d'affaires et les pouvoirs publics, car on comprend bien aujourd'hui que le

---

[442] Groupe de la Banque Africaine de Développement/Département Régional d'Afrique Centrale, « *Environnement de l'Investissement Privé au Cameroun…*, p.12.

fonctionnement du monde des affaires n'est que le miroir du système de gouvernance et de management de la nation.

Arrêtons donc, au final, d'alimenter cette atmosphère irréelle d'un monde des affaires en pleine mutation, ponctué de beaux discours ministériels ou présidentiels, de dérapages ou d'égoïsme ainsi que de sempiternelles « erreurs de jeunesse managériale » depuis bientôt sept décennies d'indépendance. Nous devons multiplier les rêves-projets d'industrialisation qui doivent sortir du champ des discours, des feuilles de route ou des documents de stratégie de développement creux. Pour cela, il suffit pourtant, et d'abord, de regarder aussi ce qui se passe à côté de nous, en Afrique anglophone par exemple, pour prendre conscience que les hommes d'affaires participent à l'industrialisation d'un pays, promeuvent les relations publiques et la communication des entreprises, collaborent avec les syndicats d'employés, révolutionnent les politiques commerciales et développent le secteur de la production tout en respectant leurs engagements sociaux, financiers et professionnels. L'homme d'affaires ne saurait se comporter comme un homme seul, trop grand, ou comme un homme unique dans un univers qu'il n'a pourtant pas créé. Il est temps que les hommes d'affaires camerounais milliardaires se prononcent ouvertement et nous présentent leur vision économique et commerciale, étant établi qu'il est très facile aujourd'hui pour eux, de se cacher derrière un parti politique affilié au pouvoir en place et de se distinguer seulement à titre posthume, lors de la prononciation de leurs éloges funèbres.

Enfin, il n'est pas inopportun d'inviter la panoplie d'institutions de surveillance, d'investigation et de contrôle de l'État qui pullulent dans le pays, comme la Commission Nationale de Lutte contre la Corruption (CONAC), la Chambre des Comptes de la Cour suprême, le ministère en charge du Contrôle Supérieur de l'État, l'Agence Nationale d'Investigation Financière (ANIF), à regarder plus attentivement l'ensemble des transactions financières et le flux d'argent qui transitent dans le B2G au Cameroun en vue de limiter la ponction des finances publiques à des fins personnelles ou pour des projets égoïstes. L'espace qu'offrent le monde politico-administratif et le milieu des affaires est finalement si vaste que même les gendarmes financiers de la république y travailleraient avec aisance.

Postface

L'État métropolitain et les enjeux économiques au Cameroun : de la proximité entrepreneuriale entre administrateurs coloniaux et autorités traditionnelles aux jeux d'alliances postcoloniaux

Partant de l'analyse de l'antériorité des liens d'acier scellés à travers le « pacte colonial », il ressort de cette initiative que la participation indéniable des commerçants et des négociants allemands dans la prise de contact avec les chefs *Duala* fut un gage de succès pour l'annexion du Cameroun. Cela a naturellement abouti à la signature des différents traités entre les commerçants allemands et les chefs locaux.

En effet, tout commence avec l'histoire de la colonie allemande du Cameroun avec les contrats de protection que l'explorateur Gustave Nachtigal, en sa qualité de Commissaire de l'Empire allemand, avait conclus le 11 et 12 juillet 1884 avec les différents Kings installés sur les rives de l'estuaire du Wouri à Douala, suivis par le lever du drapeau allemand le 14 juillet 1884 et en final, avec la déclaration du Protectorat allemand. C'est à partir de ces évènements qu'a aussi commencé l'histoire de la soumission du pays et de son ouverture progressive aux sociétés commerciales, tandis que les frontières du protectorat allemand avec les colonies des territoires voisins n'ont été délimitées qu'au cours des années suivantes. En 1911, dans le cadre d'un échange de territoire entre la France et l'Allemagne, ce protectorat s'est encore élargi d'un territoire à l'Est et au Sud, agrandissant ainsi la surface de l'ensemble du Protectorat de plus de la moitié, ce qui veut dire à une étendue qui représentait trois fois la superficie de l'ancien Empire allemand. La politique coloniale de l'Empire allemand a été dirigée par l'Office Colonial de l'Empire à Berlin qui n'était, dans ses débuts, qu'un Département Colonial au sein du Ministère des Affaires Étrangères placé sous la direction du Chancelier de l'Empire.

Dès 1868, les intérêts économiques allemands étaient représentés sur la côte camerounaise par la firme Woermann de Hambourg. Quelques années plus tard, la firme Jantzen & Thormahlen venait s'y ajouter et jusqu'en 1884, ces deux maisons de commerce furent les seules à faire contrepoids aux commerçants anglais présents depuis longtemps. Bien que numériquement plus faibles, leur importance ne cessa de croître aux dépens de celle des Anglais, et dans les dernières années avant l'annexion du Cameroun, leur influence était prédominante. Cette forte position était surtout due à la consolidation de leurs relations commerciales avec les chefs *Duala*. Les engagements considérables des chefs *Duala* vis-à-vis des firmes européennes les mettaient dans une situation de dépendance. Jusque-là, le poids des firmes allemandes était presqu'exclusivement limité au secteur économique. Mais dès 1883, Édouard Schmidt, l'agent de Woermann, chercha à le doubler d'une influence politique en signant de sa propre initiative un traité avec les chefs Akwa, qui sans être un traité de protectorat, lui permettait d'intervenir dans les affaires politiques des Akwa. Il s'agit surtout de trois firmes de Hambourg et de Brême : *C. Woermann* en 1868 et *Thormahlen et Jantzen* qui fusionnent en 1875.

Par ailleurs, le Cameroun se singularise par succession de statuts. Ceci en fait sa spécificité qui a suscité curiosité, admiration, insatisfaction, voire critique. L'institution du mandat et de tutelle crée en principe des droits et des devoirs du mandataire vis-à-vis du mandaté, exercés sous le contrôle de la SDN puis de l'ONU. Cela a consolidé les objectifs économiques et entrepreneuriaux mis en œuvre depuis les Allemands. Sauf que dans leur politique de bannir les vestiges antérieurs, les Français avaient libéralisé l'activité économique à travers l'entreprise agricole. L'administrateur français avait créé un fonds d'investissement pour le développement économique des territoires d'Outre-mer et le Cameroun en avait bénéficié du financement. Ce fut l'ère d'euphorie économique qui avait permis aux entreprises de tenir jusqu'à la venue de la tutelle. Cette dernière avait également prévu une disposition selon laquelle les avantages spéciaux de quelque nature que ce soit seraient accordés à une puissance bénéficiant de l'égalité de traitement. Les mêmes avantages s'appliquaient automatiquement par réciprocité au Territoire sous tutelle et à ses habitants, spécialement dans le domaine économique et commercial.

Une nouvelle philosophie de l'État autonome

Au lendemain des indépendances, l'État affranchi s'est substitué à l'ancienne administration et a pris le contrôle de tous les secteurs en l'occurrence les ressources, le commerce extérieur, les transactions financières, etc. L'État autonome s'était ouvert à l'aide extérieure et cela a eu pour réplique la ruée des investisseurs publics et privés. Cette aide a favorisé le financement des entreprises publiques pour qu'il prenne de l'envol au détriment de l'investissement colonial. Ce fut également l'ère des accords de coopération. Dans cet esprit, s'annonce une nouvelle étape marquée par un net ressaisissement de la volonté politique. Les accords avaient pour but de restituer à la souveraineté du pays un contenu consubstantiel. Les alliances de coopération économique étaient utilisées dans plusieurs « veines » distinctes :

-celle de la production qui paraît comme modèle alternatif au travail des salariés privés du contrôle des moyens de production ;

-celle de la théorie de la coopération ou des jeux et équilibres coopératifs qui paraît comme une forme alternative à la concurrence, permettant de maximiser les profits ;

-celle de la coproduction qui paraît une entente dans laquelle la coopération est l'essence même de la relation et donc incontournable, y compris dans les domaines des services dits informationnels aux entreprises.

En marge de toute polémique, il est clair que le jeu d'alliance a prédominé entre les entreprises modernes du Cameroun indépendant. Cette forme de coopération stratégique permet aux hommes d'affaires d'être mis à jour afin d'affronter sereinement la forte concurrence nationale et internationale.

Aimé Norbert Melingui Ayissi
Maître de Conférences
Département d'Histoire
Université de Douala-Cameroun

Sources et références bibliographiques

1- Documents des Archives Nationales de Yaoundé (ANY)

ANY, 1AC, 340, Cameroun, industries, liste des firmes étrangères ayant des immeubles immatriculés au Grundbuch, 1929

ANY, 1AC, 161, Cameroun, économies régionales, 1951

ANY, 1AC, 178, Wouri (Douala), rapports divers, 1946-1948

ANY, 1AC, 19/5, Activités de l'UPC, 1947-1957

ANY, 1AC, 268, Rapport Kribi-Mungo, 1946-1949

ANY, 1AC, 300, Chambre de commerce, activités, 1950-1952

ANY, 1AC, 3823, Rapport général du développement économique et social du Cameroun, 1947

ANY, 1AC, 888, Rapport activités agricoles, Nyong et Sanaga, 1951

ANY, 2AC, 11, Population, recensement, 1939-1953

ANY, 2AC, 79, UPC, Programme d'action, 1957

ANY, 2AC, 8092, Wouri, rapport annuel, 1941

ANY, 2AC, 9048, Rapport annuel, Ebolowa, 1947

ANY, 2AC, 9159, Immigration et émigration au Cameroun, 1940

ANY, 2AC, 9231, Cameroun, annuaire statistique, démographie, 1946-1956

ANY, 2AC, 9265, État de la population européenne en région Bamiléké, 1948

ANY, 2AC, 9380, Rapport économique du Cameroun, 1951-1955

ANY, 2AC, 9867, Liste alphabétique des commerçants et industriels à Douala, 1955

ANY, 2AC, 11, Population, recensement, 1939-1953

ANY, 3AC, 6985, Petits commerçants africains, doléances, 1955

ANY, 3AC, 8443, Population européenne au Cameroun, 1946 et 1957

ANY, ACAP, bulletin quotidien d'information du 12 mars 1969

ANY, ACAP, bulletin quotidien d'information, novembre 1967

ANY, Annuaire de la République fédérale du Cameroun, 1963

ANY, Annuaire de la République fédérale du Cameroun, 1970

ANY, Annuaire de la République fédérale du Cameroun, 1969

ANY, APA, 10635/B, Élection, Chambre de commerce, 1950

ANY, APA, 111000, Chambre de commerce, 1950

ANY, APA, 11744, Ouest, Bafang, rapport annuel, 1949

ANY, APA, 11746, Bangangté, rapports annuels 1947, 1949 et 1951

ANY, APA, Rapport annuel, Nord-Cameroun, 1952
ANY, Cameroun, rapport annuel, 1947
ANY, Cameroun, rapport annuel, 1950
ANY, Cameroun, rapport annuel, 1953
ANY, Cameroun, rapport annuel, 1955
ANY, NF., 426/2, Économie, 1952
ANY, VT, 1/148, Économie, commission de coordination économique, 1959.

2- Les archives de la Chambre de commerce

- Élection de la chambre de commerce (1986)
- Missions de la chambre de commerce (1959)
- Membres de la chambre de commerce (1958-1959)
- Hommes d'affaires du Cameroun (1986)
- Les partenaires commerciaux du Cameroun (1995)

3- Ouvrages et articles scientifiques

Abwa D., *André Marie Mbida, Premier premier ministre du Cameroun,* Paris, L'Harmattan, 1996.

Aerts J. & al. *L'économie camerounaise. Une décennie d'industrialisation,* Première édition, Paris, Ediafric, 1985.

Aerts J. & al., *L'économie camerounaise*, Paris, Karthala, 2000.

Ahidjo A., *Contribution à la construction du Cameroun,* Paris, Présence Africaine, 1964.

Ahidjo A., *Nation et développement*, Paris, Présence Africaine, 1969.

Akono Abina M. F. & Métaxides N., « Greek and Cameroonian Trade Relations and the Origins of Cameroon's Economic Elites (1920-1980) », *International Journal of African Historical Studies*, Vol 50 (3), 2017.

Amin, S. *Impérialisme et sous-développement en Afrique,* Paris, Anthropos, 1988.

Atangana M. T. et El Baze A.V., *Otage judiciaire. 17 ans de prison pour rien*, Paris, Je Cherche Midi, 2021.

Assoumou J., *L'économie du cacao*, Paris, Delarge, 1977.

Ateba Eyené C., *Le management de l'opacité et les drames de la société camerounaise : l'insolite et la complaisance au détriment du mérite et de la compétence*, Yaoundé, Éditions Saint-Paul, 2010.

Ateba Eyené C., *Les paradoxes du « pays organisateur ». Élites productrices ou prédatrices : le cas de la province du Sud-Cameroun à l'ère Biya (1982-2007)*, Yaoundé, Éditions Saint-Paul, 2008.

Autruy J., *Le prince et le patron ou l'économie du pouvoir*, Paris, Cujas, 1972.

Balandier G., *Anthropologie politique*, (2e édition), Paris, PUF, 1969.

Bandolo H., *La flamme et la fumée*, Yaoundé, SOPECAM, 1985.

Barbier J.C. & al., *Migrations et développement. La région du Moungo au Cameroun,* Paris, ORSTOM, 1983.

Bayart F., *L'État au Cameroun*, Paris, Presses de la Fondation Nationale des Sciences Politiques, 1985.

Bayart J.F., « L'Union nationale camerounaise », *Revue française de science politique,* Paris, Persée, n°4, 1970.

Bayart J-F., *L'État en Afrique. La politique du ventre,* 2e édition, Paris, Fayard, 1986.

Belibi J.F., « Régions du Nord-Ouest et du Sud-Ouest, le gouvernement dénonce la surenchère », Cameroon-Tribune, n°11266, du mercredi 18 janvier 2017.

Biya P., *Pour le Libéralisme communautaire,* Paris, Pierre-Marcel Favre, 1987.

Biyiti Bi Essam, *Cameroun : complots et bruits de bottes*, Paris, L'Harmattan, 1985.

Borrel T. et al. (Dir.), Une *Histoire de la françafrique. L'empire qui ne veut pas mourir*, Paris, Points, 2023.

Bouchaud J., *La côte camerounaise dans l'histoire de la cartographie des origines à l'annexion allemande,* Paris, Mémoire de l'IFAN, 1952.

Bratton M. & Van De Walle N., *Democratic in Africa*, Cambridge, Cambridge University Press, 1997.

Brunschwig H., *L'expansion allemande outre-mer du XVIe siècle à nos jours*, Paris, Presses Universitaires d'Allemagne, 1957.

Chenot B., *Les entreprises nationalisées,* Paris, PUF, 1983.

Chenot B., *Organisation économique de l'État,* Paris, Dalloz, 1951.

Chéradame A., *La colonisation et les colonies allemandes*, Paris, Plon-Nourrit et Cie, 1905.

Cogneau D. et al., « La dévaluation du franc CFA au Cameroun. Bilan et perspectives », *Économie et société, Relations économiques internationales,* Série P., n°33, 1996.

Cogneau D., « L'industrie camerounaise dans la crise : 1984-1992 », *Dial,* n°1993/07-E, 1993.

Coignard S. & R. Cubert, *L'oligarchie des incapables,* Paris, Albin Michel, 2012.

Cooper F., *L'Afrique depuis 1940*, Paris, Payot, 2008.

Coquery-Vidrovitch C., *Les Africaines*, Paris, La Découverte, 2013.

Cornevin, *La colonisation et les colonies allemandes*, Paris, Collection « Que sais-je », n°1331, PUF, 1969.

Courad G., (Dir.), *Le désarroi camerounais, l'épreuve de l'économie-monde*, Yaoundé, Ifrikiya, 2011.

Decharme P., *La colonisation allemande*, Paris, Plon, 1926.

Delancey M.W. & M. D. Delancey, *Historical Dictionnary of The Republic of Cameroon*, Lanham (Maryland), The Scarecrow Press, 2010.

Deltombe T. et al., *La Guerre du Cameroun. L'invention de la Françafrique*, Paris, La Découvert, 2016.

Dongmo J-L., *Le dynamisme bamiléké (Cameroun)*, Vol.2, Yaoundé, CEPER, 1981.

Druon M., *Ordonnances pour un État malade*, Paris, Éditions De Fallois, 2002.

Dubois De Gaudusson J., « Crise de l'État interventionniste dans les pays en développement », *RJPIC,* n°1, janvier 1989.

Dzeukou E.S., *Les députés au Cameroun (2007-2012),* Bafoussam, Les Éditions juridiques camerounaises, 2012.

Ebélé Onana R.D., « L'évolution managériale du Cameroun entre 1982 et 2020 ou le paroxysme de l'application du discours de la rigueur et de la moralisation », *American Internationl Journal of Contempory Reasearch,* Vol n°13, n°2, June, 2023.

Eboua S., *D'Ahidjo à Biya*, Paris, L'Harmattan, 1996.

Ela J.M., *Quand l'État pénètre en brousse...*, Paris, Karthala, 1990.

Essomba Ph. B., *Le Cameroun : les rivalités d'intérêts franco-allemandes de 1919 à 1932*, Strasbourg, PUS, 2004.

Eteki Otabela M-L., *Le totalitarisme des États africains : le cas du Cameroun*, Paris, L'Harmattan, 2001.

Eteki-Otabela M.L., *Misère et grandeurs de la démocratie au Cameroun*, Paris, L'Harmattan, 1987.

Etoga E., *Paul Biya ou l'incarnation de la rigueur : essai biographique du président de la République unie du Cameroun*, Yaoundé, SOPECAM, 1983.

Etoga E., *Sur les chemins du développement : essai d'histoire des faits économiques du Cameroun*, Yaoundé, CEPMAE, 1971.

Evans L., *The German in Africa: Their aims on the Dark Continent and how their acquired their African colonies,* London, Cassel and C°, 1939.

Eyelom F., *L'impact de la Première Guerre mondiale sur le Cameroun,* Paris, L'Harmattan, 2007.

Eyinga A., *L'U.PC. Une révolution manquée ?*, Paris, Éditions Chaka, 1992.

Eza Boto, *Ville cruelle,* Paris, Présence Africaine, 1971.

Fauré Y.A., « Les politiciens dans les entreprises en Côte d'Ivoire : investisseurs ou courtiers ? », *Politique Africaine*, n°56, Paris, 1994.

Fauré Y-A & J. F Médard, *État et bourgeoisie en Côte d'Ivoire*, Paris, Karthala, 1982.

Fauré Y-A (Dir.), *Entreprises et entrepreneurs africains*, Paris, Karthala, 1995.

Fauré Y-A, *Entrepreneurs d'Afrique Subsaharienne dans les travaux anglophones et comparaison avec la Côte d'Ivoire*, Paris, Aupelf-Uref, (Notes de recherche), 1991.

Fenkam F., *Les révélations de Jean Fochivé : le chef de la police politique des présidents Ahidjo et Biya*, Paris, Minsi/Bondy, 2003.

Fotso V. et Guyomard J.P., *Sur Les chemins de Hiala*, Paris, Éditions de Septembre, 1994.

Gaillard Ph., *Le Cameroun*, 2e vol, Paris, L'Harmattan, 1989.

Gaillard Ph., *Ahmadou Ahidjo, Patriote et despote, bâtisseur de l'État du Cameroun (1922-1989)*, Paris, J.A Livres, 1994.

Gayraud J-F., *Le monde des mafias. Géopolitique du crime organisé,* Paris, Odile Jacob, 2005.

Glaser A. et Smith S., *Ces Messieurs Afrique : le Paris-Village du continent noir*, T. I, Paris, Calmann-Lévy, 1992.

Glaser A. et Smith S., *Ces Messieurs Afrique : des réseaux et des Lobbies*, T. II, Paris, Calmann-Lévy, 1997.

Glaser A., *Africafrance. Quand les dirigeants africains deviennent les maîtres du jeu*, Paris, Fayard, 2014.

Glaser A., *Arrogant comme un Français en Afrique*, Paris Fayard, 2016.

Godeau R., *Le Franc CFA, Pourquoi la dévaluation de 1994 a tout changé ?*, Paris, SEPIA, 1995.

Godinec P.F, *Les systèmes politiques africains,* Tome 2, Paris, Nouvelle Édition, 1974.

Goerg O. et F. Raison-Jourde*, Les coopérants français en Afrique*, Paris, L'Harmattan, 2012.

Groupe de la Banque Africaine de Développement/Département Régional d'Afrique Centrale, *« Environnement de l'Investissement Privé au Cameroun »,* 2013.

Guiffo J.P., *Le statut international du Cameroun 1921-1961*, Yaoundé, Essoah, 2007.

Guifford P., & Louis R., *Britain and Germany in Africa: imperial rivalry and colonial rule,* New Haven and London, Yale University Press, 1967.

Haase L., *Durchs unbekannte Kamerun,* Berlin, Egon Fleischel, 1915.

Hugon Ph., « Portraits comparés du coopérant et de l'administrateur de la France d'Outre-mer au tournant des indépendances », *Outre-mer*, n°102.www.persee.fr/issue/outre_1631-04_2014num_101_384 (consulté le 18 mai 2020).

Joseph R., *Le mouvement nationaliste au Cameroun,* Paris, Karthala, 1989.

Kamga V., *Duel camerounais*, Paris, L'Harmattan, 1985.

Kaptue L., *Travail et main-d'œuvre au Cameroun sous régime français (1916-1952),* Paris, L'Harmattan, 1987.

Ki Zerbo J., *Histoire de l'Afrique noire d'hier à demain*, Paris, Hatier, 1978.

Kom D., *Le Cameroun,* Deuxième édition, Paris, L'Harmattan, 2001.

Kom D., *Les perspectives de la colonisation*, Paris, L'Harmattan, 2004.

Kounang E.O., *La théorie fondamentale de l'enrichissement au Cameroun, Théorème 1*, SL, 2019.

Kouosseu J. & Noumbissi M., *Figures de l'histoire du Cameroun,* Paris, L'Harmattan, 2012.

Kum'a Ndumbe III (Dir.), *L'Afrique et l'Allemagne : de la colonisation à la coopération, 1884-1986 : le cas du Cameroun,* Douala, Africavenir, 1986.

Kuoh C.T., *Mon témoignage. Le Cameroun de l'indépendance (1958-1970),* Paris, Karthala, 1990.

Kuoh C.T., *Une fresque du régime Ahidjo (1970-1982),* Paris, Karthala, 1991.

L'Économie camerounaise, 4e édition, Paris, Ediafric, 1981.

L'Encyclopédie de la République du Cameroun, Douala/Paris, Les Nouvelles Éditions Africaines, 1981.

Laburthe-Tolra P., *Minlaaba : histoire et société traditionnelle chez les Béti du Cameroun*, Lille, Université de Lille, 1977.

Lacouture J., *Nasser*, Paris, Seuil, 1971.

Lask K., « Koagne, l'homme qui multipliait les dollars », *Journal Libération* du 14 novembre 1998.

Le Message du Renouveau. Discours et interviews du président Paul Biya, T.2, Yaoundé, SOPECAM, 1989.

Lembezat B., *Le Cameroun*, Paris, Éditions Maritimes et Coloniales, 1954.

M'bokolo Elikia, *L'Afrique au XXe siècle, le continent convoité*, Paris, Seuil, 1985.

Mahiou A., *L'avènement du parti unique en Afrique noire*, Paris, Librairie générale de droit et de jurisprudence, 1969.

Mainet G., *Douala, croissance et servitude*, Paris, L'Harmattan/Villes et Entreprises, 1985.

Mainet G., *Douala, ville principale du Cameroun,* Yaoundé, Orstom/Minrex, 1981.

Malaquais D., « Arts de feyre au Cameroun », *Politique Africaine*, n° 82, 2001.

Malaquais D., « Anatomie d'une arnaque : feyman et feymania au Cameroun », *Les Études du CERI*, n°77, juin 2001.

Mamoudou G., *Introduction à la politique africaine*, Montréal, Presses de l'Université de Montréal, 2010.

Mbarga D., « Le Challenge du vivre ensemble dans un contexte pluriethnique : cas du Cameroun », *Revue française des sciences politiques*, Hal Archiv., 2020.

Mbembe A., « Pouvoir, violence et accumulation », *Politique Africaine*, n°39, Paris, 1990.

Mbembe A., *La naissance du maquis dans le Sud Cameroun (1920-1960)*, Paris, Karthala, 1996.

Mbuyinga Elenga, *Tribalisme et problème national en Afrique noire : le cas du Kamerun*, Paris, L'Harmattan, 1989.

Médard J-F., « L'État sous-développé au Cameroun », *L'année africaine*, Paris, Pédone, 1978.

Médard J-F., *L'État sous-développé en Afrique noire : clientélisme politique et néopatrimonialisme*, Bordeaux, CEAN, 1982.

Médard J-F., (Dir.), *États d'Afrique noire, formation, mécanismes et crise*, Paris, Karthala, 1991.

Messanga Nyamding P., *Paul Biya, l'État et le RDPC*, Yaoundé, Éditions D&L, 2015.

Métaxides N. & Akono Abina M.F., « Confrontation et/ou coopération entre pratiques politiques et logiques économiques dans le processus de la création de l'imaginaire entrepreneurial en Afrique subsaharienne», *Second International Conference on Economic and Social History Markets and Politics Private Interests and Public, Authority (18 th-20th centuries)*, 10-12 February 2012, University of Thessaly, Volos, 2016.

Metzer C., « L'empire colonial allemand », *Brève Histoire-Longue Mémoire*, *Société Française d'Histoire des Outres-mers*, Outres-mers, n°2017/1/394-395.

Meyomesse E., *La question tribale et la politique au Cameroun*, Yaoundé, Éditions du Kamerun, 2010.

Meyomesse E., *Le limogeage d'Ahmadou Ahidjo*, Yaoundé, Éditions du Kamerun, 2010.

Meyomesse E., *Le carnet politique de Ruben Um Nyobe (1952-1958)*, Yaoundé, Mpôdôl Éditions, 2015.

Meyomesse E., *Amougou Belinga Jean Pierre. Portrait d'un battant*, S.L. Edkbook, 2019.

Mfoulou J., « Équilibre régional et désunion nationale au Cameroun : leçons du passé et perspectives d'avenir », in Simo D. (Dir.) et al., *Construction identitaire en Afrique,* Yaoundé, 2006.

Miège E., *Expansion européenne et décolonisation de 1870 à nos jours*, Paris, PUF, 1986.

Mills C.W., *Élites du pouvoir,* Paris, Maspero, 1977.

Mono Ndjana H., *L'idée sociale chez Paul Biya*, Yaoundé, Université de Yaoundé, 1985.

Mouiche I., « La question nationale, l'ethnicité et l'État en Afrique : le cas du Cameroun », *Verfassung und Recht in Übersee* (VRÜ) 33 (en ligne).

Mveng E., *Histoire du Cameroun*, T.1, Yaoundé, CEPER, 1984.

Ngoh V.J., *Cameroun 1884-1984 : cent ans d'histoire*, Yaoundé, CEPER, 1990.

Ngouyamsa V., « Militantisme politique et Entrepreneuriat : relations de dépendance et enjeux dans le contexte camerounais » (consulté en ligne le 20 mai 2023).

Njeuma M-Z., *Histoire du Cameroun (XIXe siècle et début XXe siècle),* Paris, L'Harmattan, 1989.

Njoh-Mouelle E., *Député de la nation,* Yaoundé, Presses de l'UCAC, 2001.

Nkainfon Pefura S., *Le Cameroun du multipartisme au multipartisme*, Paris, L'Harmattan, 1996.

Nkarey J.S, *Afrique. L'histoire entre le Cameroun anglophone et le Cameroun francophone de 1472 à 2003,* Paris, Publibook, 2004.

Nken S., *L'UPC. De la solidarité idéologique à la division stratégique*, Paris, ANIBWE, 2010.

Nkene J-B, « Les étrangers, acteurs de la vie politique camerounaise: l'expérience des immigrés nigérians dans la ville de douala », *Polis* / R.C.S.P. / C.P.S.R. Vol. 8, Numéro Spécial, 2001.

Nkot F. (Dir.), *Dictionnaire Politique au Cameroun*, Laval, Presse de l'Université de Laval, 2018.

Nkutchet M., *L'énergie au Cameroun*, Paris, L'Harmattan, 2004.

Nyoumae-Libam J-P., *Le traité duala-allemand du 12 juillet 1884 (historique, texte, exposé, critique),* Paris, CNRS, 1970.

Onana J.B., « Bamiléké contre Cameroun », *Outre-Mer*, n°11, 2005.

Owona A., *La naissance du Cameroun*, Paris, L'Harmattan, 1996.

Owona Nguini E.M, « L'État et les milieux d'affaires au Cameroun : autoritarisme, ajustement au marché et démocratie (1986 -1996) », CEAN - IEP DE Bordeaux et Grap (consulté en ligne le 20 mai 2023).

Pambou Tchivounda G., *Essai sur l'État africain post colonial,* Dakar, Nouvelles éditions africaines, 1982.

Péan P., *Affaires africaines,* Paris, Broché, 1983.

Pigeaud F., *Au Cameroun de Paul Biya*, Paris, L'Harmattan, 2011.

Pokam Kamdem W., « Devenir pétrolier et le rester. Une histoire de la quête d'hydrocarbure au Cameroun (1904-2000) », *JGHES, n°9,* janvier 2022.

Pokam, H.D.P., *Migration chinoise et développement au Cameroun,* Paris, L'Harmattan, 2015.

Puepi B., *Chroniques des pratiques politiques au Cameroun,* Paris, L'Harmattan, 2009.

Ratzel F., *Géographie politique,* Lausanne, Éditions régionales européennes et Économica, 1988.

Renan E., *La réforme intellectuelle et morale de la France*, Paris, La librairie Nouvelle, 1872.

République Unie du Cameroun, Recueil des discours présidentiels (1957-1968).

Saloum Ndiaye A., « Fuite des capitaux et investissement en zone franc : une approche économétrique par les données de panel », Conférence économique africaine organisée par la Banque Africaine de Développement et la Commission Économique pour l'Afrique, Addis Abeba, le 15-17 novembre 2007.

Sangaré L., *Les défis de la renaissance africaine au début du 21e siècle. Du pouvoir patrimonial à la souveraineté collective,* Paris, L'Harmatan, 2004.

Sarraut A., *Grandeurs et servitudes coloniales*, Paris, Édition du Stagiaire, 1931.

Sarraut A., *La mise en valeur des colonies,* Paris, Payot, 1923.

Shally B., *L'entrepreneurship en Afrique noire. Application aux entrepreneurs du secteur informel au Congo-Zaïre*, Paris, L'Harmattan, 1998.

Shanda Tonme, *J'ai compris Yves Michel Fotso*, Paris, L'Harmattan, 2016.

Sindjoun L. (Dir.), *La biographie sociale du sexe. Genre, société et politique au Cameroun*, Paris, Karthala, 2003.

Sindjoun L. et Owona Nguini M.E., « Égalité oblige ! Sens et puissance dans les politiques publiques de la femme et les régimes de genre », in Sindjoun L. (Dir.), *La biographie sociale du sexe. Genre, société et politique au Cameroun*, Paris, Karthala, 2003.

Sineau M., *Des femmes en politique*, Paris, Économica, 1988.

Statut Général de la Fonction Publique de l'État de 1994.

Suret-Canale J., *Afrique noire. L'ère coloniale : 1900-1945*, Paris, Terrains / Éditions Sociales, 1962.

Tchagneno C., *L'idéologie du tribalisme au Cameroun : une menace pour la paix sociale,* Paris, L'Harmattan, 2014.

Tchamanbé Djiné L. et G. Tchouassi, « Renforcement des capacités entrepreneuriales des femmes par la formation : une analyse du cas du Cameroun », *Communication aux VIIème journées scientifiques du réseau entrepreneuriat de l'AUF*, Ile Maurice, 4, 5,6 juillet 2001.

Tchoungui R., « La dette : un cas particulier, le Cameroun », *Cahier de l'UCAC, La dette des pays du Sud, Yaoundé*, UCAC, 2000.

Tedga J.M., *Les entreprises publiques, État et crise au Cameroun : faillite d'un système*, Paris, L'Harmattan, 1992.

Temgoua A.P., *Le Cameroun à l'époque des Allemands (1884-1916)*, Paris, L'Harmattan, 2014.

Tiengue Sepo J.H., *Multipartisme et démocratie au Cameroun*, Paris, L'Harmattan, 2017.

Titi Nwel P., (Dir.), *De la corruption au Cameroun*, Yaoundé, Gerdes-Cameroun/Friedrich-Ebert-Stiftung-Cameroun, 1999.

Touna Mama, *L'économie camerounaise*, Yaoundé, Afrique Éditions, 2008.

Townsend M., *The rise and fall of Germany's colonial empire (1884-1914),* New York, Howard Fest, 1996.

Tsana Nguegang R. « Entrepreneurs-politiciens et populations locales au Cameroun : entre clientélisme et échanges mutuels », *Cahiers d'études africaines,* n°220, 2015.

Um Nyobe R., *Écrits sous maquis,* Paris, L'Harmattan, 1989.

UNC, L'unité, édition spéciale, XXe anniversaire de l'accession au pouvoir d'Ahmadou Ahidjo, Éditions LAMARO, 1978.

Verschave F.X., *La Françafrique. Le plus long scandale de la République,* Paris, Stock, 1998.

Vescovacci N. & Canet J-P., *Vincent Tout puissant*, Paris, JC Lattès, 2018.

Wagner Nobert, (Éd.), Archiv des Deutschen Kolonialrechts (2. Berichtigte Aufl.), Brühl/Wesseling Juni, 2008.

Warnier J.P., *L'esprit d'entreprise au Cameroun*, Paris, Karthala, 1993.

Wickam A., *Nomenklatura française, pouvoirs et privilèges des élites*, Paris, Belfond, 1986.

Wilbois J., *Le Cameroun,* Paris, Payot, 1934.

Willame J.C., « Cameroun : les avatars du libéralisme planifié », *Politique Africaine,* n°18, Paris, 1985,

Wouako Tchaleu J., *Augustin Frédéric Kodock, l'homme politique camerounais (1933-2011)*, Paris, L'Harmattan, 2015.

Woungly N., *Où va le Cameroun*, Paris, L'Harmattan, 1984.

Ziegler J., *L'empire de la honte,* Paris, Fayard, 2005.

4- Thèses et mémoires

Amadou S., « La présence chinoise au Cameroun : cas des provinces du Centre et du Littoral (1971-2008) », Thèse de Doctorat Ph. D. en Histoire, Université de Ngaoundéré, 2009.

Atangana M.R., « Les relations financières entre le Cameroun et la France et l'image de la France au Cameroun entre 1946 et 1956 », Thèse de Doctorat nouveau régime en Histoire, Université de Paris I, Panthéon Sorbonne, 1994.

Foga Konefon D., « L'immigration nigériane au Cameroun : incidences et représentations sociales 1916-2008 », Thèse de Doctorat Ph. D. en Histoire, Université de Yaoundé I, 2017.

Galland E., « Enrichissements à Yaoundé, contribution à une analyse de la place et du rôle des économies occultes », Master recherche en Anthropologie sociale et culturelle, Université de Provence Aix-Marseille 1, 2009.

Kenmogni P., « La Chambre de Commerce au Cameroun sous administration française de 1921 à 1955 », Mémoire de Maîtrise en Histoire, Université de Yaoundé, 1989.

Mbem C.N., « Mobilités des opérateurs économiques libanais et impact socio-économique de leurs activités dans les principales villes du Cameroun : cas de Yaoundé », Mémoire de DIPES II en Géographie, Université de Yaoundé I, ENS, 2009-2010.

Nkolo Asse Sosso G.P., « Les femmes entrepreneurs dans la société politique camerounaise », Thèse de Doctorat Ph. D. en science politique, Université de Bordeaux, 2015.

Sah L.I, « L'Éveil du Cameroun », Mémoire de diplôme supérieur d'étude, Institut Français de Presse, 1974.

5- Documents de presses

Aboudi Ottou, « Les lignes 65 et 94 : révélations sur plus de 5.400 milliards de dépenses publiques réalisées entre 2010 et 2021 » *Investiraucameroun* (journal en ligne), du 15 janvier octobre 2024, consulté le 1er février.

Cameroon-Tribune de novembre 1991.
Cameroon-Tribune, du 11 janvier 1992.
France 2, Émission télévisée : *Complément d'enquête.*
Investiraucameroun.com.
Équinoxe TV, journal télévisé de 20h du 23 septembre 2024.
Jeuneafrique.com.
Jeune Afrique Economie n°155, mai 1992.
Le Bulletin du patronat, n°77, décembre 2019.
Le Bulletin du patronat, n°91, décembre 2023.
Le Messager n°114 du 4 août 1987.
Le Messager n°101 du 4 février 1989.
Le Messager n°190 du 10 décembre 1991.
Le Messager du 20 novembre 1998.
Le messager n°805 du 13 novembre 1998.

6- Sources orales

Antoniadès Constantin, 65 ans, homme d'affaires d'origine grecque et ancien consul honoraire de la République de Chypre au Cameroun, Yaoundé le 12 janvier 2012.

Bilong Aimeric dit Le Grand, 74 ans, ancien cadre de banque au la SCB, Yaoundé le 6 août 2023.

Edzimbi Laurent Gaspard, 70 ans, ancien chauffeur d'engins lourds et chef de bloc au quartier Mvog Ada à Yaoundé, Yaoundé le 29 janvier 2022.

Essono Elie Joseph, 74 ans, ancien cadre d'administration au ministère des finances et au ministère du commerce, Yaoundé, le 10 août 2021.

Etama Luc, 76 ans, enseignant et ancien directeur d'administration centrale au ministère de la fonction publique camerounaise, homme politique et opérateur économique, Yaoundé le 22 décembre 2022.

Foé Gorgon, 80 ans, ancien homme politique et ancien homme d'affaires, Yaoundé le 5 novembre 2009.

Kamdem Kouamo Dieu Beni, 60 ans, commerçant, propriétaire d'un commerce de vente d'articles vestimentaires à Yaoundé, à Douala et en Afrique du Sud, Douala le 1er février 2021.

Malélé Faustin Adam, 68 ans, ancien propriétaire de snack-bar à Douala, à Yaoundé et à Bafoussam dans les années 1990, Yaoundé le 1er mai 2021.

Minsili Louis-Aimé, 76 ans, homme d'affaires et homme politique exerçant à Yaoundé depuis les années 1970, Yaoundé le 11 juillet 2022.

Mme Kokkinidès, 69 ans, commerçante grecque installée au Cameroun depuis les années 1970, Sangmelima, le 26 janvier 2015.

Modibo Dhan, 80 ans environs, homme d'affaires malien basé au Cameroun depuis les années 1970, Douala le 20 septembre 2022.

Moumifack Marie-Paule, 63 ans, femme d'affaires, ancienne sympathisante du GFAC et ancienne conseillère municipale RDPC, Yaoundé le 12 décembre 2022.

Nana Elie Dydy, 90 ans environ, commerçant-planteur à Nkongsamba, à Douala et à Mbalmayo durant la colonisation française, Douala le 24 décembre 2022.

Ndzana Ottou Clémenceau, 85 ans, ancien commerçant et ancien secrétaire départemental de l'UNC dans la Lékié, Yaoundé le 12 septembre 2021.

Nsimi Noel, 65 ans, entrepreneur camerounais, « ancien feyman », commerçant à Yaoundé et Douala depuis les années 1980, Yaoundé le 23 juillet 2022.

Tsogo Nama Brillant, 70 ans, homme d'affaires opérant dans la ville de Yaoundé et ses environs, Yaoundé le 11 février 2021.

Ze Assoumou Assembe Robert, 85 ans, ancien haut cadre au ministère de l'économie et des finances et au ministère de la planification et de l'aménagement du territoire entre 1975 et 2010, Yaoundé le 19 mars 2022.

7- Sites internet et compte mail

Dieudonné Essomba, compte facebook, texte publié et consulté le 19 février 2019.

libertepresse.com/au-dela-de-la-polemique-et-si-la-sortie-du-patriarche-fotso-victor-était-une-inspiration-divine (consulté le 29 décembre 2022).

www.cameroon-tribune.cm

www.legefaccameroun.com

www.legicam.cm

www.camerounweb.live

Index des noms et des structures

A

B

C

D

E

F

G

H

K

L

M

N

O

P

R

S

T

U

W

Y

Z

Structures éditoriales du groupe L'Harmattan

L'Harmattan Italie
Via degli Artisti, 15
10124 Torino
harmattan.italia@gmail.com

L'Harmattan Hongrie
Kossuth l. u. 14-16.
1053 Budapest
harmattan@harmattan.hu

L'Harmattan Sénégal
10 VDN SICAP AMITIE 3
BP 45034 Dakar-Fann
direction@senharmattan.com

L'Harmattan Cameroun
Tsinga/Derrière polyclinique FECAFOOT
BP 11486 Yaoundé
Jacques.koukam@harmattan.fr

L'Harmattan Burkina Faso
Villa 281, secteur 23 623, rue 14.32
Ouagadougou
zagbie@outlook.fr

L'Harmattan Guinée
Almamya, rue KA 028 OKB Agency
BP 3470 Conakry
harmattanguinee@yahoo.fr

L'Harmattan RDC
185, avenue Nyangwe
Commune de Lingwala – Kinshasa
matangilamusadila@yahoo.fr

L'Harmattan Congo
219, avenue Nelson Mandela
BP 2874 Brazzaville
deunovmikhael@gmail.com

L'Harmattan Mali
Immeuble Mgr Jean Marie Cissé
Aci Hamadallaye
BP 145 Bamako
syllaka@yahoo.fr

L'Harmattan Togo
Djidjole – Maison Amela
face EPP BATOME
02 BP 20680 Lomé
didieramela11@gmail.com

L'Harmattan Côte d'Ivoire
Résidence Karl – Cité des Arts
Abidjan-Cocody
03 BP 1588 Abidjan
harmattan.ivoire@gmail.com

L'Harmattan Bénin
Rue 604, (Immeuble à l'entrée
de la rue UCAO- Cite de Saint-Jean)
Cotonou
stepcorpus@gmail.com

Nos librairies en France

Librairie internationale
16, rue des Écoles
75005 Paris
librairie.internationale@harmattan.fr
01 40 46 79 11
www.librairieharmattan.com

Librairie des savoirs
21, rue des Écoles
75005 Paris
librairie.sh@harmattan.fr
01 46 34 13 71
www.librairieharmattansh.com

www.ingramcontent.com/pod-product-compliance
Lightning Source LLC
LaVergne TN
LVHW011302061026
849535LV00005B/1367